普通高等教育“十一五”国家级规划教材　配套参考书

·面向21世纪人力资源管理系列教材·

人力资源管理
——学习指导与案例

Human Resource Management

主编　董克用　李超平

中国人民大学出版社
·北京·

总　序

由中国人民大学人力资源开发与管理研究中心组织全国人力资源管理领域著名专家、学者编写的人力资源管理系列教材第三版与读者见面了。

中国人民大学人力资源开发与管理研究中心成立于2000年，聚集了学术界、政府研究机构的专家和学者，致力于我国人力资源开发与管理研究。中心自成立以来，除了组织编写本系列教材之外，还翻译了我国第一套人力资源管理译丛。

改革开放以来，中国经济的高速增长为世人所瞩目。究其原因，学者们的共识是，成就主要来源于两个因素：一是体制改革所造就的制度创新和激励机制；二是改革对生产要素，特别是劳动力要素的解放。改革使大量人力资源摆脱了旧体制的束缚，以各种方式投身于经济建设，使我国人力资源的优势得到充分发挥。正因为如此，在传统体制下从来没有被认为是一门科学的人力资源管理，在改革开放后特别是20世纪90年代以来，得到了企事业单位的高度关注。如何搞好组织的人力资源规划，如何招聘到需要的优秀员工，如何把握好职位分析、绩效管理、薪酬管理等人力资源管理中的关键环节，已经成为企事业各级领导考虑的最重要的问题。

从我国改革开放30多年的历程中，我们可以清楚地看到，人力资源的确是推动中国经济发展的最重要资源，堪称“第一资源”。而且更为重要的是，如今，我国自然资源的人均占有量与世界相比并不占优势，且国民财富生产中自然资源消耗水平已经很高，可以毫不夸张地说，我国经济与社会实现可持续发展的唯一出路在于进一步发挥人力资源的优势。需要指出的是，发挥人力资源优势并不是像有些人所想象的，只是靠廉价的人工成本去竞争。世界各国发展的经验已经证明，人工成本必然会随着经济发展水平而不断提高。一个国家的人力资源优势主要体现在两个方面：一是人力资源的教育素质，它体现为潜在的生产力；二是对已经实现就业的人力资源的管理水平，它体现为对人力资源的开发利用程度。我国的教育，特别是基础教育，在世界上是有竞争力的，培养了一支高素质的劳动力队伍。而我国的管理水平，尤其是人力资源管理水平，与世界发达国家相比差距仍然较大。因此，提高我国企事业单位的人力资源管理水平是发挥我国人力资源优势的当务之急。

为了提高我国人力资源管理水平，我们通过翻译教材与专著、邀请外国专家讲学等方法，努力将发达国家在人力资源管理方面的先进理念和经验介绍到国内。但是，人力资源管理是管理学诸学科中受到一个国家文化传统影响最大的领域，对人的管理必然受到社会价值观念、法律制度、人文传统等方面的影响，因此，仅仅依靠舶来品是不能真正解决自身问题的。

中国的管理学经过 30 多年的恢复和成长，已经到了建立具有自身特色的、符合中国文化的管理理论的时候。鉴于管理学的文化根基特征，可以说，建立中国特色管理理论的关键在于建立具有中国特色的人力资源管理理论。

总而言之，无论是提高我国人力资源管理水平，还是建立具有中国特色的管理理论体系，都需要培养大批具有先进的管理理念、掌握科学的管理方法的人力资源管理专业人才。近年来，社会对人力资源管理专业人才的需求一直名列高校毕业生需求榜的前茅。旺盛的需求同样导致供给的增加。据统计，自 1993 年中国人民大学在我国开设第一个人力资源管理本科专业以来，到 2009 年底，全国已经有 300 多所高校开设了人力资源管理专业。2002 年出版的本系列教材的第一版和 2006 年的第二版在一定程度上满足了教学的需要。

优秀的教材必须随着社会经济的发展与教学改革的深化而不断完善。我们根据作者的教学体会和使用的教师对本系列教材第二版的反馈，组织了这次修订。本系列教材在编写中把握了三个原则：第一，优选教材作者。本系列教材的作者不拘泥于一个学校，而是从我国各著名高校中最早从事人力资源管理教学与研究的著名学者中遴选。这些学者亲自主笔，保证了教材的质量。第二，优化教材体系。本系列教材包括《人力资源管理概论》《人力资源战略与规划》《组织行为学》《工作分析的方法与技术》《招聘与录用》《培训与开发》《战略性绩效管理》《薪酬管理》《劳动经济学》《劳动关系》等，既可以满足人力资源管理专业的学生系统学习人力资源管理知识的需要，也可以为非人力资源管理专业的管理类学生根据需要选用。第三，重视本国案例。在修订时，我们特别强调了多运用中国改革开放以来的案例，以帮助学生更好地理解和掌握相关理论与方法。

尽管已经付出了很大努力，我们仍然清楚地认识到，这套教材还存在许多可以不断完善和修改的地方。我们真诚地希望广大读者不吝赐教，提出修改意见和建议，使之日臻完善，以便更快地推动我国人力资源管理水平的提高。

董克用

中国人民大学人力资源开发与管理研究中心

前　言

本书是普通高等教育“十一五”国家级规划教材《人力资源管理概论》（第 5 版）的配套教辅用书。自《人力资源管理概论》（第 5 版）出版以来，出版社与编者收到了全国各地教师与读者的不少反馈与建议，希望我们继续出版与主教材配套的辅导书，对全书的知识点进行归纳梳理，并提供练习题的参考答案与更多的案例。顺应教师与读者的这一要求，我们更新了《〈人力资源管理概论（第三版）〉学习指导与案例》一书，并重新命名为《人力资源管理——学习指导与案例》。

本书在章节安排上与《人力资源管理概论》（第 5 版）一致，每章的具体内容包括：知识点回顾、测试题（包括单项选择题、多项选择题、名词解释、简答题）、测试题参考答案、案例分析。其中的名词解释、简答题与主教材基本一致，并提供了较为详尽的答案，以方便教师与读者对照主教材使用。案例选取了比较有代表性的国内知名企业的最新实践，部分案例还提供了供参考的分析思路。值得注意的是，虽然本书提供了测试题的参考答案与案例的分析思路，但简答题的答案只是参考答案，案例的分析思路也只是参考分析思路，都绝非唯一的标准答案。教师与读者在分析案例的时候千万不要完全局限于本书提供的分析思路，而应该结合自己对有关理论及案例的理解，创造性地进行分析，以更深入地理解人力资源管理的相关理论。对于那些没有提供分析思路的案例，建议使用本书的教师与学生根据前面案例的分析思路，自行进行分析。

在编写过程中，本书参考了大量国内外人力资源管理专著、教材与文章，引用了一些教材与期刊中的案例，在此对这些引用材料的原作者为中国人力资源管理教学与研究做出的贡献表示深深感谢。中国人民大学公共管理学院组织与人力资源研究所的研究生喻晓、刘畅、郑贸、郭雅楠为本书的出版做了大量前期准备工作，她们的认真与细致为本书的出版奠定了坚实基础。中国人民大学出版社的编辑也为本书的出版付出了辛勤的劳动，在此一并致谢！

目　录

第 1 章

人力资源与人力资源管理概述

一、知识点回顾

资源是人类赖以生存的物质基础。从经济学的角度来看，资源是指能给人们带来新的使用价值和价值的客观存在物，包括自然资源和人力资源。从财富创造的角度来看，资源则是指为了创造物质财富而投入生产过程的一切要素。无论怎么划分，劳动及具备劳动能力的人力资源都是财富创造中一种不可或缺的重要资源。

人力资源是指人所具有的对价值创造起贡献作用，并且能够被组织利用的体力和脑力的总和。对于人力资源定义的理解，大致可以分为“能力观”和“人员观”。约翰·康芒斯是第一个使用人力资源一词的人，彼得·德鲁克首次正式提出并加以明确界定。**人力资源的数量**可以从现实人力资源数量和潜在人力资源数量两个方面来计量。潜在的人力资源数量由六个部分构成，即适龄就业人口、未成年就业人口、老年就业人口、失业人口、暂时不能参加社会劳动的人口和其他人口。现实的人力资源数量则由三个部分构成，即适龄就业人口、未成年就业人口和老年就业人口。影响人力资源数量的因素包括人口的总量和人口的年龄结构。**人力资源的质量**直接取决于劳动者的素质，具体由体能素质和智能素质构成。就劳动者的体能素质而言，又有先天的体质和后天的体质之分；智能素质包括经验知识和科技知识两个方面，而科技知识又可分为通用知识和专业知识两个部分。与人力资源的数量相比，其质量更为重要。

人口资源是指一个国家或地区所拥有的人口的总量。**人才资源**是指一个国家或地区具有较多科学知识、较强劳动技能，在价值创造过程中起关键或重要作用的那部分人。人才资源是人力资源的一部分，即优质的人力资源。

人力资本是指体现在具有劳动能力（现实或潜在）的人身上的、以劳动者的数量和质量（即知识、技能、经验、体质与健康）所表示的资本，是需要通过投资才能够获得的。人力资本的投资主要有三种形式：教育和培训、迁移、医疗保健。**人力资源和人力资本**是既有联系又有区别的两个概念。其共同点在于都是以人为基础而产生的概念，研究的对象都是人所具有的智力和体力。二者的区别主要体现在三个方面：(1) 与社会财富和社会价值的关系差异；(2) 研究问题的角度和关注的重点不同；(3) 计量的形式不同。

人力资源的性质可以概括为以下六点，即能动性、时效性、增值性、社会性、可变性和可开发性。**人力资源的作用**表现为三个方面：一是财富形成的关键要素；二是经济发展的主要力量；三是企业的首要资源。

管理就是在特定的环境下，对组织所拥有的各种资源进行计划、组织、领导和控制，保证以有效的方式实现组织既定目标的过程。评价一项管理活动所取得的成绩，往往会涉及两个因素：效率和效果。**效率**表明的是投入与产出的关系，即评价管理活动是否“正确地做事”。**效果**则与组织的目标有关，是指实现目标的有效程度，涉及管理活动的结果，即评价管理活动是否“做正确的事”。对于**管理的职能**，不同的学者有不同的划分方法，通常可将其划分为四个部分，分别是计划、组织、领导和控制。

人力资源管理是指组织通过各种政策、制度和管理实践，吸引、保留、激励和开发员工，调动员工工作积极性，充分发挥员工潜能，进而促进组织目标实现的管理活动总和。它是对人事管理的继承与发展，其区别主要体现在管理视角、管理目的、管理活动、管理内容、管理地位、管理性质、管理模式、管理方式、部门性质等方面。**人力资源管理的功能**主要体现在四个方面：吸纳、维持、开发和激励。吸纳功能主要是指吸引并让优秀的人才加入本企业；维持功能是指让已经加入的员工继续留在本企业；开发功能是指让员工保持能够满足当前及未来工作需要的技能；激励功能则是指让员工在现有的工作岗位上创造出优良的绩效。**人力资源管理的目标**分为最终目标和具体目标两个层次。最终目标就是要有助于实现企业的整体目标。具体目标包括四个方面：(1) 保证价值源泉中人力资源的数量和质量；(2) 为价值创造营建良好的人力资源环境；(3) 保证员工价值评价的准确有效；(4) 实现员工价值分配的公平合理。

人力资源管理的基本职能可以概括为八个方面，包括人力资源规划、职位分析与胜任素质模型、员工招聘、绩效管理、薪酬管理、培训与开发、职业生涯规划和管理以及员工关系等。**人力资源管理的地位**是指它在整个企业管理中的位置。一方面，要承认人力资源管理是企业管理的重要组成部分；另一方面，也要承认人力资源管理并不能解决企业管理的全部问题。**人力资源管理的作用**集中体现在：人力资源管理有助于实现和提升企业的绩效；人力资源管理有助于企业战略的实现。

西方人力资源管理的产生与发展可以划分为六个阶段：萌芽阶段（人事管理时代）、初步建立阶段（科学管理时代）、反省阶段（人际关系时代）、发展阶段（行为科学时代）、整合阶段（权变管理时代）、战略阶段（战略管理时代）。**我国**五千年文明史中对有关人才的重要性、如何选拔人才、如何用好人才等方面不乏精辟论述。近代以来，人事管理呈现出浓厚的封建色彩与引进西方科学管理方法相结合的特点。新中国建立后，尤其是改革开放以来，我国人力资源管理得到了蓬勃的发展。1992 年，中国人民大学劳动人事学院将下属的人事管理教研室改名为人力资源管理教研室，将人事管理专业调整为人力资源管理专业，并且于 1993 年在我国招收了首届人力资源管理的本科生，这在我国人力资源管理发展过程中具有里程碑的意义，标志着我国人力资源管理的发展进入了专业化的阶段。

战略性人力资源管理就是以组织战略为导向，根据组织战略制定相应的人力资源管理政策、制度与管理措施，以推动组织战略实现的过程。德瓦纳、福姆布隆和蒂奇于 1978 年第一次明确提出战略性人力资源管理的概念。**战略性人力资源管理的基本特征**包括四个方面，即战略性、系统性、匹配性和动态性。

战略性人力资源管理的主要观点有三种：普适性观点、权变性观点和配置性观点。**普适性观点**的核心假设是，某些特定的人力资源管理实务对组织绩效有正向的影响作用，采用这些人力资源管理实务能够在一定程度上改善组织绩效。在此基础上，需要找出“最佳的人力资源管理实务”或者建立“高效工作系统”。**权变性观点**认为，人力资源管理与组织绩效之间并不是一种线性关系，它会受到各种变量的影响。大部分学者都认为组织战略会影响人力资源管理与组织绩效之间的关系。**配置性观点**把各项人力资源管理实务所形成的配置或模式作为自变量，来考察其与组织绩效之间的关系。它以系统论的观点来分析人力资源管理与组织绩效之间的关系，比其他两种观点更能说明人力资源管理对组织绩效的作用。

二、测试题

（一）单项选择题

1. 人力资源的概念由（　　）首先正式提出并加以明确界定。
   A. 约翰·康芒斯　　B. 彼得·德鲁克
   C. 西奥多·舒尔茨　　D. 加里·贝克尔
2. 人力资源的实质是（　　）。
   A. 具有劳动能力的人口的总称　　B. 人所具有的脑力和体力的总和
   C. 生产中最活跃的能动资源　　D. 形成财富的源泉
3. 下列说法错误的是（　　）。
   A. 人力资源是指一个国家或地区所拥有的人口的总量
   B. 人口资源是指一个国家或地区所拥有的人口的总量
   C. 人才资源是指一个国家或地区中具有较多科学知识、较强劳动技能，在价值创造过程中起关键或重要作用的那部分人

D. 人才资源是人力资源的一部分，即优质的人力资源

4. 下列有关人力资源与人力资本的关系描述不正确的是（　　）。

A. 人力资本是对人力资源开发性投资形成的结果

B. 人力资源是一个存量概念

C. 人力资本兼有流量和存量的概念

D. 人力资源理论是人力资本理论的基础

5. 在价值创造过程中，人力资源总是处于主动地位，是劳动过程中最积极、最活跃的因素，这一观点体现了人力资源的（　　）。

A. 能动性　　B. 时效性　　C. 社会性　　D. 可变性

6. 人力资源管理的功能不包括（　　）。

A. 吸纳　　B. 维持　　C. 激励　　D. 安置

7. 对组织在一定时期内的人力资源需求和供给作出预测，该活动属于人力资源管理基本职能中的（　　）。

A. 员工招聘　　B. 人力资源规划

C. 绩效管理　　D. 职位分析和胜任素质模型

8. 在人力资源职能体系中，处于核心地位的是（　　）。

A. 人力资源规划　　B. 员工关系管理

C. 绩效管理　　D. 薪酬管理

9. 下列有关战略性人力资源管理的特征的说法正确的是（　　）。

A. 战略性是战略性人力资源管理的核心要求

B. 系统性强调所有的管理者都是人力资源管理者

C. 匹配性包括横向匹配和纵向匹配两个方面

D. 动态性要求组织文化必须具备创新求变的活力

10. 战略性人力资源管理的普适性观点强调（　　）。

A. 力图寻找能使组织绩效最大化的人力资源管理模式

B. 采取不同战略的组织应该采用不同的人力资源管理实务

C. 人力资源管理实务与组织绩效之间存在正向的线性关系

D. 人力资源管理实务与组织绩效之间不是线性关系

（二）多项选择题

1. 著名经济学家熊彼特对资源的定义包括（　　）。

A. 土地　　B. 劳动　　C. 资本　　D. 企业家精神

2. 现实的人力资源数量由（　　）等部分构成。

A. 未成年就业人口　　B. 适龄就业人口

C. 暂时不能参加社会劳动的人　　D. 老年就业人口

3. 决定人力资源数量的因素有（　　）。

A. 人口总量　　B. 人口基数

C. 人口的年龄结构　　D. 出生率、死亡率

4. 按照劳动经济学的观点，人力资本的投资主要有(　　)。
   A. 教育和培训　B. 规划　C. 迁移　D. 医疗保健
5. 人力资源管理的目标包括(　　)。
   A. 保证价值源泉中人力资源的数量和质量
   B. 为价值创造营建良好的人力资源环境
   C. 保证员工价值评价的准确有效
   D. 实现员工价值分配的公平合理
6. 在评价一项管理活动所取得的成绩时，往往会涉及(　　)。
   A. 效率　B. 效果　C. 投入　D. 产出
7. 下列不属于人力资源作用的是(　　)。
   A. 人力资源是财富形成的关键要素
   B. 人力资源是政治发展的主要力量
   C. 人力资源是文化发展的主要力量
   D. 人力资源是经济发展的主要力量
8. 人力资源管理的作用集中体现在与(　　)的关系上。
   A. 企业绩效　B. 企业文化　C. 企业战略　D. 企业生产
9. 不同的学者对战略性人力资源管理的定义不同，但是这些定义中有一些共同点，包括(　　)。
   A. 强调将人力资源管理与企业战略结合，从企业战略的角度来考虑人力资源的管理
   B. 强调人力资源管理是一个多层面的概念，不同层面应该有机结合起来为企业战略服务
   C. 人力资源管理的各项职能应保持高度一致，共同为企业战略服务
   D. 强调人力资源管理内部各项职能之间的互相影响
10. 战略性人力资源管理的主要观点包括(　　)。
   A. 普适性观点　B. 权变性观点
   C. 配置性观点　D. 系统性观点

(三) 名词解释

1. 资源　2. 管理
3. 人力资源　4. 人力资源管理
5. 人力资本　6. 战略性人力资源管理

(四) 简答题

1. 人力资源的含义是什么？
2. 如何理解人力资源的数量和质量？
3. 人力资源和人力资本是一种什么关系？
4. 人力资源具有哪些特殊的性质？

5. 人力资源的作用体现在哪些方面？
6. 人力资源管理的含义是什么？
7. 人力资源管理的功能和目标有哪些？
8. 人力资源管理的职能有哪些？它们之间有什么样的关系？
9. 如何理解人力资源管理的地位和作用？
10. 什么是战略性人力资源管理？战略性人力资源管理有哪些特征？
11. 企业应该如何建立战略性人力资源管理体系？

三、测试题参考答案

（一）单项选择题

1. B　2. B　3. A　4. D　5. A　6. D　7. B　8. C　9. C　10. C

（二）多项选择题

1. ABCD　2. ABD　3. AC　4. ACD　5. ABCD　6. AB　7. BC　8. AC　9. ABC　10. ABC

（三）名词解释

1. 资源：是指“资财的来源”，是人类赖以生存的物质基础。从经济学的角度来看，资源是指能给人们带来新的使用价值和价值的客观存在物，泛指社会财富的源泉。从财富创造的角度来看，资源则是指为了创造物质财富而投入生产过程的一切要素。

2. 管理：指在特定的环境下，对组织所拥有的各种资源进行计划、组织、领导和控制，保证以有效的方式实现组织既定目标的过程。

3. 人力资源：是指人所具有的对价值创造起贡献作用，并且能够被组织利用的体力和脑力的总和。

4. 人力资源管理：是指组织通过各种政策、制度和管理实践，吸引、保留、激励和开发员工，调动员工工作积极性，充分发挥员工潜能，进而促进组织目标实现的管理活动总和。它是对人事管理的继承与发展。

5. 人力资本：是指体现在具有劳动能力（现实或潜在）的人身上的、以劳动者的数量和质量（即知识、技能、经验、体质与健康）所表示的资本，是需要通过投资才能够获得的。

6. 战略性人力资源管理：是指以组织战略为导向，根据组织战略制定相应的人力资源管理政策、制度与管理措施，以推动组织战略实现的过程。

（四）简答题

1. 人力资源的含义是什么？

答：人力资源是指人所具有的对价值创造起贡献作用，并且能够被组织利用的体力和脑力的总和。人力资源的含义主要包括：(1) 人力资源的本质是人所具有的脑力和体力的总和，可以统称为劳动能力；(2) 这一能力要能对财富的创造起贡献作用，成为财富形成的来源；(3) 这一能力还要能够被组织利用。

2. 如何理解人力资源的数量和质量？

答：人力资源的数量和质量可以由劳动者的数量和质量来反映。

人力资源的数量可以从现实人力资源数量和潜在人力资源数量两个方面来计量。其影响因素包括人口的总量和人口的年龄结构。人力资源的质量直接取决于劳动者的素质，具体由体能素质和智能素质构成。

与人力资源的数量相比，其质量方面更为重要。人力资源的数量能反映出可以推动物质资源的人的规模，人力资源的质量则反映可以推动哪种类型、哪种复杂程度和多大数量的物质资源。从人力资源内部替代性的角度，也可以看出其质量的重要性。一般来说，人力资源质量对数量的替代性较强，而数量对质量的替代作用较差，甚至不能代替。

3. 人力资源和人力资本是一种什么关系？

答：人力资源和人力资本是既有联系又有区别的两个概念。

其联系主要体现在：人力资源和人力资本都是以人为基础而产生的概念，研究的对象都是人所具有的智力和体力，从这点看两者是一致的。而且，现代人力资源理论大多是以人力资本理论为根据的。

其区别主要体现在：(1) 在与社会财富和社会价值的关系上，两者是不同的。(2) 两者研究问题的角度和关注的重点也不同。人力资本是通过投资形成的存在于人体中的资本形式，人力资源是从投入产出的角度来研究人对经济发展的作用。(3) 人力资源和人力资本的计量形式不同。资源是存量的概念，而资本则是一个兼有存量和流量的概念。

4. 人力资源具有哪些特殊的性质？

答：人力资源的性质包括能动性、时效性、增值性、社会性、可变性和可开发性。能动性是指劳动者总是有目的、有计划地使用自己的智力和体力。时效性是指它与人的生命周期紧密相连，必须在人的成年时期对其进行开发和利用，而且具有不可储存的特征。增值性是指在一定的范围内，人力资源是不断增值的，创造的价值会越来越多。社会性是指人所具有的体力和智力明显会受到时代和社会因素的影响，社会政治、经济和文化的不同，必将导致人力资源质量的不同。可变性是指人力资源在使用过程中，发挥作用的程度可能会有所变动。可开发性是指通过教育和培训，人力资源可以获得很高的投资收益，投入少，产出大。

5. 人力资源的作用体现在哪些方面？

答：人力资源的作用主要体现在以下三个方面：(1) 人力资源是财富形成的关键要素。人力资源是能够推动和促进各种资源实现配置的特殊资源。因此，人力资源成为最重要和最宝贵的资源。它不仅同自然资源一起构成了财富的源泉，而且在财富的形成过程中发挥着关键性的作用。(2) 人力资源是经济发展的主要力量。随着科学技术的不断发展、知识技能的不断提高，人力资源对价值创造的贡献越来越大，社会经济发展对人力资源的依赖程度也越来越高。(3) 人力资源是企业的首要资源。人力资源的存在和有效利用能够充分激活其他物化资源，从而实现企业的目标。

6. 人力资源管理的含义是什么？

答：人力资源管理是指组织通过各种政策、制度和管理实践，吸引、保留、激励和开发员工，调动员工工作积极性，充分发挥员工潜能，进而促进组织目标实现的管理活动总和。

人力资源管理和人事管理之间是一种继承和发展的关系：一方面，人力资源管理是对人事管理的继承，人力资源管理的发展历史告诉我们，它是从人事管理演变而来的，人事管理的很多职能人力资源管理依然要予以履行；另一方面，人力资源管理又是对人事管理的发展，它的立场和角度又明显不同于人事管理，可以说是一种全新视角下的人事管理。

7. 人力资源管理的功能和目标有哪些？

答：人力资源管理的功能主要体现在四个方面：吸纳、维持、开发、激励。吸纳功能主要是指吸引并让优秀的人才加入本企业；维持功能是指让已经加入的员工继续留在本企业；开发功能是指让员工保持能够满足当前及未来工作需要的技能；激励功能则是指让员工在现有的工作岗位上创造出优良的绩效。

人力资源管理的目标应当从最终目标和具体目标这两个层次来进行理解。最终目标就是要有助于实现企业的整体目标，人力资源管理只是企业管理的一个组成部分，它是从属于整个企业管理的，而对企业进行管理的目的就是要实现企业既定的目标，因此人力资源管理的目标也应当服从和服务于这一目的。具体目标包括：(1) 保证价值源泉中人力资源的数量和质量；(2) 为价值创造营建良好的人力资源环境；(3) 保证员工价值评价的准确有效；(4) 实现员工价值分配的公平合理。

8. 人力资源管理的职能有哪些？它们之间有什么样的关系？

答：人力资源管理的基本职能包括人力资源规划、职位分析与胜任素质模型、员工招聘、绩效管理、薪酬管理、培训与开发、职业生涯规划和管理以及员工关系八个方面。看待八个方面职能的关系，应当持有一种系统的观点，它们之间并不是彼此割裂、孤立存在的，而是相互联系、相互影响，共同形成了一个有机的系统。

职位分析是平台，是其他各项职能的基础。人力资源规划中，预测组织所需的人力资源数量和质量，基本的依据正是职位分析与胜任素质模型；预测组织内部的人力资源供给，要用到职位说明书。员工招聘，发布的招聘信息也就是一个简单的职位说明书，而录用甄选的标准则主要来自于职位说明书中的任职资格要求与胜任素质模型。绩效管理中，员工的绩效考核指标可以说完全是根据职位的工作职责来确定的；而薪酬管理中，确定员工工资等级依据的信息主要就是职位说明书的内容。在培训与开发过程中，培训需求的确定也要以职位说明书中的任职资格与胜任素质模型为依据。

绩效管理在整个系统中居于核心的地位。预测组织内部的人力资源供给需要，对现有员工的工作业绩、能力等做出评价，这些都属于绩效考核的内容。人员招聘也与绩效考核有关，通过对来自于不同渠道的员工的绩效进行比较，从中得出经验性的结论，从而优化招聘渠道。录用甄选和绩效管理之间则存在着一种互动的关系，一方面可以依据绩效考核的结果来改进甄选过程的有效性，另一方面甄选结果也会影响到员工的绩效。员工现实情况信息的获得也要借助于绩效考核，因此培训与开发和绩效管理之间存在一定的关系；此外，培训与开发对员工提高绩效也是有帮助的。绩效考核的结果会对员工的浮动工资产生重要的影响，这就在绩效管理和薪酬管理之间建立了一种直接的联系。通过员工关系管理，建立起一种融洽的氛围，将有助于员工更加努力地工作，进而有助于实现绩效的提升。

人力资源管理的其他职能之间同样也存在着密切的关系。录用甄选要在招聘的基础上进行；而招聘计划的制定则要依据人力资源规划；培训与开发也要受到甄选结果的影响；员工关系管理的目标是提高员工的组织承诺度，而培训与开发、薪酬管理则是达成这一目标的重要手段；培训与开发还是非货币报酬的一种重要形式。

9. 如何理解人力资源管理的地位和作用？

答：人力资源管理的地位指它在整个企业管理中的位置。一方面，要承认人力资源管理是企业管理的很重要的组成部分；另一方面，也要承认人力资源管理并不能解决企业管理的全部问题。

人力资源管理的作用根本上体现在其与企业绩效和企业战略的关系上。(1) 人力资源管理有助于实现和提升企业的绩效。企业绩效的实现依赖于顾客的忠诚度，要赢得顾客的忠诚，就必须使顾客满意。而顾客的满意度来源于企业为顾客创造的价值，即提供优质的产品与服务。实现这一点就要依赖于员工的高质量工作，而高效的工作来源于较高的工作满意度，这正是人力资源管理实践的作用。(2) 人力资源管理有助于企业战略的实现。企业战略的准备同时需要资源的准备和全体员工的认可。人力资源管理通过外部招聘和内部培养为企业奠定坚实的人力资源基础，可以促进员工将企业的战略目标内化为自己的个人目标和行为准则，从而增强其实现企业战略的内在动力。

10. 什么是战略性人力资源管理？战略性人力资源管理有哪些特征？

答：战略性人力资源管理就是以组织战略为导向，根据组织战略制定相应的人力资源管理政策、制度与管理措施，以推动组织战略实现的过程。

其基本特征包括战略性、系统性、匹配性和动态性。战略性主要体现在人力资源战略与组织总体战略的匹配，不再局限于人力资源管理系统本身，而是自觉地将人力资源管理与组织的发展战略结合起来，让人力资源管理为组织总体战略目标的实现服务。系统性是指企业为了获得竞争优势而设计的人力资源管理政策、制度与管理实践等应构成一个系统。匹配性包括纵向匹配和横向匹配。纵向匹配主要是指人力资源管理战略与组织战略的匹配，以及人力资源子系统战略与人力资源管理战略的匹配。横向匹配则主要是指人力资源管理职能与组织其他管理职能间的匹配，以及人力资源管理系统内部各职能间的相互匹配。动态性主要是指人力资源管理的柔性和灵活性，即人力资源管理对组织内外部环境的适应性。

11. 企业应该如何建立战略性人力资源管理体系？

答：战略性人力资源管理的主要观点有三种：普适性观点、权变性观点和配置性观点。企业建立战略性人力资源管理体系的过程，可以同时参考这三种观点。首先，可以根据普遍性的观点，考虑究竟哪些人力资源管理实务会对企业的绩效有明显的影响；其次，应该根据企业的自身情况，尤其是发展战略，在对企业的绩效有明显影响的人力资源管理实务之中进行选择；最后，企业在建立战略性人力资源管理体系时，还应该考虑各种不同的人力资源管理实务之间的互相影响，并进行合理的组织，使得各项人力资源管理实务之间能够互相支持，共同为企业的发展战略服务。

四、案例分析

案例 1—1

三一的成功之道

铁血“DNA”

“原来也有一些企业挖走三一的员工，但并没有做成大事，根源就在于三一的企业文化。我经常说，就是有人把我易小刚挖走，没有三一这样的土壤，我也不一定能够成就一番事业。”三一重工执行总裁易小刚说。企业文化无疑是企业成功的重要内核。但不同于大多数企业发展先行，文化跟上，“先有企业文化，后有企业实体”，正是三一的特殊所在。

当员工们还在集团大门口熙熙攘攘，三一的董事们已经端坐于餐桌前。“一日之计在于晨”，一天中最好的工作时间是早上。梁稳根于是将高管会议搬到了早餐桌上。坐到这里，是荣耀，更是压力。如果你负责的工作有问题，会遭到梁稳根的仔细“盘问”，让你在半小时的早餐会上，根本“连筷子都不敢伸”。因此，据说很多人都是吃完早餐再过去的。

三一要求“事不隔夜”，早餐会上提出今天要解决的问题，必须回去开会组织讨论，安排相关人员落实。因此不仅是早餐吃不好，如果事情完成不了，睡觉都不踏实。如此压力并不是每个人都能扛得住的。一位三一高管对《中外管理》表示，他到三一工作两年多，比在原来工作节奏很快的外资公司 7 年的工作量总和还多。

针对早餐会，三一还有专门的“董字方针”。董事们会抛出各种针对企业发展的症结问题或者行业前端亟须解决的问题，相关部门会记录下来，并加以具体落实，落实情况有专人跟进。“董字方针”，保证了董事会的智慧结晶能真正落地，转化为成果。

嫉慢如仇，已经成为三一的“DNA”。在梁稳根等人看来，不讲速度和效率的“错失良机”，简直就是犯罪。

卓越的管理团队与管理体系

早餐会上的“折磨”，是以一句呐喊结束的。所有人起立，立正，跟随梁稳根喊一句：品质改变世界！“品质”二字，内涵众多。人品、产品、企品均包括在内。在人品上，三一要求“先做事，后做人”，“嫉慢如仇，心存感激”，讲求诚信，有高度的敬业精神。而在追求产品的品质上就更不含糊，甚至销毁过刚刚下线的整批不合格泵车。2009 年，三一还投入 200 万元组建了一个全国巡检小组，对售出的产品进行逐一检查。至于企业的品质，自然是要求有优秀的管理团队，以及符合现代化生产要求的管理体系。

卓越的管理团队实乃三一之宝。直到今天，最早的梁、袁、毛、唐创业团队，一直不离不弃。现在袁金华负责巴西等市场的开发，毛中吾负责三一电气等的管理运营。后加入的三一“战略第一人”向文波、三一“技术第一人”易小刚等业界“牛人”，也在三一的团队中发挥不可替代的作用。他们始终荣辱与共、肝胆相照，紧紧地团结在创始人梁稳根身边。

在管理体系的研究和引进上，有三一“管理第一人”之称的唐修国，当仁不让。丰田生产方式、六西格玛管理等都是唐修国根据当时的生产情况引进的，三一目前的管理系统也是在多种引进模式下内化而成的三一模式。只要值得大家看的管理类书籍，唐修国就发给各位相关管理者人手一本，并会组织相应的讨论和考试。

当时还在 2008 年经济危机的前夕，唐修国等人已经意识到，制造企业“浪费大、流程混乱、资源配置不合理”并非长久之计。当年，在三一实现销售过百亿元的基础上，唐修国在梁稳根的支持下开始进行制造系统的精益变革。生产组织方式的改变，使得三一的现场管理能力加强，库存减少，提高了三一在设计、制造、质量、服务等方面的精细化管理水平。

帮助员工成功

2011 年，英国《金融时报》全球 500 强排行榜上，三一重工的市值首次入围全球 500 强，名列第 431 位。当晚三一给每名员工发了 518 元钱，一共发了几千万元。对于员工，三一一向不吝激励。不过，他们更看重的是，“帮助员工成功”。

1989 年，在创业 4 年后全部人马也不过 20 人的三一，聚在一起开了自己的第一个元旦晚会。对于这 20 个人来说，这场晚会留下的最大印记，是梁稳根在他们的工作笔记本上，写下的“创建一流企业，造就一流人才”。

可以说，在梁稳根看来，“帮助员工成功”正是实现“一流”的不二选择。这是因为“三一不是某个人的三一，是由三一人汇聚而成的，去实现个人无法实现的伟大目标的团队，作为团队领导，要努力为员工构筑一方事业平台”。

三一集团副总经理兼人力资源总监张解主抓三一人力资源工作多年，“帮助员工成功，三一的做法有一个特色，就是不拘一格用人才”。

三一内部建立了强大的人才流动体系。通过开展员工愿景管理，为员工设计职业发展和能力提升计划，并有针对性地予以培养，让人才流动更具目标性。通过完善的内部轮岗、转岗和竞争上岗制度，更重要、更具挑战的岗位首先由内部员工竞聘上岗，每年都有数千名员工在人力资源部门的推荐下得到了新的发展机会。

与用人机制相配套的就是三一的晋升体系。无论是管理人员、技术人员还是营销人员，都有清晰可见的职业通道。晋升细分更是三一的特色，通过细分使得员工发展空间增大，职称等每年评定一次，每年都有晋升机会，与员工待遇紧密挂钩，被称作“小步慢跑”。

“这一切都在阳光下进行，避免形成‘裙带’关系。”张解说。三一不反对亲属任职，但在任用亲属方面有着严格的考察规定。对于在职员工直系亲属三代以内的，引进时需报公司领导审批，这一举措的目的是从根本上杜绝各级主管在招聘过程中任人唯亲的可能。

实际上，“帮助员工成功”已经成为三一干部晋升的一项重要考核内容。在三一的领导干部评价标准中，人才培养历来都和创造业绩摆在同等重要的位置。三一的管理者常被灌输这样一种思想：独具慧眼的团队领导不是等到员工具备各种能力时才去用他，而是只要他具备基本素质，就给他职位、责任、压力，让他在实践中磨炼，在磨炼中发掘潜能，提高技能。

梁稳根亲自上阵。每个月，他都会拿出一两天时间，召开各类核心人才的见面会，与拟任命的干部和骨干员工进行面谈，从中选拔优秀领导人才进行重点培养，许多80后的年轻骨干就是通过这个机会成为所在部门的管理人员的。集团所有的高层领导，如唐修国、向文波也都长期担任员工培训班的讲师，向骨干员工传授三一文化价值观、战略导向等核心内容。

80后副总裁、80后总监、80后部长……年轻的干部在三一雨后春笋般成长起来。在三一集团，80后占比近75%，在集团干部总数中，比例也达60%以上。

资料来源：改编自孙春艳：《铁血“DNA”》，载《中外管理》，2012（5）。

[思考题]

1. 结合本章内容，分析三一能够成功的原因。

2. 三一的成功之道对其他企业有什么启示？

[分析思路]

1. 答：三一之所以能够成功，其原因是多方面的。但归根结底取决于三一在“人”方面的成功，具体表现在如下几个方面：

(1) 三一有一个强有力的领导班子。三一的创业团队梁稳根、袁金华、毛中吾、唐修国在创业的过程中不离不弃，紧密团结在梁稳根的身边，并且能分工协作，发挥各自的优势。后加入的班子成员，包括向文波、易小刚等能迅速融入团队，为三一的发展做出了不可磨灭的贡献。

(2) 三一重视企业文化建设，通过文化来引导、凝聚、激励、约束所有高层管理者、中层管理者与员工，为实现三一的目标贡献力量。文化是管理的最高境界，但文化的作用最终还是通过人来体现的。

(3) 三一致力于帮助员工成功。三一有很好的人才理念，董事长梁稳根在创业之初就提出了“创建一流企业，造就一流人才”。在这一理念的指导下，三一出台一系列规章制度来“帮助员工成功”，并取得了显著的成效。

2. 答：三一的成功之道对其他企业的启示如下：

(1) 企业在发展的过程中，乃至创业之初，就应该重视企业文化建设。而在文化建设的过程中，非常重要的一点是领导者要身体力行，以身作则。

(2) 人力资源是企业的首要资源。三一用鲜活的案例生动地诠释了这一点，让其他企业看到了重视人力资源对企业发展的贡献与价值。

(3) 要重视人力资源，首先，高层领导要有正确的理念。三一之所以能花大力气去“帮助员工成功”，根源是董事长梁稳根在创业之初就写下了“创建一流企业，造就一流人才”。其次，中层管理者要能认识到人才的重要性，并重视人力资源管理。三一为了保证这一点，在领导干部评价标准中，把人才培养和创造业绩摆在了同等重要的位置。

(4) 重视人力资源，除了理念外，还要有配套的人力资源管理政策与措施，具体包括：招聘、培训、绩效、薪酬、员工关系等各个方面。三一在这方面就有一些有特色的做法，比如，建立了内部人才流动体系、细分的阳光晋升体系，重视年轻人才的发现与重用等。

案例 1—2

泰康人寿：打造人力资源大公司

1996 年 8 月，泰康人寿保险股份有限公司在北京成立。多年来，在以董事长兼首席执行官陈东升为核心的专业化、国际化的管理团队领导下，因市而兴，因势而变，已经成长为一家以人寿保险为核心，拥有企业年金、资产管理、养老社区和健康保险等全产业链寿险服务的全国性、股份制大型保险公司。截至 2011 年年底，泰康人寿总资产超过 3 500 亿元，净资产近 126 亿元，全年实现规模保费近 826 亿元，在全国设立了 35 家分公司、273 家中心支公司，构建起完整的服务网络，为客户提供及时周到的服务。

那么，泰康人寿是如何应用人力资源管理战略，打造出丰富且具一流水平的大公司的呢？下面我们就对泰康一直以来面向未来的一些独特做法进行介绍。

“千人计划”，未来十年让人才队伍焕然一新

要打造人力资源大公司，就需要泰康的人力资源有一个源源不断、生生不息的人才再造体系。从 2011 年开始，泰康人寿启动了未来十年人才储备计划，将人才策略坚定地转向“校园招聘、自我培养、人才发展”的体系建设。按照

该计划，每年新招 1 000 名优秀学生人才，因此也称“千人计划”。

校招系统化、规范化，人才选拔高标准

多年来，泰康持续地开展校园招聘，以前是由各分公司自行招聘，从 2011 年开始，由总公司统一招聘。统一校招有两大好处：第一，逐步减少社招的比例，因为公司发展到目前的规模，用人策略已经转向自己培养人才；第二，可以规范各分支机构校园招聘的学生来源。“千人计划”的另一个重要支撑因素是，泰康经过 10 多年的发展，整体的品牌形象有了很大的提升，这在很大程度上给人才招聘提供了坚实的支持。

“千人计划”在公司内部引起了很大轰动，一方面是因为新人自身的优异表现，而更重要的是，这些优秀的新员工给整个公司带来了一些观念上的冲击。

为了更好地吸引和培养高校人才，2011 年 7 月 21 日，泰康人寿与中央财经大学、对外经贸大学、中国人民大学商学院正式签署知名大学“实习基地计划”，并举行了授牌仪式。据了解，泰康人寿目前已与全国各地的 40 所知名高校共建了实习基地。

“千人计划”重在“人才养成计划”

招聘并非“千人计划”的最终目标，关键在于培养，所以这个计划的核心在于其中的“养成计划”。该培养项目以两年内成为所在系列的基层骨干力量为初期目标，以两年为培养期，培养总、分各级机构、各业务线和支持部门关键岗位的基层年轻骨干，打造用以选拔中层干部的“人才储备池”。中期目标是 4～5 年后成长为基层管理骨干和业务骨干、技术骨干；长期目标是 6～8 年后逐步成长为中层管理者和核心骨干。

“人才养成计划”第一期两年，在这两年的初期培养期内，将针对每一个新员工制定个性化的轮岗方案，以满足员工对于工作多样化的需求，帮助员工快速定位和成长。在整个培训期结束后，将针对全员做综合评估与重新定位。为帮助员工全面提升业务技能与综合知识，在轮岗阶段，员工除了可以接触到本系列总、分公司各级机构的工作外，还有到其他业务方向进行短期学习的机会。在整个培养期中，会定期举办绩优论坛、季度交流会、月度成长分享会等活动，以促进交流，共同成长。此外，公司会指定不同类型的导师为员工提供成长指导：有直接上级对实际工作提供指导；有业务导师帮助提升业务技能；有公司高管传授企业文化，提升观察、思考问题的高度；有职业发展专业人士提供成长方面的专业咨询；也有师兄师姐分享真实体验，等等。

绘制全员学习地图，打造多维成长体系

打造一流的人力资源大公司，需要一系列的配套支持。泰康人寿致力于通过整体规划和统筹运作，让员工的个人成长与企业发展同步。从创业之初，泰康人寿就强调“培训是最大的福利”，建立了开放、专业、学习的主流文化，营造员工成长的良好氛围。

学习地图有效强化员工通用能力培训

从 2009 年起，泰康人寿着力构建覆盖公司全员的学习地图，融合员工

职业生涯发展规划、工作岗位能力、企业学习资源，形成员工在泰康人寿学习发展的指南。公司针对全系统 16 个系列和数百个工作岗位，依据其岗位要求和能力模型，构建和研发每个岗位对应的课程体系和学习路径。通过精细化、针对性的培训学习，提升个人能力，改善工作绩效，促进员工在不同职业生涯道路上纵深发展。在泰康人寿，可能每一位员工对公司的培训体系都深有感触并受益良多，他们每季度必须完成至少一门泰康企业大学的网络课程培训，同时，穿插于日常工作期间的，还有每人每年度至少两门课的面对面集中培训。

统一和规范全系统新员工培训

新员工培训也是泰康人寿的核心培训项目。2009 年，总公司完成了"泰康与你共成长"新员工培训体系建设。其核心目标是建立统一的新员工管理制度、管理流程和课程体系。在深入研究公司发展需要、全面调研外部标杆企业新员工培训模式的基础上，形成了泰康人寿新员工核心能力模型，并以此为基石在公司历史上首次形成了在线课程、面授课程和导师辅导相结合的新员工培训体系。

讲师管理体系不断完善

几年来，公司培训中心系统梳理讲师管理体系，不断推动泰康内部讲师体系良性运转，打造内部讲师价值链，提升讲师队伍专业水平，重点优化讲师选拔、培养、课程认证、专业评审与激励等关键环节，为公司业务发展提供了强大的战略性资源。

网络培训深入开展

泰康企业大学网络学习平台自 2006 年 8 月正式上线运行以来，内容不断扩充，功能不断强化，员工上线率和课程完成率稳步提升。网络培训越来越凸显其在公司培训体系中的重要性，成为推动全员能力提升的核心力量。

构建不拘一格的多样激励体系

服务公司战略及业务发展是人力资源大公司建设的重要指导方针，而实施全面的绩效管理也是人力资源大公司建设的重要配套政策之一。

量化考核，公平公正

多年来，泰康人寿通过以关键绩效指标（KPI）考核为核心的绩效考核体系，力求做到"能者上，平者让，庸者下"，并提倡"职业经理人"精神。在每年修订的《泰康人寿人才发展纲要》里，都有关于员工绩效考核的一些量化的、严谨的、细节的规定。对业务人员的激励是与业绩挂钩的，而职能部门的激励很大一部分也要跟业绩挂钩。比如，泰康提出了"开门做人力资源"，没有关起门的人力资源专家，只要所在公司的业绩不佳，人力资源部门就要反省，显然也得不到评先进的机会。

员工发展路径多元化

泰康人寿强调在推动公司发展的同时，广大员工也能获得多方位的成长和发展。为落实员工发展通道多元化设计思想，公司在职位晋升中设计了管理系列和业务/专业系列的晋升双通道。在泰康，建有比较完善的接班人计划。泰康通过每年一度的干部360度考核、述职，形成一个动态的、客观的、颇具说服力的干部梯队名单，一旦出现职位空缺，则优先从梯队名单里提拔。

可以说，泰康的晋升文化很适合年轻员工的成长。泰康人寿鼓励员工，特别是青年员工在公司实现最大的职业价值——在实现公司价值的过程中，得到自己合理的利益，实现个人和公司财富的双赢。在泰康，很多年轻人伴随公司的成长得到了历练，在总公司、分公司、中心支公司担任重要职务，成为泰康人寿的业务骨干和管理人才。

独特的内外勤荣誉体系

为鼓励员工健康成长，泰康人寿还建立了完整的内外勤荣誉体系。面向公司内勤，泰康人寿建立了年度评优、司庆授勋表彰等荣誉体系。面向业务系列，泰康人寿经过多年的实践探索，建立了一套完善的荣誉体系，比如面向全业务系列的“世纪圣典”，个人险系列的“泰康杯”、“百强服务部表彰”，银保系列的“财富杯”，培训系列的“培训高峰会”等。每年都会涌现出大量优秀的人才，这些人在创造财富的同时，与泰康人寿一起实现事业梦想，实现“中产梦想”。

资料来源：改编自刘兴阳、白静恩：《泰康人寿：打造人力资源大公司》，载《HR经理人》，2012（5）。

[思考题]

试分析泰康人寿在人力资源管理的各个职能上有什么特色。

[分析思路]

答：人力资源管理的基本职能有：人力资源规划、职位分析与胜任素质模型、员工招聘、绩效管理、薪酬管理、培训与开发、职业生涯规划和管理、员工关系。从本案例中，我们可以发现泰康人寿在招聘、培训与开发、绩效管理等方面有一些自己的特色，具体如下：

（1）招聘方面：重视外部招聘，尤其是校园招聘，每年招收1 000人，积极为企业未来发展储备人才。同时，为了吸引优秀的高校毕业生，与多所高校共建了实习基地。

（2）培训与开发方面：针对每年招聘的1 000名高校毕业生，建立了“泰康与你共成长”新员工培训体系，制定了“人才养成计划”，构建了覆盖全员的学习地图，以易于理解的方式为员工培训指明了方向，建立了内部讲师队伍与网络学习平台。

（3）绩效管理方面：引入了KPI，建立了量化考核体系，力求做到公平公正。根据绩效考核的结果论功行赏，不管是业务人员还是职能部门，其激励都与业绩挂钩。

（4）其他方面：建立了多元化的员工发展通道；建有比较完善的接班人计划；构建了完整而独特的内外勤荣誉体系。

案例 1—3

一汽-大众："杰出雇主"是怎样炼成的

1983 年，在许海峰拿下奥运第一金的前一年，一位大学刚毕业的"天之骄子"加入了有"共和国长子"之称的一汽集团；30 多年过去了，他已经成为一汽-大众汽车有限公司董事、总经理，他就是张丕杰先生。一汽-大众汽车有限公司（以下简称一汽-大众）于 1991 年 2 月 6 日成立，是由中国第一汽车股份有限公司、德国大众汽车股份公司、奥迪汽车股份公司和大众汽车（中国）投资有限公司合资经营的大型乘用车生产企业，是中国第一个按经济规模起步建设的现代化乘用车生产企业。让张丕杰自豪的是，一汽-大众成为很多有志投身汽车行业的人才的第一选择，也培养出许多获得国家级奖项的人才，因而，一汽-大众也被业内誉为"中国汽车行业的黄埔军校"。在任职一汽-大众董事、总经理两年多的时间里，张丕杰带领他的团队，一次次刷新历史纪录，成为 2014 年中国汽车社会影响力人物。2013 年，一汽-大众产销突破 150 万辆，2014 年产销超过 180 万辆。大众、奥迪两大品牌陆续推出了全新捷达、新速腾、速腾 GLI、新 CC、全新高尔夫、全新奥迪 Q3、全新奥迪 A3 和新奥迪 Q5 等多款车型。2014 年 12 月，一汽-大众累计产销第 1 000 万辆整车在长春下线，一汽-大众成为当时国内用时最短实现 1 000 万辆的汽车合资企业。自 2010 年以来，一汽-大众已经连续 6 年荣膺"中国杰出雇主"称号，并连续 4 年在"中国大学生最佳雇主"评选中保持汽车行业第一名的好成绩。为什么一汽-大众能够连续多年成为杰出的雇主？这些光环的背后究竟有什么秘密？

"公司的发展必须以人为本，因为人才是企业持续发展的动力，人才是企业最重要的资产。"在张丕杰看来，员工进入一汽-大众，与公司不仅仅是签订一份合同，更是签订了一份责任契约，"我们都在为共同的愿景而努力"。

在一汽-大众的"2020 战略"中，"成为中国最优秀的汽车合资企业"和"员工眼中最具吸引力的公司"被确立为一汽-大众的两大愿景。"正是有了明确的愿景，才不断地激励着我们勇往直前。一方面，我们视人才为企业发展原动力，为每位员工提供了一个高起点的职业平台，让员工在良好的工作环境中发挥自己的聪明才智；另一方面，员工积极进取的精神让一汽-大众得以快速成长，提升了公司的整体实力。员工成长与公司发展是相辅相成、互相促进的关系。"张丕杰说道。

营造"家一样的感觉"让员工有归属感

为了打造"员工眼中最具吸引力的公司"，一汽-大众首先在员工的工作环境和生活环境上都力求做到最好，而且在福利待遇上不断激励员工，让员工能高效愉快地工作，在公司营造出"家一样的感觉"。

在工作环境上，一汽-大众有着令人羡慕的全国最好的硬件环境，特别是一汽-大众华南基地，有着媲美德国大众的厂区环境，是中国第一个获得绿色工业建筑三星认证的汽车工厂，同时还拥有先进的全自动化生产线、空调送风的工位、漂亮的花园式厂区，堪称"绿色工厂"与"完美工厂"的典范。

在生活环境上，一汽-大众对员工的餐饮和后勤保障上也是体贴周到。餐饮的好坏关系到员工的健康，特别在餐饮安全保障上，一汽-大众不仅有严格的管理制度，而且投入了100多万元建立了食品安全实验室。张丕杰表示："在食堂的管理上，我们从食品质量、食品安全和员工满意度三个方面提高对食堂的管理，利用管理评价，每个月对食堂的评价结果进行排序，让食堂之间形成互相比、学、赶、帮、超的氛围，来不断满足员工对食堂的服务质量需求。"

2014年，为保证员工都能按时乘坐班车，一汽-大众根据公司生产班次和员工家庭住址分布，再次调整了2 600多个班车班次，新增加和新调整50多个班车站点，对23 000多名员工家庭住址信息进行了采集并优化。调整后，一汽-大众班车的准时到达率达到99%以上。

长期以来，一汽-大众不断探索、不断创新，已经将多项员工关怀工作形成了传统——青年员工集体婚礼、员工家属开放日、大病扶困爱心基金、员工文化节、员工间的互帮互助、惠及全员的带薪年假制度及税后利润分享、核心人才长期激励等，这些都是公司成为"员工眼中最具吸引力的公司"这一愿景的有力保障。

"我从毕业就在这里上班，从来没想到过离开两个字。为什么要离开啊？这里就是我的一切。"这种"家一样的感觉"在一汽-大众早已深入人心，一名员工的话道出了所有一汽-大众人内心的真实感受。

打造"中国汽车行业黄埔军校"让员工有成就感

赢得员工的心绝非仅仅依靠优厚的物质条件这么简单。一汽-大众覆盖从研发到生产、从技术进步到营销变革、从原材料加工到汽车金融服务的所有环节。而这样的全价值产业链所需要的人才类别是多种多样的，一汽-大众的每一名员工身处这样的产业环境，可以根据自身特点去选择适合自己的发展方向。这种覆盖汽车全价值链的企业工作，给员工带来的不仅仅是专业的深度，更为宝贵的是跨领域的宽度。对于那些进入一汽-大众的高学历、高素质的人才而言，良好的工作条件和丰厚的福利固然重要，但他们更看重企业出色的人力资源管理体系及人才培养体系。

为了选拔顶尖人才加入团队，一汽-大众在招聘时就坚持高标准、严要求的准则。如在大学生招聘环节，一汽-大众与吉林大学、哈尔滨工业大学、大连理工大学、西南交通大学、重庆大学、华南理工大学、山东大学、北京理工大学、北京航空航天大学和同济大学等10所重点大学合作，为立志加入一汽-大众团队的学子组织高校预开发班，进行提前培养。张丕杰说："以前可能很多人认为我们在吸引人才方面不具备优势，但事实上，我们并没有局限于东北，而是面向全国。我们与多所大学开展了合作，实施'高校预开发选拔及培养'及'联合培养卓越汽车工程师'项目，参与以上项目的本科生和研究生提前一年半开始选拔并进行集中培养。"

不仅如此，为储备兼具中西方文化背景的高端汽车行业人才，一汽-大众还将目光投向了国外，连续5年开展海外招聘活动，吸引了很多留学人员来到一汽-大众工作。与此同时，与高职高专院校的“校企合作”模式则为一汽-大众培养了大量技术过硬、职业素养良好的优秀一线员工队伍。“作为一家整车生产企业，一线员工的素质直接关系到产品和市场，关系到公司的现在和将来。因此，我们将技术人员素质提升与职业发展作为工作的重中之重。”张丕杰深有感触地说。他本人也深受一汽集团“工程师文化”的熏陶和影响。

而真正能够留住人才的，是一汽-大众有一套公平公正的“双轨制”人才培养机制，“双轨制”为每位员工提供专业技术和管理两条上升通道。一名普通的车间工人既可以通过专业技术通道朝高级技师方向发展，也可以通过AC（Assessment Center）测评进入管理通道，向工长甚至是经理方向晋升。

在“建模—评估—提升”的能力建设思路指导下，公司开展各项活动以提升员工能力。全公司根据不同业务情况，建立了清晰的能力模型，明确员工发展目标，同时根据业务的最新情况更新模型；每年组织能力评估，了解员工能力现状；根据评估发现的弱项，每年制定针对性的能力提升计划并予以实施。通过上述系统清晰的步骤，助力员工成长。

一汽-大众采用的AC测评体系尤其值得一提。AC测评也称评价中心技术，它是以工作情境模拟为基础，以测量候选人非专业能力为核心的一组标准化、程序化的综合测评系统。这个源于德国魏玛共和国时代选拔军官、12年前被一汽-大众与中国文化相匹配而来的测评系统，被一汽-大众人称为“红线”。据参加过测评的员工介绍，AC测评极为严格，严格到“你平时对下属怎样，测评中一定会回归到平时的状态，评委都会看到真实的你，提前准备再多也没有用”。

“AC测评首先会根据管理学、心理学等现代科学，对参与者的7大模块、23项素质进行客观的建模分析，然后找出弱点并有针对性地进行提升。最后，参与者要在有限的时间、充满压力和挑战性的封闭环境中，全面展现沟通能力、管理能力和战略思维能力等非专业能力和综合素质。更重要的是，整个AC测评的过程都以公正、客观的流程和标准为依据，确保每一个通过测评的人都具有符合标准的能力。”张丕杰对此非常自豪。

到目前为止，一汽-大众的所有经理级人员，都是AC测评中的优胜者，而每个员工整个职业生涯中只有两次机会进行AC测评，两次不通过就将永久失去机会。因此，员工晋升之路真是既不能靠“拼爹”，更不能靠“拼干爹”，而是要真刀真枪地拼实力。可以说，AC测评实现了企业和员工的双赢，企业找到了适合的人，员工找到了适合的位置。

针对后备经理候选人不同的需求，一汽-大众开发出系统化和个性化的人才开发模式。后备人才的成长过程至少要经过4～6年的时间，在此期间，根据候选人所处不同阶段的需求设计了若干重要节点：针对新推荐的后备经理候选人，开展后备经理素质模型解析活动；针对外语考试通过的候选人开展认知发展中心的解析研讨；针对通过AC预选的候选人开展攀越之旅、知行教练营的培养活动。此外，针对全体后备经理候选人，会持续开展后备业务交流、AC经验交流会、部门个性化支持和一对一的辅导等内容。

按照一汽-大众2014年公布的数据，自开展AC测评12年以来，总共只有100多人通过，测评通过率仅为50%，考核标准之高可想而知，也正是这批脱颖而出的优秀汽车人才成就了一汽-大众“中国汽车行业黄埔军校”的美誉。

其实，这种美誉也离不开一汽-大众良好的文化氛围。张丕杰认为，学习是一汽-大众最突出的企业文化取向。“不管是成为一名管理人员，还是一名工人，在一汽-大众都是优中选优的过程。一个人只要有能力、肯学习，就一定能得到更高的职位。”

对于一汽-大众这样的技术领先型企业，管理方法、产品技术、制造技术等知识学习是很难在学校一蹴而就的，员工的大部分培训、培养工作还需要在公司完成。一汽-大众始终以发掘人才、培养人才为己任，基于现有职位体系、面向企业未来发展，为每一个岗位都设计了合理的员工能力模型，并以能力模型为核心，构建了一套符合公司发展需要的系统、有效、全面的员工能力发展体系，并构建了专业的能力评估体系，通过对员工进行能力评估，找出员工的能力优势和不足，从而进行针对性培养，满足组织发展对人才的需求，对员工进行培训，有针对性地提升员工能力，同时提升一汽-大众在自己员工心中的雇主品牌形象。

作为一汽-大众的一名新员工，会从确定工作岗位的第一天起，就从一汽-大众380多个管理人员能力素质模型中找到与自己相匹配的模型，并有机会获得管理实习生培养、脱产学习德语，以及到德国大众参加TTA专业技术提升培训等机会。

20多年来，一汽-大众管理培训从战略管理创新、运营管理创新和执行方法创新三个维度不断突破，为各层次员工实现目标和履行职责提供理念、工具和方法。目前，管理培训已朝着拓展咨询式培训和项目拉动式培训方式方向推进。在技术培训方面，一汽-大众实现了技术培训由点状到网状再到全覆盖式的飞跃。专业能力技术学院整合一汽-大众多年来零散、多元化的培训知识，对所有部门、人员和整个汽车生产周期进行了培训全覆盖。在公司一个新车型的联合研发与试制和生产项目中，所有中方工程师都是经过系统培训的一汽-大众优秀员工，他们的知识与才华令外方和大众集团的研发人员震惊，为项目做出了不可小视的贡献。

一个强大的培训体系是企业持续发展的核心动力，一汽-大众在此方面的投入也逐年加大。仅以技术培训为例，2012年，一汽-大众投入仅为600万元；2013年达到4 000万元；2014年更是高达5 000万元。

员工责任与社会责任“两手抓，两手都要硬”

在张丕杰看来，一汽-大众的快速发展离不开社会的支持，企业壮大了就应该承担更多的社会责任。在中国汽车行业，一汽-大众是为数不多敢将履行企业社会责任明确写入企业发展战略的企业。张丕杰把履行企业社会责任和履行员工责任视为同等重要，要做到“两手抓，两手都要硬”。

“员工责任和企业社会责任是相辅相成的，履行好员工责任，才能更好地承担企业社会责任，而高度践行企业社会责任才能得到员工的深度认同与尊敬，才能更好地团结和吸引员工，提升企业凝聚力、战斗力。”对于员工责任与企业社会责任的辩证关系，张丕杰进行了深刻的阐释。

正是基于这样的思考，一汽-大众在2014年首次发布了完整的企业社会责任战略，并将企业社会责任建设视为企业未来发展的关键。对此，张丕杰表达了坚定的信心：“在过去的24年当中，一汽-大众在创造自身价值的同时，也在很多方面履行企业应尽的社会责任，但社会责任不是一朝一夕的，而是没有止境的，也是不分淡季、旺季的，需要我们始终如一地坚持做下去。我甚至可以说，只要这个企业在，这件事情就一定要做下去。”

一直以来，一汽-大众都在用行动践行着自己的社会责任，在儿童安全、公益教育和绿色环保等领域深耕细作、长期坚持：在儿童安全上，一汽-大众继续在全国开展“儿童安全行动”，让更多的家庭充分认识到使用儿童安全座椅的重要性；在公益教育上，开启一汽-大众2015“中国新未来行动”，并提出“量质并重”的思路，逐步提升整体水平；在绿色环保上，不仅推出了多款绿色环保的产品，华南基地的太阳能发电项目也正式运行发电，为华南基地带来10%的绿色能源，华南基地成为中国汽车行业最高水平的绿色工厂。

不仅如此，一汽-大众每年都会邀请巴塞罗那、皇马、AC米兰等世界顶级足球俱乐部来中国开展交流。2015年，“拜仁中国行活动”邀请德国拜仁俱乐部来访，一汽-大众员工积极参与，为比赛呐喊助威。“拜仁在中国进行三场比赛，不仅是奉献了高水平的赛事，更重要的是加强了青少年对于足球精神、对于拼搏进取的理解。未来我们将在长春、成都、青岛、佛山四个城市开启青少年足球训练营，助力实现中国足球强国梦。”张丕杰说道。

2013年，一汽-大众位于成都的西南基地全面建成，让这个中国西部最活跃的汽车市场成为一汽-大众真正的主场；2013年9月，一汽-大众佛山分公司一期建成投产，标志着一汽-大众谋划多年的长春、西南、华南三大基地的全国性战略布局已经正式形成。而张丕杰对一汽-大众进行的全国性战略布局还在继续。一汽-大众所需的复合型人才要求更高，而人才在一汽-大众施展抱负的舞台也越来越广。企业和企业家的“责任”是张丕杰用质朴的语言向我们阐述的一汽-大众连续多年获得“杰出雇主”认证的关键，是这个地处东北的汽车企业具有如此吸引力的秘诀所在，也是以张丕杰为首的一汽-大众经营管理委员会制定的指引企业未来发展的“2020战略”和企业社会责任战略中可以为一汽-大众挑战未来更高的发展目标赢得先机的重要保障。

资料来源：http：//www.hroot.com/hcm/246/316786.html.

[思考题]

试分析一汽-大众在人力资源管理的各个职能上有什么特色。

第 2 章

人力资源管理的理论基础

一、知识点回顾

人力资源管理的理论基础主要包括人性假设理论和激励理论。

人性假设理论主要有道格拉斯·麦格雷戈提出的“X 理论—Y 理论”和埃德加·沙因提出的“四种人性假设理论”。**“X 理论—Y 理论”**将对人性的假设划分为 X 理论和 Y 理论。X 理论类似于我国古代的性恶论，认为应以金钱作为激励人们努力工作的主要手段，对消极怠工的行为采取严厉的惩罚，以权力或控制体系来保护组织本身和引导员工。Y 理论类似于我国古代的性善论，指出管理者的重要任务不再是监督控制，而是创造一个使人得以发挥才能的工作环境；对人的激励主要是来自满足其自我实现的需要。约翰·莫尔斯和杰伊·洛尔施提出了超 Y 理论，认为在进行人力资源管理活动时要根据不同的情况，采取不同的管理方式和方法。

“四种人性假设理论”主要包括以下内容：

1. **经济人假设**认为：(1) 经济诱因引发人的工作动机；(2) 经济诱因在组织的控制之下；(3) 人总是力图用最小投入获得满意的报酬；(4) 情感是非理性的。

2. **社会人假设**由梅奥等人提出，认为管理的重点就是要营造和谐融洽的人际关系。要点包括：(1) 人类工作的主要动机是社会需要；(2) 必须从工作的社会关系中寻求工作意义；(3) 非正式组织的社会影响比正式组织的经济诱因对人有更大的影响力；(4) 人们对领导者的最强烈期望是能够承认并满足他们的社会需要。

3. **自我实现人假设**认为：(1) 人的需要有低级和高级的区别，最终目的是满足自我实现的需要；（2）人们力求在工作上有所成就；（3）人们能够自我激励和自我控制，外部的激励和控制会产生不良后果；（4）个人自我实现的目标和组织的目标并不冲突。

4. **复杂人假设**认为：（1）人有不同的需要和能力；（2）人的很多需要不是与生俱来的，而是在后天环境的影响下形成的；（3）人们在不同的组织和不同的部门中可能有不同的动机模式；（4）人是否感到心满意足取决于组织的状况与个人的动机结构之间的相互关系；（5）人们依据自己的动机、能力和工作性质，会对一定的管理方式产生不同的反应。

激励就是激发人内在的行为动机并使之朝着既定目标前进的过程。**激励理论**主要可以划分为内容型激励理论、过程型激励理论和行为改造型激励理论。

内容型激励理论主要是研究激励的原因和起激励作用的因素有哪些。代表性的内容型激励理论有以下四种：

1. **需求层次理论**由马斯洛提出，他将人们的需求划分为五个层次：生理需求、安全需求、社交需求、尊重需求和自我实现的需求。主要内容有：（1）五种需求从低级到高级依次排列；（2）同一时间人们可能存在几个不同层次的需求，但总有一个层次的需求是发挥主导作用的优势需求；（3）只有未满足的需求才能成为激励因素；（4）任何一种满足了的低层次的需求不会因为高层次需求的发展而消失。

2. **ERG理论**由克雷顿·阿尔德弗提出，认为人的需求主要有三种：生存需求、关系需求、成长需求。在需求满足的过程中既存在需求层次理论中提到的“满足—上升”的趋势，也存在“挫折—倒退”的趋势；有些需求是经过后天学习和培养得到的。

3. **双因素理论**由弗雷德里克·赫茨伯格提出，将使员工感到满意的因素称为“激励因素”，包括成就、认可、工作本身、责任、晋升、成长等六个方面；将使员工感到不满意的因素称为“保健因素”，主要有公司的政策和管理、监督、与主管的关系、工作条件、薪酬、与同事的关系、个人生活、与下属的关系、地位、安全感等十个方面。双因素理论将传统的看待工作态度的“满意—不满意”观点发展为：激励因素中，“满意”的对立面是“没有满意”；保健因素中，“不满意”的对立面是“没有不满意”。

4. **成就需求理论**由大卫·麦克利兰等人提出，提出人们在生理需求得到满足的前提下，还具有权力需求、归属需求和成就需求等三类需求。不同的人对三种需求的排列层次和所占比重是不同的，而且成就需求不是与生俱来的，可以通过教育和培训造就出具有高成就需求的人。

过程型激励理论关注激励是如何发生的，即为什么人们选择特定的行为来满足其需求。代表性理论有以下两种：

1. **期望理论**的主要研究学者是维克多·弗洛姆。他指出人之所以有动力去从事某项工作并达成目标，是因为这些工作与组织目标的达成反过来会帮助他们达成自己的目标，满足自己某些方面的需求。因此，激励的效果取决于效价和期望值两个因素，即激励力=效价×期望值。

2. **公平理论**由亚当斯从人的认识角度出发提出，它以社会比较理论为基础，研究个人所作的贡献与所得的报酬和他人（或自己）比较之后的结果及其对员工积极性的影响，提出员工的积极性不仅受到绝对报酬的影响，还受到相对报酬的影响。人们通常采取 6 种方法减少不公平感：改变投入、改变报酬、改变对自己投入和报酬的知觉、改变对他人投入或报酬的看法、改变参照系、选择离开。

行为改造型激励理论主要研究如何改造和转变人的行为，变消极为积极，以期达到预定的目标。代表性理论有以下两种：

1. **目标设置理论**由洛克提出，认为人们的激励大多是通过设置目标来实现的，目标具有引导员工工作方向和努力程度的作用，因此应当重视目标在激励过程中的作用。激励的效果主要取决于目标的明确度和目标的难度这两个因素。

2. **强化理论**由斯金纳提出，认为所谓强化，从其最基本的形式来说，指的是对一种行为的肯定或否定的后果（报酬或惩罚），它至少在一定程度上会决定这种行为在今后是否会重复发生。通过控制行为的后果来改变行为的方式有四种：正强化、负强化、惩罚和撤销。

在实际工作中，我们一般会根据实际所遇到的问题，综合运用多种理论来激励员工。图 2—1 是对上述激励理论进行整合而形成的更系统、全面的模型。

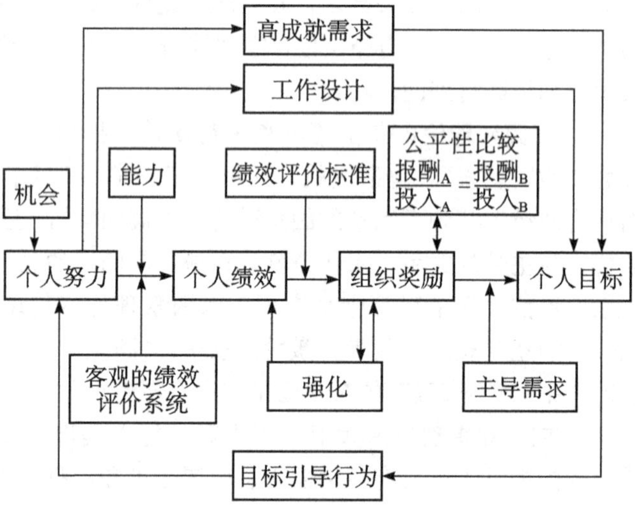

图 2—1

人力资源管理的环境主要是指能够对人力资源管理活动产生影响的各种因素。从系统的角度出发，可以将人力资源管理的环境划分为**内部环境**和**外部环境**两种。这种划分以企业系统为边界。

人力资源管理环境的辨别主要考虑两个方面的要素，一个是环境的复杂性；另一个是环境的稳定性。

人力资源管理的外部环境就是指在企业系统之外能够对人力资源管理活动产生影响的各种因素。一般可以从以下四个方面考虑：**政治因素**主要包括一国的政治环境、政府的管理方式以及政府的方针政策等内容。**经济因素**主要包括经济体制、经济发展状况以及劳动力市场状况等要素。**法律因素**除了包括立法机关颁布的法律外，还有国务院及其各部门制定的具有法律效力的法规、规定、条例等。**文化因素**对于整个社会而言具有重要的社会整合和社会导向作用，而且能够内在影响人们的思维方式和行为方式。

人力资源管理的内部环境是指在企业系统之内能够对人力资源管理活动产生影响的各种因素。构成企业的所有因素都是人力资源管理的内部环境，而其中最重要的有：企业发展战略、企业生命周期、企业组织结构和企业文化等。**企业发展战略**指企业为了收益而制定的与组织使命和目标一致的最高管理层的计划。**企业生命周期**一般包括四个阶段：创业阶段、集体化阶段、正规化阶段和合作阶段。

二、测试题

(一) 单项选择题

1. 下列有关人性假设理论的描述中，错误的是(　　)。

A. 经济人假设认为人的情感是非理性的，会干预人对经济利益的合理追求

B. 社会人假设提出非正式组织的社会影响比正式组织的经济诱因对人有更大的影响力

C. 自我实现人假设认为外部的激励和控制会对人产生很大的促进作用

D. 复杂人假设认为人的很多需要不是与生俱来的，而是在后天环境的影响下形成的

2. 管理的重点就是营造和谐的人际关系是(　　)的主要观点。

A. 经济人假设　　B. 社会人假设

C. 自我实现人假设　　D. 复杂人假设

3. 马斯洛的需求层次从低到高依次为(　　)。

A. 安全需求、生理需求、社交需求、尊重需求、自我实现的需求

B. 生理需求、安全需求、尊重需求、社交需求、自我实现的需求

C. 生理需求、安全需求、社交需求、自我实现的需求、尊重需求

D. 生理需求、安全需求、社交需求、尊重需求、自我实现的需求

4. 下列需求中(　　)不是 ERG 理论的内容。

A. 生存需求　　B. 关系需求　　C. 安全需求　　D. 成长需求

5. 下列有关双因素理论的描述中，错误的是(　　)。

A. 由美国行为科学家赫茨伯格提出

B. 工资属于保健因素，即使与员工的绩效水平挂钩也不会产生更大的激励作用

C. 保健因素只能避免不满意，而不会产生激励作用
D. 物质需求的满足是必要的，没有它会导致不满意

6. 成就需求理论的提出者是美国心理学家(　　)。
A. 道格拉斯·麦格雷戈　　B. 弗雷德里克·赫茨伯格
C. 克雷顿·阿尔德弗　　D. 大卫·麦克利兰

7. 期望理论中，激励的效果取决于(　　)。
A. 效价、期望值　　B. 个人努力、个人绩效
C. 个人绩效、组织奖励　　D. 组织奖励、个人目标

8. 目标设置理论的提出者是美国心理学家(　　)。
A. 埃德温·洛克　　B. 弗雷德里克·赫茨伯格
C. 克雷顿·阿尔德弗　　D. 大卫·麦克利兰

9. 强化理论中的负强化是指(　　)。
A. 对不希望的行为采取惩戒措施，使之不再出现
B. 奖励那些企业所希望的行为，从而加强这种行为
C. 事先告诉员工哪些行为不符合要求及其后果是什么，从而改变或克服某种行为，以避免不希望的后果
D. 对于不希望发生的行为采取冷处理

10. 企业生命周期的四个阶段依次是(　　)。
A. 创业阶段、集体化阶段、正规化阶段、合作阶段
B. 创业阶段、正规化阶段、集体化阶段、合作阶段
C. 创业阶段、集体化阶段、合作阶段、正规化阶段
D. 创业阶段、合作阶段、集体化阶段、正规化阶段

(二) 多项选择题

1. 人力资源管理的理论基础主要有(　　)。
A. 人性假设理论　　B. 人本管理理论
C. 激励理论　　D. 系统理论

2. 下列属于内容型激励理论的是(　　)。
A. 需求层次理论　　B. ERG 理论
C. 双因素理论　　D. 成就需求理论

3. 在公平理论中，人们通常采用(　　)等方法来减少不公平感。
A. 改变投入或报酬
B. 改变对自己或他人投入或报酬的看法
C. 改变参照系
D. 选择离开

4. 下列因素中属于保健因素的有(　　)。
A. 工作条件　　B. 同事关系
C. 工作本身　　D. 地位和安全保障

5. 成就需求理论认为，一个人在生存条件和物质需求满足后，还有(　　)。
A. 尊重需求　B. 权力需求　C. 归属需求　D. 成就需求
6. 根据目标设置理论，激励的效果主要取决于(　　)。
A. 激励的水平　B. 目标的明确度
C. 目标的难度　D. 工作的环境
7. 行为改造型激励理论中具有代表性的是(　　)。
A. 公平理论　B. 目标设置理论
C. 强化理论　D. 挫折理论
8. 期望理论中，个体是否有动力取决于(　　)。
A. 个人努力与个人绩效之间的关系
B. 个人绩效与组织奖励之间的关系
C. 组织奖励与个人目标之间的关系
D. 个人目标与个人努力之间的关系
9. 对人力资源管理环境的分析和评价应当主要考虑(　　)。
A. 环境的复杂性　B. 环境的稳定性
C. 外部环境　D. 内部环境
10. 人力资源管理的外部环境包括(　　)。
A. 政治因素　B. 经济因素　C. 文化因素　D. 法律因素

(三) 名词解释

1. 人性假设理论
2. 激励
3. X理论
4. Y理论
5. 超Y理论
6. 需求层次理论
7. ERG理论
8. 双因素理论
9. 成就需求理论
10. 期望理论
11. 公平理论
12. 目标设置理论
13. 强化理论
14. 人力资源管理环境
15. 人力资源管理外部环境
16. 人力资源管理内部环境

(四) 简答题

1. X理论—Y理论和四种人性假设理论是如何对人性做出解释的?
2. 人力资源管理为什么要重视激励理论?
3. 激励理论主要有几种类型? 每种类型的激励理论的主要内容是什么?
4. 比较内容型激励理论中几种激励理论的异同。
5. 需求层次理论的基本内容是什么?
6. 解释期望理论，并分析它在实践中有何作用。
7. 如何划分和辨别人力资源管理的环境?
8. 人力资源管理的外部环境主要由哪些因素构成?

9. 人力资源管理的内部环境主要由哪些因素构成?

三、测试题参考答案

(一) 单项选择题

1. C　2. B　3. D　4. C　5. B　6. D　7. A　8. A　9. C　10. A

(二) 多项选择题

1. AC　2. ABCD　3. ABCD　4. ABD　5. BCD　6. BC　7. BC　8. ABC　9. AB　10. ABCD

(三) 名词解释

1. 人性假设理论：指对人的本性的基本认识与判断。最具代表性的人性假设理论包括“X 理论—Y 理论”，以及“四种人性假设理论”，即经济人假设、社会人假设、自我实现人假设和复杂人假设。

2. 激励：就是激发人内在的行为动机并使之朝着既定目标前进的过程。

3. X 理论：麦格雷戈将传统的人们对人性的假设称为 X 理论。这种理论类似于我国古代的性恶论，认为应以金钱作为激励的主要手段，对消极怠工的行为采取严厉的惩罚，以权力或控制体系来保护组织本身和引导员工。

4. Y 理论：类似于我国古代的性善论，指出管理者的重要任务不再是监督控制，而是创造一个使人得以发挥才能的工作环境；对人的激励主要是来自满足其自我实现的需要。

5. 超 Y 理论：由约翰·莫尔斯和杰伊·洛希研究提出，是对 X 理论—Y 理论所做的进一步完善。它强调在进行人力资源管理活动时要根据不同的情况，采取不同的管理方式和方法。

6. 需求层次理论：由马斯洛提出，将人们的需要划分为五个层次：生理需求、安全需求、社交需求、尊重需求和自我实现的需求。

7. ERG 理论：由克雷顿·阿尔德弗提出，提出人的需求主要分为三种：生存需求，包括心理与安全的需求；关系需求，包括有意义的社会人际关系；成长需求，包括人类潜能的发展、自尊和自我实现。

8. 双因素理论：也称激励—保健因素理论，由赫茨伯格提出，认为使员工感到满意的因素往往与工作本身或工作内容有关，称为“激励因素”；而使员工感到不满意的因素则大多与工作环境和工作条件有关，称为“保健因素”。

9. 成就需求理论：由大卫·麦克利兰等人提出，指的是在生理需求得到满足的前提下，人们的需求还包括权力需求、归属需求和成就需求。

10. 期望理论：由维克多·弗洛姆提出，指的是人之所以有动力去从事某项工作并达成目标，是因为这些工作与组织目标的达成反过来会帮助他们达成自己的目标，满足自己某些方面的需求。

11. 公平理论：由亚当斯提出，它以社会比较理论为基础，研究个人所作的贡献与所得的报酬和他人（或自己）比较之后的结果及其对员工积极性的影响。

12. 目标设置理论：由洛克提出，认为人们的激励大多是通过设置目标来实现的，目标具有引导员工工作方向和努力程度的作用，因此应当重视目标在激励过程中的作用。激励的效果主要取决于目标的明确度和目标的难度这两个因素。

13. 强化理论：由斯金纳提出，认为强化指的是对一种行为的肯定或否定的后果（报酬或惩罚），至少在一定程度上会决定这种行为在今后是否会重复发生。

14. 人力资源管理环境：主要是指能够对人力资源管理活动产生影响的各种因素。从系统的角度出发，可以以企业系统为边界，将人力资源管理的环境划分为内部环境和外部环境两种。

15. 人力资源管理外部环境：就是指在企业系统之外能够对人力资源管理活动产生影响的各种因素。

16. 人力资源管理内部环境：就是指在企业系统之内能够对人力资源管理活动产生影响的各种因素。

（四）简答题

1. X 理论—Y 理论和四种人性假设理论是如何对人性做出解释的？

答："X 理论—Y 理论"将对人性的假设划分为 X 理论和 Y 理论。X 理论类似于我国古代的性恶论。这种理论认为应以金钱作为激励的主要手段，对消极怠工的行为采取严厉的惩罚，以权力或控制体系来保护组织本身和引导员工。Y 理论类似于我国古代的性善论，指出管理者的重要任务不再是监督控制，而是创造一个使人得以发挥才能的工作环境；对人的激励主要是来自满足其自我实现的需要。约翰·莫尔斯和杰伊·洛尔施提出了"超 Y 理论"，认为在进行人力资源管理活动时要根据不同的情况，采取不同的管理方式和方法。

"四种人性假设理论"主要包括经济人假设、社会人假设、自我实现人假设和复杂人假设。

经济人假设的观点类似于 X 理论，认为：（1）人是由经济诱因来引发工作动机的；（2）经济诱因在组织的控制之下；（3）人总是力图用最小的投入获得满意的报酬；（4）人的情感是非理性的。

社会人假设的要点包括：（1）人类工作的主要动机是社会需要；（2）必须从工作的社会关系中寻求工作的意义；（3）非正式组织的社会影响比正式组织的经济诱因对人有更大的影响力；（4）人们对领导者的最强烈期望是能够承认并满足他们的社会需要。

自我实现人假设的主要观点有：（1）人的需要有低级和高级的区别，最终目的是满足自我实现的需要；（2）人们力求在工作上有所成就；（3）人们能够自我激励和自我控制，外部的激励和控制会产生不良后果；（4）个人自我实现的目标和组织的目标并不是冲突的。

复杂人假设的观点主要有：（1）每个人都有不同的需要和不同的能力；（2）人的很多需要不是与生俱来的，而是在后天环境的影响下形成的；（3）人们在不同的组织和部门中可能有不同的动机模式；（4）人在组织中是否感到心满意足取决于组织的状况与个人的动机结构之间的相互关系；（5）人们依据自己的动机、能力以及工作性质，会对一定的管理方式产生不同的反应。

2. 人力资源管理为什么要重视激励理论？

答：人力资源管理的最终目的是实现企业的整体战略和目标，它以每个员工个人绩效的实现为基本前提。一般来说，员工的个人绩效又是由工作能力和工作态度两大因素决定的。一个人的工作能力是相对稳定的，在短时期内改变的难度较大。工作态度却是可以改变的，正因为如此，如何激发员工的工作热情、调动他们的工作积极性和主动性就成为人力资源管理需要解决的关键问题。从这一角度理解，要做好人力资源管理就必须熟练掌握各种激励理论。

3. 激励理论主要有几种类型？每种类型的激励理论的主要内容是什么？

答：激励理论主要包括内容型激励理论、过程型激励理论和行为改造型激励理论三种类型。

内容型激励理论主要是研究激励的原因和起激励作用的因素有哪些。这种理论着眼于满足人们需要的内容，即人们需要什么就满足什么，从而激起人们的动机。代表性的理论有：需求层次理论、ERG 理论、双因素理论和成就需求理论。过程型激励理论关注激励是如何发生的。代表性理论有：期望理论和公平理论。过程型激励理论并不试图去弄清楚有哪些激励因素，而是关注为什么人们选择特定的行为来满足其需求；为了激励员工，管理者在激励过程中应该如何做。过程型激励理论的指导意义在于要使员工出现企业期望的行为，就要在员工的行为与员工需要的满足之间建立起必要的联系。行为改造型激励理论主要研究如何改造和转化人们的行为，变消极为积极，以期达到预定的目标。代表性的理论有：目标设置理论与强化理论，通过目标的牵引作用和对行为过程的强化来实现激励作用。

4. 比较内容型激励理论中几种激励理论的异同。

答：代表性的内容型激励理论有：需求层次理论、ERG 理论、双因素理论和成就需求理论。需求层次理论是其他理论的基础。

ERG 理论假定激励行为沿类似于马斯洛理论的层次而上升，其对需求层次理论的发展主要在于两个方面。首先，ERG 理论认为可以同时有两种或两种以上需求占主导地位。其次，ERG 理论有“挫折—倒退”的机制。如果需求迟迟不能满足，个体会感受到挫折，退回较低的层次，并对较低层次的需求有更强烈的欲望。

双因素理论与需求层次理论有相似之处，保健因素就相当于需求层次理论中的生理需求、安全需求、社交需求等较低级的需求，激励因素则相当于尊重需求、自我实现的需求等较高级的需要，但是这两个理论解释问题的角度是不同的；相比需求层次理论，双因素理论更进了一步，它使管理者在进行激励时的目标更加明确，也更有针对性。

成就需求理论对需求层次理论的升华主要表现在：(1) 着重点不同。需求层次理论研究从低到高顺序的五种需求；而成就需求理论主要研究生理需求基本得到满足的前提条件下，人还有哪些需求。(2) 认识度不同。需求层次理论认为五种需求都是生来就有的，是内在的；而成就需求理论明确指出，通过教育和培训可以造就具有高成就需要的人才。(3) 发展观不同。需求层次理论认为，人的需求是严格地按由低到高的顺序逐级上升的；而成就需求理论认为，不同的人对这三种基本需求的排列层次和所占比重是不同的。

5. 需求层次理论的基本内容是什么？

答：需求层次理论将人们的需要划分为五个层次：生理需求、安全需求、社交需求、尊重需求、自我实现的需求。这五种需求是按照生理需求、安全需求、社交需求、尊重需求、自我实现需求的顺序从低级到高级依次排列的，满足需求的顺序也同样如此，只有当低一级的需求得到基本的满足以后，人们才会去追求更高一级的需求；在同一时间，人们可能会存在几个不同层次的需求，但总有一个层次的需求是发挥主导作用的，这种需求就称为优势需求；只有那些未满足的需求才能成为激励因素；任何一种已满足的低层次需求并不会因为高层次需求的发展而消失，只是不再成为行为的激励因素而已；这五种需求的顺序是普遍意义上的，并非适用于每个人。

6. 解释期望理论，并分析它在实践中有何作用。

答：期望理论的研究以弗洛姆的理论最有代表性。弗洛姆认为，人之所以有动力去从事某项工作并达成目标，是因为这些工作与组织目标的达成反过来会帮助他们达成自己的目标，满足自己某些方面的需求。因此，激励的效果取决于效价和期望值两个因素，即激励力＝效价×期望值。也就是说，个体是否会有动力，取决于三个关系：第一个是个人努力和个人绩效之间的关系；第二个是个人绩效和组织奖励之间的关系；第三个是组织奖励和个人目标之间的关系。这三个关系中任何一个的减弱，都会影响整个激励的效果。

按照期望理论的观点，人力资源管理要达到激励员工的目的，必须对绩效管理系统和薪酬管理系统进行相应的改善。绩效管理中，给员工制定的绩效目标要切实可行，必须是员工经过努力能够实现的；要及时对员工进行跟进，帮助员工实现目标；同时，要能对员工的绩效进行客观、公正的评价。对于薪酬管理而言，一方面要根据绩效考核的结果及时给予各种报酬和奖励；另一方面就是要根据员工不同的需求设计个性化的报酬体系，以满足员工不同的需求。

7. 如何划分和辨别人力资源管理的环境？

答：人力资源管理的环境主要是指能够对人力资源管理活动产生影响的各种因素。从系统的角度出发，可以将人力资源管理的环境划分为内部环境和外部环境两种。这种划分以企业系统为边界。

人力资源管理环境的辨认主要考虑两个方面的要素，一个是环境的复杂性，也就是说要辨认对人力资源管理活动产生影响的因素的数量是多还是少，以及这些因素在不同时期的相似程度是高还是低；另一个是环境的稳定性，也就是说要辨认对人力资源管理活动产生影响的因素的变化是大还是小。根据这两个要素的不同，可以将人力资源管理的环境划分为四种，分别是低度不确定性环境、中低不确定性环境、中高不确定性环境和高度不确定性环境。

8. 人力资源管理的外部环境主要由哪些因素构成?

答：人力资源管理的外部环境是指在企业系统之外能够对人力资源管理活动产生影响的各种因素。对外部环境的分析一般可以从以下四个方面进行考虑，即政治因素、经济因素、文化因素和法律因素。政治因素通过一国的政治环境、政府的管理方式以及政府的方针政策等内容影响人力资源管理。经济因素主要包括经济体制、经济发展状况以及劳动力市场状况等要素。法律因素除了立法机关颁布的法律外，国务院及其各部门制定的具有法律效力的法规、规定、条例等也会对人力资源管理产生影响。文化因素对于整个社会具有重要的社会整合和社会导向作用，并且能够改变人们的思维方式和行为方式。文化因素对人力资源管理的影响主要体现在地域性文化的差异上。

9. 人力资源管理的内部环境主要由哪些因素构成?

答：人力资源管理的内部环境就是指在企业系统之内能够对人力资源管理活动产生影响的各种因素。对其分析主要包括以下四个方面，即企业的发展战略、组织结构、生命周期和企业文化。企业发展战略是指企业为了收益而制定的与组织使命和目标一致的最高管理层的计划。企业组织结构是指企业内部部门和岗位的设置以及组合方式，不同的组织结构会导致不同的人力资源管理的实践活动。企业生命周期指的是企业的发展所需经历的几个不同的阶段。企业文化就是指企业在发展过程中逐步形成的企业成员所共同具有的价值观念、道德准则等观念形态的总和。

四、案例分析

案例 2—1

百度最高奖激励基层员工：引发行业争议

百度是全球最大的中文搜索引擎，2000 年 1 月创立，致力于向人们提供“简单、可依赖”的信息获取方式。“百度”二字源于“众里寻他千百度”，象征着百度对中文信息检索技术的执着追求。根据中国权威调研机构发布的 2010—2011 年中国搜索引擎请求量监测数据，百度在全球搜索市场中的营收份额首次跃居第二，仅次于谷歌。2011 年，百度营收 145 亿元，是全球排名第五、中国排名第一的网站。

2012 年 8 月 9 日有消息称，中国公司普通员工所能享受的最高奖励昨日被刷新。前一日晚，在位于北京上地的百度大厦广场上，百度公司召开了一年一度的 Summer Party。在当晚的 Party 上，百度 CEO 李彦宏公布了第二届百度最高奖的获奖名单。总额度达 300 万美元约合 1 908 万元人民币的高额奖金，颁给了三个来自基层的小团队，每个小团队 100 万美元，平均下来每人将会获得 68 万元人民币的奖励。

百度最高奖其实是由创始人李彦宏在 2010 年 7 月提出的，这两年的评奖中都严格执行三个标准。第一是必须有 10 人以下的小团队，全部是由总监级别以下的基层员工组成，时间不能超过一年。第二是项目对公司意义重大。第三就是产出的结果远远超出预期。上年百度奖励了一个团队 100 万美元，今年增加到三个团队共计 300 万美元，明年百度的最高奖不设上限，有多少个符合标准的团队就会发出多少个百万美元的奖励。

百度最高奖的设立，意在体现"小团队做出大事业"的互联网基本精神。并且李彦宏希望百度在成为一个庞大的公司后，仍然能保持像小团队一样的活力，一样富于创造和创新，让企业拥有更多的激情。而高达百万美元的奖励，也是迄今为止国内互联网企业给予普通员工的最高奖励。

李彦宏豪情万丈地表示，最高奖评选根据具体的项目来奖励，这样的项目有几个，百度就颁出几个百万美元的大奖。今年，服务器潜能激发技术、网盟关键词精准匹配技术、凤巢个性化投放策略三个项目团队脱颖而出，李彦宏也欣然实现了自己承诺，亲自颁发 300 万美元重奖给上述三个团队，共计 28 名基层员工。

一名获奖的工程师分享了他获奖的感受："就感觉不可思议，因为百度里面同志们都很优秀，做的事情也都是非常优秀，能拿到这个奖本身就是非常不容易的。当时也没怎么想，就很高兴地跟着大家一块上台去了。"

虽然有部分网友觉得百度公司在"作秀"，但是大部分网友都纷纷表示对这一巨额奖项垂涎欲滴，并提到，如果自己任职的公司也能有这样 1/10 的奖励制度，自己就会对公司死心塌地，更别说是百万级别的奖励了。更有众多网友戏称，无论自己的职业对不对口，都想辞职，跳槽去百度。

还有网友在微博里调侃道："看到百度颁发 100 万美元的最高奖，我心酸了……曾经有一份在百度的工作机会，我没有去珍惜，等到颁奖的时候我才后悔莫及，如果上天再给我一次机会，我想说那个奖一定是我的！"

李彦宏认为，百度给大家搭的舞台就是要让大家"唱大戏的"，人或许不一定多，但戏唱的分量一定足够大。所以他也预祝大家在明年的各个项目当中获得更好的成绩。他还笑称，希望明年的奖项越多越好，最好颁奖颁到他手发软为止！

百度这一举动也引起了不少业界人士的热议，业内知名分析人士刘兴亮表示，大多数人看到这个新闻，估计是羡慕嫉妒恨，五味俱全。对内，这是一种非常好的激励手段，也是一个信号，不管你在公司的职位高低，只要做出贡献，就可能获得重奖；对外，百度正在竭力打造一个互联网就业者梦想中的天堂，百度最高奖正是其中重要的一环。

《通信产业报》副主编林紫玉认为，百度公司的做法是"创新型文化导向”。虽然许多运营商目前还没权力发那么多钱，但起码可以给优秀员工发个荣誉奖。

IBM 中国区高级市场经理 Grace 也在微博中评论说：“100 万美元的奖励！百度有一种激励年轻人不断创新、不断绽放的力量。”

爱普邦德商业策略咨询机构执行副总裁 UPBEYOND 也非常看好这类激励制度：“这种从底层发光的团队文化及其所拉动的内生型竞争力是保持这个团队生命力的有效手段，李彦宏找到了全员持股后的又一个团队激励的突破口。”

深圳国金投资有限公司天使投资总监刘燕则表示：“与员工共赢，给员工们充分的发展空间是大企业的格局！向百度学习：人均 10 万美元！看好大公司支持员工内部创业！既能挽留人才，又能激励人才！”

资料来源：改编自 http：//cf. youth. cn/html/2012/08/80DvUdQcLb11144456. shtml；http：//www. chinaz. com/news/2011/0811/204407. shtml。

［思考题］

1. 百度公司的做法符合哪些激励理论？

2. 百度公司的做法对其他企业激励员工有什么启示？

［分析思路］

1. 答：百度公司 100 万美元最高奖对内起到了调动员工工作积极性的作用，对外产生了极佳的品牌效应。百度公司的做法之所以能产生较好的效果，在很大程度上是因为百度的做法符合公平理论、期望理论、成就需求理论、强化理论的要求。具体分析如下：

一是公平理论。最高奖的评选执行严格的标准，第一条就是“必须有 10 人以下的小团队，全部是由总监级别以下的基层员工组成”。这就可以避免高层管理者以权谋私，出现绝大多数获奖者都是高层管理者的现象，保障了基层员工的利益，体现了公平。

二是期望理论。激励力是效价与期望值的乘积。重奖 100 万美元，对于基层员工效价非常高；另外，公司上年也兑现了奖励，只要员工能出色完成项目，期望值也就比较大了。而能否出色完成项目更多取决于员工自己，员工综合评估之后就有比较强的激励力。

三是成就需求理论。技术人员一般成就需求比较强，百度公司提供的这一奖励无疑是证实他们成就的很好的形式之一。实现具有挑战性的目标和追求事业成功的愿望就会驱使绝大多数技术人员为获得奖励而努力。

四是强化理论。金钱奖励对员工而言，是一种极有力的强化，这一强化会鞭策更多员工为获得奖励而努力。

2. 答：百度公司最高奖不仅在企业内部取得了激励作用，还在社会上产生了巨大的反响。百度公司的做法有如下几个方面值得企业在激励员工时借鉴：

一是要高度重视员工积极性的调动。如果员工有能力，但却没有调动起来，员工就难以为企业创造价值，对企业而言就是浪费。百度找到了一种方法，有效地调动了员工的积极性。对其他企业来说，只要愿意，同样能找到调动自己企业员工积极性的办法。

二是领导者的素质要高，具体体现为：领导者要有眼界和胸怀，能看到调动员工积极性给企业带来的回报，在调动员工积极性方面愿意投入；领导者要有高尚的品德，能够公平公正地给予员工奖励，同时言出必行，积极主动地兑现奖励。

三是企业在出台激励政策和措施时，一定要考虑这些政策和措施是否与激励理论相符。如果与激励理论相符，就是好的政策和措施；反之，就需要考虑进行调整与完善。

案例2—2

泰康人寿：人才管理从粗放到精细化、规范化

泰康人寿的成长发展历史，可以说也是泰康人寿人才引进、培养和成长发展的历史。在其15年的发展历程中，泰康的业务发展经历了四个阶段，在不同的发展阶段，人力资源管理的侧重点有所不同，但都是以选拔和培养各种优秀人才为核心，满足不同经济环境下业务高速增长的需要。随着泰康人寿爆发式的发展，公司的人力资源管理也不断在反省中提升和完善，一步步从粗放走向精细化、规范化。

初创阶段：修炼内功，重在奠定基础。从1996年公司成立到2000年，泰康人寿处在初创期。在这一阶段，因受制于当时的发展环境，尤其当时政策监管比较严格，公司的发展相对较慢，业务开展的地域仅限于北京，业务量也不是很大。当时，董事长陈东升强调建队伍、练内功，提出了开放、学习、融合的人才管理理念。首先，从海内外、业内外吸引大量高素质的优秀人才，从招人的源头上对建百年老店形成较好的积淀；其次，坚持选拔核心骨干送出去培训，比如送到加拿大、英国、瑞士的顶级国际金融机构及保险公司去交流，学习世界上最前沿的东西。所以，这一阶段虽然发展缓慢，但却从人才选拔和培养角度奠定了今天泰康发展的基础。

第二阶段：强化管理人才和专业人才的选拔培养。从2001年中国“入世”开始，泰康启动了“沿海战略”，公司进入一个持续七年的快速发展阶段。加入世界贸易组织（WTO），给中国的保险业带来了新的发展机遇，保监会批准泰康在全国设立12家省级分公司（后又增加3家），于是泰康按照“一线巩固，二线崛起，三线决胜”的指导方针，重点在沿海等地的二三线城市设立了分支机构，这就是泰康的“沿海战略”。在这一时期，泰康的业务有了很大的飞跃，到2002年，保费已经突破50亿元，后来的几年都是成倍增长。

业务高增长的背后是人才的爆发式发展。这一阶段，泰康在用人哲学上侧重从业务发展的角度考虑如何选人用人。因为组织结构发展太快，全国开设了上百家三级机构，需要大量的管理人才。于是公司从内部选拔了大量的基层领

导干部，推到中高层来做管理者。“虽然也存在一定的‘萝卜快了不洗泥’的情况，但在这个阶段企业的用人哲学就是以实用为主，只要能为业务高速增长做出贡献的人就可以提拔。”泰康人寿助理总裁兼人力资源总监李朝晖这样强调。

此外，这一阶段泰康人寿内部也做了一些深耕细作的工作，尤其在专业技术人员的引进、培养、甄别，乃至今后的任用方面做了大量基础工作。比如，在专业技术领域，泰康是全行业内第一个在保险精算系列形成非常完善的人才培养链条的公司；其他相关核心系列（比如内审、财务、IT、两核等系列）的专业技术人员，无论是招聘还是管理和培养的要求都越来越严，目的是在业务高速增长的同时，保证各个系列不能出现任何风险。到今天为止，泰康的核保核赔、内审、IT等在国内保险业都是做得非常出色的，因为公司这几个系列的人才是被业内同行挖角最多的，可以说泰康人寿为业内贡献了大量的专业人才。

可见，在第二阶段，业务的高速增长带来了对人才的大量需求，管理人员和专业技术人员得到了空前的重视和培养。

第三阶段：业务转型追求内涵价值，高盛入股带来理念革新。2008—2011年，泰康进入转型阶段，这个阶段从业务上更强调内涵价值。在保险行业，以前业绩排名仅仅衡量年保费总额，而现在泰康逐步在进行转变，从只关注保费收入绝对总额转变为关注能为公司创造多少新单价值。

在助理总裁兼人力资源总监李朝晖看来，转型阶段最痛苦的就是观念的转型。从经营观念来看，主要以对新单价值贡献率的诉求代替了以前单纯对保费额的诉求。从管理观念来看，最大的转变或者最痛苦的转变就是人，因为在这个转型期，泰康已经出现了很多瓶颈，很大的一点就是人的瓶颈。“尤其在2008年到2011年这么一个特殊的金融危机阶段，整体经济形势不好，国家的发展宏观调控趋紧，在对人员的选育用留方面有哪些新的举措，如何让老员工更好地发挥作用，从上到下都是很痛苦的。”

在这一阶段，泰康人寿在2008年启动实施了由全球知名的合益咨询公司设计并主导推进的人力资源改革项目，建立起公司组织架构管理、岗位体系管理和薪酬体系管理等一整套体系性制度，实现与国际化的人力资源管理思路接轨。2009年全面启动E-HR项目，提高人力资源工作效率、质量和参与度，打造一流的人力资源管理信息平台。2010年企业年金方案实施，进一步完善员工薪酬福利制度，让员工享有自信、尊严、优雅的退休生活，为建设人力资源大公司构建了规范的制度和先进的技术基础。

2011年4月，高盛集团入股泰康人寿成为股东之一，在中国经济界、金融界轰动一时。当然，高盛作为股东对泰康也提出了新的要求，这对管理决策带来了冲击。在管理理念上提出的要求有两点：一是对人力资源要重视，这给新员工如何选拔、员工怎样焕发青春作贡献等人力资源选育用留的各个方面都带来了很多启发；二是在产品上和业务上对客户要更加重视。

高盛有一个全球著名也非常昂贵的“松树街培训计划”，聘请全球顶级的教授和顶级公司的CEO来授课，国内的农行、工行等都派高层参加过。从2011年开始，每年一期，泰康都要派总公司高管和分公司总经理去参加这一培训计划。第一期所有参训的高管回来之后，都认为松树街的培训对他们冲击很大，而这个培训最重要的核心就是讲人力资源，这对人力资源在转型期的工作起到了很大的促进作用。

第四阶段：新的十五年，打造人力资源大公司。2011年8月22日，泰康人寿隆重举行了15周年庆典暨授勋颁奖大会。伴随着大会的结束，新的15年发展战略启动，人力资源管理工作也进入了一个新阶段。

李朝晖这样介绍，经过15年的发展，泰康在一定程度上已经出现了大公司病的症状，比如出现了人浮于事、不求上进等现象。为此董事长提出要对给企业创造价值的优秀人才加大沉淀力度，通过优胜劣汰对一些人员做出淘汰和调整。具体来说，就是人力资源部门要专注做好一项重要工作——用十年时间借助优秀人才的招聘和培养，让泰康人才队伍有一个整体焕然一新的改变、脱胎换骨的改变，进而打造一流的人力资源大公司。

资料来源：改编自刘兴阳、白静恩：《泰康人寿：打造人力资源大公司》，载《HR经理人》，2012（5）。

［思考题］

泰康人寿是如何结合企业发展不同阶段的内外部环境，制定不同的人力资源发展战略的？

［分析思路］

答：企业发展的内外部环境对人力资源管理具有直接的影响。泰康人寿根据企业发展阶段、人员状况、经济体制等因素的变化，在四个阶段分别采取了不同的人力资源发展战略。

一是企业的初创阶段，注重修炼内功，奠定基础。1996—2000年，政策监管比较严格，公司的发展相对较慢，业务开展的地域仅限于北京，业务量也不是很大。这一阶段的人力资源管理战略重在建队伍、练内功，为日后发展奠定人才基础。

二是企业集体化阶段，注重强化管理人才和专业人才的选拔培养。从2001年中国“入世”开始，泰康启动了“沿海战略”，公司进入一个持续七年的快速发展阶段。随着外部环境转暖和内部业务的迅速增长，泰康的用人哲学侧重从业务发展的角度考虑如何选人用人。一是大量提拔基层管理者应对组织快速扩张的需要；二是在人力资源内部开始深耕细作的工作，尤其在专业技术人员的引进、培养、甄别，乃至今后的任用方面做了大量基础工作。

三是正规化阶段，重在人力资源管理模式的改革。在这一阶段，伴随着公司规模的进一步扩张，各职能模块走向国际化、专业化的发展道路。泰康人寿在2008年启动了由合益咨询公司设计并主导推进的人力资源改革项目，2009年全面启动E-HR项目，2010年实施企业年金方案，为建设人力资源大公司构建了规范的制度和先进的技术基础。

四是合作阶段，启动新规划，打造人力资源大公司。对给企业创造价值的优秀人才加大沉淀力度，通过优胜劣汰对部分人员做出淘汰和调整。人力资源部门要用十年时间借助优秀人才的招聘和培养，让泰康人才队伍有一个整体焕然一新的改变，进而打造一流的人力资源大公司。

案例 2—3

海底捞的员工管理秘诀

海底捞的速度不算快，从 1994 年创办到现在，才 60 个连锁店，营业额也就十几亿元。海底捞所在的产业一点都不酷，就是火锅，它既不是资源垄断行业，也不是高科技行业，只要是中国人，自己在家都会涮。海底捞的商业模式并不独特，就是一锅一锅卖、一店一店开。但是，就是这样一家企业先后在四川、陕西、河南等省荣获“先进企业”“消费者满意单位”“名优火锅”等十几项称号和荣誉，创新的特色服务赢得了五星级火锅店的美名，并连续多次被评为“最受欢迎十佳火锅店”“最受欢迎二十佳餐馆”，获得“中国餐饮百强企业”名誉称号。如今，海底捞更是成为高校商学院，以及不同行业的企业纷纷研究的典范企业。

一、善待员工

海底捞董事长张勇说：“人心都是肉长的，你对人家好，人家也就对你好；只要想办法让员工把公司当成家，员工就会把心放在顾客上。”张勇道出了海底捞的秘诀：善待员工，把员工当成家里人。海底捞也正是这么做的。

善待员工首先要信任员工，而信任的标志就是授权。张勇在公司的签字权是 100 万元以上；100 万元以下由副总经理、财务总监和大区经理负责；大宗采购部长、工程部长和小区经理有 30 万元签字权；店长有 3 万元签字权。这种放心大胆的授权在民营企业实属少见。张勇对一线员工的信任更让同行匪夷所思。一线普通员工有给客人先斩后奏的打折和免单权。不论什么原因，只要员工认为有必要，都可以给客人免一个菜或加一个菜，甚至免一餐。这等于海底捞的服务员都是经理——这种权力在其他所有餐馆都是经理才有的。

在大多数餐饮业打工者居住在简陋的地下室时，海底捞不仅为员工提供公寓，还配套 24 小时热水与空调。公寓内电话、电视和网络一应俱全，有专人打扫卫生，换洗床单。员工生病了公司会送上药品和病号饭，下夜班的员工还能享受到夜宵服务。对那些夫妻员工，公司还考虑给单独房间。除了关怀员工外，海底捞还会给每个店长的父母发工资，子女在海底捞做得越好，父母拿的工资越多。海底捞在简阳建了一所私立寄宿制学校，海底捞员工的孩子可以免费在那里上学，只需要交书本费。也许海底捞的员工并不比其他餐厅服务员赚得多，但是他们所得到的关怀和享受到的福利超过了一个打工者的待遇。这大大提高了他们的工作积极性。

二、海底捞的平等主义

作为北方区的总负责人，袁华强每个月都有一项特殊的任务：去员工的宿舍生活3天。目的在于体验员工的衣食住行是否舒适，以便及时地改善。员工对他，从来不叫“袁总”，而是亲切地唤他“袁哥”。在海底捞分店，他与同来自家乡的小服务生随意地开着玩笑，互相拍着肩膀。“在海底捞，店长也可以跟普通员工一起，去给客人端锅打扫。”

在袁华强看来，很大程度上，这得益于张勇充满理想主义的“人生而平等”的价值观念。现在海底捞的核心高管，除了财务和工程师是外聘外，其他都是在海底捞从基层开始，一步步走到现在的普通人。袁华强几乎干过海底捞所有的职务：门童、厨师、洗碗工……至今他还记得刚进入海底捞时，曾连续3个月吃菜花的经历，这让他到现在对这种寻常蔬菜留有阴影。同时，这种从苦难中成长起来的亲身经历也让他们保持着一颗平常心。在最近一次的公司高层会议上，员工早餐被重新提到议事日程上。“希望能够尽量让员工每天都可以品尝到不同的饭菜，如果某日员工不吃饭，我们会反省，是不是你给他提供的不够好?”袁华强说，“太多人往高处走的时候，都忘记自己原本的样子了，其实对员工的尊重不过是人的本能。”

三、鼓励创新，给员工成长的平台

关于海底捞被广为称道的细节服务——发圈、眼镜布等，最初只是一个自发的想法。袁华强说：“员工提出新建议，大家讨论后觉得可行就会去实施。”包丹袋就是这个想法的代表，这是一个防止顾客手机被溅湿的塑封袋子。由于是一名叫包丹的员工提出这个创意的，就用这个员工的名字命名了。“这种命名的方式既能实现他的价值，也是对他的尊重，很多员工都有很多不错的创意，要给他们提供机会。”当包丹袋在其他店也开始使用时，这些店会向这位员工支付一定的费用。

当然，不是每一个创意都可以得到应用和推广，但海底捞鼓励员工自由提出想法，允许员工犯错误。为了鼓励员工创新，现在海底捞已经形成了一个代表着创新意识的红黄蓝榜机制。在海底捞总部的办公室墙上，每月以店为单位进行创意统计。每个月9日，各个片区的店经理都要向总部提交一个创新的评估和报告，上面详细列出各店员工最近的一些想法和创意，而几位核心高层则在月底进行讨论，负责对此进行总结和评比，确定哪些是在本店可行的，哪些是可以推广到全国连锁应用的。“如果一个店这个月是蓝榜，那代表无创新；黄榜代表本店应用；红榜则代表全国可以推广。”

海底捞这种开放的平台还体现在培养员工的兴趣爱好上。一名员工在和外国顾客交流时，说起了流利的英语，随后公司为此举行了一次英语竞赛，并为优胜者请来了外语教师。“让员工能够发挥自己的特长，从而在工作中获得乐趣，使工作变得更有价值”。

四、良好的晋升通道

在海底捞，只有两个岗位有学历的特殊要求，技术总监与办公室主任合并由一个人担任；财务总监与物流董事长合并由一个人担任。这两个岗位从外部招聘，要求有学历和专业的管理水平。而其他所有的员工、干部，都是从最基层服务员培养起来的，但是都具备同样的素质，就是勤奋、诚实和善良。

除了入职前的集训，工作期间并不进行额外的培训。所有问题在例会上都会予以解决，员工有什么创意，工作上有什么疑问和困难，在例会上提出来，大家进行讨论和沟通，所有人都得到了进步。在具备基本品质与共同进步的基础上，谁的能力提高得快，显现出来了，谁就有机会晋升。

在海底捞，公司会给员工指出明确的晋升方向：从管理线、技术线、后勤线三个通道让不同岗位的员工都有机会晋升；所有的高管，包括店长，必须从最基层的员工开始做起，一步一步升级上来。按照张勇的说法，管理者要是没有做过服务员，再换位思考也是“近台看戏”——看戏的，哪怕是票友，也不能完全体会真正靠唱戏为生的压力与追求。

这种晋升制度，让所有的员工都感受到公平——哪怕你今天是一个切菜的厨房小工也有机会升级——这样让有能力和追求的员工都能够在这里找到发展的方向，几乎没有晋升的天花板。即使你当了店长，也有更大的区域和连锁店给你提供施展的空间，只要你想，海底捞早就给你设计好了职业生涯的舞台。

五、激发员工工作热情的考核制度

海底捞超越一般企业最重要的一点是，它更大程度地发挥了员工的热情，并把这种热情传递下去。如果一个人的热情只有 30，即使能力有 90，也只能有 2 700 的效用；倘若一个人的能力只有 60，但热情被激发到 90，就能产生 5 400 的效用。

对于餐饮连锁企业来说，店长起着极为重要的作用。在张勇的办公室墙上，贴着对店长以上干部的考核表，目的就是检测干部和员工的热情度。考核分为多个项目，除了业务方面的内容之外，还有创新、员工激情、顾客满意度、后备干部的培养。每项内容都必须达到规定的标准，唯独缺少的就是业绩指标。“我们优秀店长的产生不跟他所管理店的命运成正比，评选优秀店长不看他赚了多少钱，看的是员工激情，看的是顾客满意度，看的是后备干部的培养。他哪怕赚很多钱，他的利润始终是公司最高，也很可能由于在这几个问题上出了漏洞而被撤掉。”张勇解释说。

这几项不易评价的考核内容，海底捞都有自己衡量的标准。例如“员工激情”，总部会不定期地对各个分店进行检查，看员工的注意力是不是放在客人的身上，看员工的工作热情和服务的效率。如果有员工没有达到要求，就要追究店长的责任，“你平时是怎么要求的？你是怎么带动的？”一次可以原谅，可以给机会，几天后再派人检查员工的服务是否快速、准确、热情，是否能够马上满足顾客的要求，是否大方得体。

直到现在，海底捞单店仍然没有财务报表，“过度强调数字会伤害员工工作的积极性和顾客满意度”。换个角度来看，这笔看似糊涂实则聪明的生意账恰恰是张勇的高明之处，他不是不看重财务指标，而是把完成财务指标要具备的条件都琢磨清楚了，只要关注这几个条件是否完成，也就意味着关注了财务指标的完成。

资料来源：根据 http：//www.haidilao.com/content.aspx?id=653401689885，http：//www.haidilao.com/content.aspx?id=964393054357，http：//news.hexun.com/2011-05-03/129239863.html 等资料整理。

[思考题]

1. 哪些人性假设理论在海底捞得到了应用，是如何应用的?
2. 海底捞应用了哪些激励理论，是如何应用的?
3. 海底捞的员工管理对你有什么启示?

第 3 章

人力资源管理的组织基础

一、知识点回顾

在所有**组织文化的定义**中，最具代表性、影响最大的是埃德加·沙因的定义：组织文化是一套基本的假设——由一个特定的组织在学习处理对外部环境的适应和内部整合问题时所创造、发现和发展起来的，一种运行得很好且被证明是行之有效的，用来教育新成员正确感知、思考和感觉上述这些问题的基本假设。关于**组织文化的结构**，最具代表性的有：组织文化结构二层次论——冰山模型；沙因的组织文化结构三层次论——睡莲模型。**冰山模型**将文化区分为显现的、可观察到的层次和隐藏的、无法观察到的层次；**睡莲模型**将组织文化分为三个层次，包括组织文化的外在表露形式、组织公开倡导的价值观和深层次的基本假设。按照不同的**分类**标准，可以将组织文化划分为主文化和亚文化、强文化和弱文化。**组织文化的功能**是指组织文化发挥的作用，对组织生产、经营、管理等活动产生的影响。组织文化的功能具有双重性，可以分为正功能和负功能。正功能包括：(1) 导向功能；(2) 凝聚功能；(3) 约束功能；(4) 激励功能；(5) 树立组织形象。负功能包括：(1) 变革创新的障碍；(2) 多元化的障碍；(3) 兼并和收购的障碍。

组织文化的形成：通常是在一定的生产经营环境中，为适应和促进组织的生存及发展，由少数人倡导与实践，经过较长时间的传播和规范整合而形成。具体包括：(1) 创始人。创始人通过聘用和留住想法一致的员工、对成员思维和感受方式进行社会化以及把自己作为角色榜样的方式影响组织文化。(2) 甄选。甄选是一个双向选择的过程，可以筛选掉对组织价值观构成冲击和威胁的人。(3) 高级管理层的活动。(4) 社会化。为了防止新成员干扰组织已有的观念和习惯，组织帮助新成员适应组织文化，从而达到维系组织文化的目的。**组织文化的传承**包括组织对文化的灌输和强化、成员对组织文化的学习。其中，组织对文化的灌输和强化包括：(1) 树立模范或英雄人物，进行典型引导；(2) 对组织文化进行反复宣传和强化；(3) 通过组织领导者的示范进行强化；(4) 健全规章制度，规范组织行为；(5) 对组织成员进行教育和培训；(6) 设计仪式，组织群体活动。成员对组织文化的学习通过以下途径：(1) 故事；(2) 仪式；(3) 物质象征；(4) 语言。

组织结构是指组织中正式确定的使工作任务得以分解、组合和协调的框架体系。**组织结构设计**一般遵循以下原则：(1) 任务目标原则；(2) 精干高效原则；(3) 统一指挥原则；(4) 分工协作原则；(5) 跨度适中原则；(6) 责权对等原则；(7) 集权和分权原则；(8) 执行机构和监督机构分设原则；(9) 稳定性和适应性相结合原则。组织结构设计必须考虑六个**关键要素**：(1) 工作专门化，指通过动作和时间研究，将工作分解为若干很小的单一化、标准化及专业化的操作内容和步骤，并将其中的一项或者多项内容与步骤交给不同的人去完成，以提高工作效率；(2) 部门化，指将组织中的职位、活动和工作组合在一起的方式与依据；(3) 命令链，指从组织最高层延续到最基层的一条持续的职权线；(4) 控制跨度，指一个管理者能有效管理的直接下属的数目；(5) 集权和分权，指组织的决策权集中或分散在某一层的程度；(6) 正规化，指组织中工作实行标准化的程度。**组织结构的基本类型**包括：(1) 直线职能制结构，指把直线制和职能制结合起来形成的一种组织结构形式；(2) 事业部制结构，指一种集中指导下的分权管理体制；(3) 矩阵式结构，指既按照产品（项目）又按照职能或地区来划分部门的一种组织结构形式。

人力资源管理者及人力资源管理部门在整个人力资源管理活动中占有非常重要的地位，他们不仅是人力资源管理职能和活动实现的载体，而且直接决定了人力资源管理作用的发挥，某种程度上甚至还影响到人力资源管理在整个企业中的地位。人力资源管理者和人力资源管理部门所从事的**活动**主要包括三大类：(1) 战略性和变革性的活动；(2) 业务性的职能活动；(3) 行政性的事务活动。人力资源管理者和人力资源管理部门主要扮演**五种角色**：(1) 人力资本开发者；(2) 员工鼓舞者；(3) 职能专家；(4) 战略伙伴；(5) 领导者。人力资源管理人员的**素质要求**主要包括四大类：(1) 专业知识；(2) 业务知识；(3) 实施能力；(4) 思想素质。**人力资源管理部门的组织结构**指人力资源管理部门在整个企业组织架构中的位置以及自身的组织形态。小型企业一般不设置独立的人力资源管理部门，大中型企业往往单独设置人力资源管理部门。近年来，人力资源管理部门的架构随着流程再造思想的推广和普及以及计算机和网络技术的发展，产生了一种以客户为导向、以流程为主线的新的组织结构形式。人力资源管理部门和非人力资源管理部门在人力资源管理方面的不同责任主要体现在三个对应关系上：(1) 制度制定和制度执行的关系；(2) 监控审核和执行申报的关系；(3) 需求提出和服务提供的关系。**人力资源管理部门的绩

效指它所承担的活动和任务完成的情况。一般从两个方面进行评价：(1) 评价人力资源管理部门本身的工作。除了利用一系列可量化的指标来反映工作业绩，还要借助一些定性指标，将这些定性指标划分为不同的等级并给出每个等级的定义，然后让评价者根据实际的状况来对应选择各个指标所处的等级。(2) 衡量人力资源管理部门的工作对企业整体绩效的贡献。可以运用成熟的测评体系或转化为对中介变量的测量实现衡量。具体包括：(1) 人力资源有效性指数。由美国学者杰克·菲利普斯研究开发，指总收入/员工总数、资产总数/员工费用、经营收入/员工费用、经营收入/股东、股本总数。(2) 人力资源指数问卷。由美国舒斯特教授设计，是一种自下而上的组织气氛调查，涉及15个因素：报酬制度、信息沟通、组织效率、关心员工、组织目标、合作、内在满意度、组织结构、人际关系、组织环境、员工参与、工作群体、一线管理、群体协作、管理质量。(3) 工作满意度。它反映了员工对自己所从事的工作的一般态度，由员工对工作的期望与工作实际状况之间的差异决定，是一个相对概念。(4) 组织承诺。指员工对组织的认同和投入程度，通过四个方面体现：希望加入某个组织；愿意保留某个组织的成员资格；信仰某个组织的价值观并接受组织目标；愿意为组织利益做出自己的贡献。

二、测试题

(一) 单项选择题

1. 将组织文化区分为显现的、可观察到的层次和隐藏的、无法观察到的层次的模型是(　　)。

   A. 睡莲模型　　B. 冰山模型　　C. 金字塔模型　　D. 显性模型

2. 组织的主文化是指(　　)。

   A. 反映的是组织中的一部分成员所面临的共同问题、情感和经历
   B. 组织在一定时期内大多数人了解的文化
   C. 组织在一定时期内所形成的占主导地位的组织文化
   D. 反映组织中领导所提倡的文化

3. 组织文化的正功能不包括(　　)。

   A. 创新功能　　B. 约束功能　　C. 凝聚功能　　D. 导向功能

4. 组织文化的负功能不包括(　　)。

   A. 变革创新的障碍　　B. 多元化的障碍
   C. 兼并和收购的障碍　　D. 导向功能

5. 在组织文化的形成过程中，为了防止新成员干扰组织已有的观念和习惯，组织帮助新成员适应组织文化，从而达到维系组织文化的目的的过程称为成员的(　　)。

   A. 社会化　　B. 组织化　　C. 单一化　　D. 集体化

6. 组织结构设计遵循的原则不包括(　　)。

A. 任务目标原则　　B. 精干高效原则
C. 动态变化原则　　D. 统一指挥原则

7. 组织结构的基本类型中，一种集中指导下的分权管理体制叫做(　　)。
A. 事业部制结构　　B. 直线职能制
C. 矩阵式结构　　D. 虚拟结构

8. (　　)指通过动作和时间研究，将工作分解为若干很小的单一化、标准化及专业化的操作内容和步骤，并将其中的一项或者多项内容与步骤交给不同的人去完成，以提高工作效率。
A. 工作标准化　　B. 工作专门化　　C. 工作单一化　　D. 工作专业化

9. 人力资源管理者和人力资源管理部门主要扮演(　　)种角色。
A. 2　　B. 3　　C. 4　　D. 5

10. 人力资源管理部门和非人力资源管理部门在人力资源管理方面的不同责任主要体现的三个对应关系不包括(　　)。
A. 制度制定和制度执行的关系　　B. 监控审核和执行申报的关系
C. 绩效考核和创造绩效的关系　　D. 需求提出和服务提供的关系

(二) 多项选择题

1. 沙因的睡莲模型将组织文化氛围三个层次，包括(　　)。
A. 组织文化的外在表露形式　　B. 组织公开倡导的价值观
C. 深层次的基本假设　　D. 可观察到的层次

2. 组织文化可以分为以下类别：(　　)。
A. 主文化和亚文化　　B. 强文化和弱文化
C. 主文化和次文化　　D. 领导文化和下属文化

3. 组织文化的传承包括组织对文化的灌输和强化、成员对组织文化的学习。其中，组织对文化的灌输和强化包括(　　)。
A. 树立模范或英雄人物，进行典型引导
B. 将文化建设与薪酬体系挂钩
C. 对组织文化进行反复宣传和强化
D. 对组织成员进行教育和培训

4. 成员对组织文化的学习通过(　　)途径。
A. 故事　　B. 仪式　　C. 物质象征　　D. 语言

5. 常见的部门化方式有(　　)。
A. 职能部门化　　B. 流程部门化　　C. 地区部门化　　D. 客户部门化

6. 直线职能制结构的优点有(　　)。
A. 有利于人员和其他资源的高效配置
B. 保持了直线制的集中统一指挥
C. 专业管理
D. 提高管理工作的效率

7. 人力资源管理者和人力资源管理部门所从事的活动主要包括(　　)。
A. 战略性和变革性的活动　　B. 业务性的职能活动
C. 日常管理活动　　D. 行政性的事务活动
8. 人力资源管理人员的素质要求主要包括(　　)。
A. 专业知识　　B. 业务知识　　C. 实施能力　　D. 思想素质
9. 人力资源管理部门的工作对企业整体绩效的贡献可以运用成熟的测评体系或转化为对中介变量的测量实现衡量，具体包括(　　)。
A. 人力资源专业性指数　　B. 性格测试问卷
C. 人力资源有效性指数　　D. 人力资源指数问卷
10. 组织承诺通过以下(　　)等方面体现。
A. 希望加入某个组织
B. 愿意保留某个组织的成员资格
C. 信仰某个组织的价值观并接受组织目标
D. 愿意为组织利益做出自己的贡献

(三) 名词解释

1. 组织文化　　2. 组织结构
3. 工作专门化　　4. 命令链
5. 控制跨度　　6. 正规化
7. 工作满意度　　8. 组织承诺
9. 人力资源有效性指数　　10. 人力资源指数

(四) 简答题

1. 如何理解组织文化的冰山模型和睡莲模型?
2. 组织文化的功能有哪些?
3. 组织文化的形成过程是什么?
4. 组织文化是如何传承的?
5. 组织结构设计应该遵循哪些基本原则?
6. 组织结构的关键要素有哪些?
7. 直线职能制、事业部制和矩阵式三种基本组织结构有何特点和优缺点?
8. 人力资源管理者和人力资源管理部门要承担哪些活动?
9. 人力资源管理部门的组织结构发生了怎样的变化?
10. 如何看待人力资源管理的责任?
11. 应当如何衡量人力资源管理部门的绩效?

三、测试题参考答案

(一) 单项选择题

1. B　2. C　3. A　4. D　5. A　6. C　7. A　8. B　9. D　10. C

（二）多项选择题

1. ABC　2. AB　3. ACD　4. ABCD　5. ABCD　6. BCD　7. ABD　8. ABCD　9. CD　10. ABCD

（三）名词解释

1. 组织文化：在所有组织文化的定义中，最具代表性、影响最大的是埃德加·沙因的定义：组织文化是一套基本的假设——由一个特定的组织在学习处理对外部环境的适应和内部整合问题时所创造、发现和发展起来的，一种运行得很好且被证明是行之有效的，用来教育新成员正确感知、思考和感觉上述这些问题的基本假设。

2. 组织结构：组织结构是指组织中正式确定的使工作任务得以分解、组合和协调的框架体系。

3. 工作专门化：指通过动作和时间研究，将工作分解为若干很小的单一化、标准化及专业化的操作内容和步骤，并将其中的一项或者多项内容与步骤交给不同的人去完成，以提高工作效率。

4. 命令链：指从组织最高层延续到最基层的一条持续的职权线。它界定了谁向谁报告工作，谁对谁负责。

5. 控制跨度：又称管理跨度或者管理幅度，指一个管理者能有效管理的直接下属的数目。控制跨度在很大程度上决定组织要设置多少层次，配备多少管理人员。

6. 正规化：指组织中工作实行标准化的程度。

7. 工作满意度：反映了员工对自己所从事的工作的一般态度，由员工对工作的期望与工作实际状况之间的差异决定，是一个相对概念。

8. 组织承诺：指员工对组织的认同和投入程度，通过四个方面体现：希望加入某个组织；愿意保留某个组织的成员资格；信仰某个组织的价值观并接受组织目标；愿意为组织利益做出自己的贡献。

9. 人力资源有效性指数：由美国学者杰克·菲利普斯研究开发，指总收入/员工总数、资产总数/员工费用、经营收入/员工费用、经营收入/股东、股本总数。

10. 人力资源指数：由美国舒斯特教授设计，是一种自下而上的组织气氛调查，涉及15个因素：报酬制度、信息沟通、组织效率、关心员工、组织目标、合作、内在满意度、组织结构、人际关系、组织环境、员工参与、工作群体、一线管理、群体协作、管理质量。

（四）简答题

1. 如何理解组织文化的冰山模型和睡莲模型？

答：关于组织文化的结构，最具代表性的有：组织文化结构二层次论——冰山模型；沙因的组织文化结构三层次论——睡莲模型。

冰山模型将文化区分为显现的、可观察到的层次和隐藏的、无法观察到的层次。第一个层次：隐藏的、无法观察到的文化层次，指那些位于底层的基本假设，它是组织文化的本质，如信仰、认知、情感和群体规范等。第二个层次：显现的、可以观察到的文化层次，它位于总体文化的表层，主要包括组织的人工制品、用语言表达的行为、非语言的表达行为。

睡莲模型将组织文化氛围三个层次，包括组织文化的外在表露形式、组织公开倡导的价值观和深层次的基本假设。第一个层次是组织文化的外在表露形式，是人们所能接触到和感知到的组织文化，包括组织的结构和各种制度、程序等。第二个层次是组织公开倡导的价值观，这些价值观渗透在组织的使命、愿景、行为规范中，并把“是什么”和“应该是什么”区分开来。第三个层次包括各种被视为当然的和下意识的信念、观念和知觉，是对某一特定情境中适宜行为与反应的无意识的深层次的基本假设。

2. 组织文化的功能有哪些？

答：组织文化的功能是指组织文化发挥的作用，对组织生产、经营、管理等活动产生的影响。组织文化的功能具有双重性，可以分为正功能和负功能。

正功能包括：(1) 导向功能：对组织整体和组织的每个成员的价值取向与行为取向起引导作用；(2) 凝聚功能：通过为组织成员提供言行举止的恰当标准，把整个组织聚合起来；(3) 约束功能：对成员的心理、思想和行为具有约束和规范作用；(4) 激励功能：最大限度地激发员工的积极性和首创精神；(5) 树立组织形象：划分界限，使组织其他组织区分开来。

负功能包括：(1) 变革创新的障碍：组织文化往往需要多年的建设和沉淀才能形成，一旦形成便具有长期的稳定性。(2) 多元化的障碍：组织在聘用新成员时会面临两难境地，一方面，管理层要求这些新成员能够与组织文化相匹配，希望他们接受组织的核心价值观，与其他成员的行为和组织的形象保持一致；另一方面，在面对变化的环境时，管理层也希望通过新成员所带来的差异激活整个组织，给组织注入新鲜血液，促进组织的创新和发展，因此管理层又会公开认可和支持这些差异与变化。(3) 兼并和收购的障碍：不同组织具有个性分明的组织文化，使原本可以整合的利益关系变得不可能。

3. 组织文化的形成过程是什么？

答：组织文化的形成：通常是在一定的生产经营环境中，为适应和促进组织的生存及发展，由少数人倡导与实践，经过较长时间的传播和规范整合而形成。

具体包括：(1) 创始人。创始人通过聘用和留住想法一致的员工、对成员思维和感受方式进行社会化以及把自己作为角色榜样的方式影响组织文化。(2) 甄选。甄选是一个双向选择的过程，可以筛选掉对组织价值观构成冲击和威胁的人。(3) 高级管理层的活动。(4) 社会化。为了防止新成员干扰组织已有的观念和习惯，组织帮助新成员适应组织文化，从而达到维系组织文化的目的。

4. 组织文化是如何传承的？

答：组织文化的传承包括组织对文化的灌输和强化、成员对组织文化的学习。

其中，组织对文化的灌输和强化包括：（1）树立模范或英雄人物，进行典型引导。通过这种方法，可以使组织成员准确了解和把握组织文化所高度抽象概括的结果，实现组织文化的人格化、直观化。（2）对组织文化进行反复宣传和强化。组织可以通过标语、口号和内部出版物等形式反复宣传和强化自己的文化，这有利于员工对组织文化的深刻理解和领悟，从而有利于文化的传承。（3）通过组织领导者的示范进行强化。组织领导者的意识、行为、工作作风以及要求本身就代表着他们对组织文化的领悟，组织领导者的言传身教是一种很好的组织文化传承方式。（4）健全规章制度，规范组织行为。通过组织的制度，如考核制度、晋升制度等进行硬性管理，可以巩固组织文化的成功，推广组织的核心价值观，引导组织成员的行为。（5）对组织成员进行教育和培训。可以使组织成员更加深刻地理解和认同组织文化的内涵、来源、特点及其作用。（6）设计仪式，组织群体活动。优秀的组织文化中必有一些特殊的意识，这些仪式表达和强化了组织文化中的核心价值观。

成员对组织文化的学习通过以下途径：（1）故事；（2）仪式；（3）物质象征；（4）语言。

5. 组织结构设计应该遵循哪些基本原则？

答：组织结构设计一般遵循以下原则：（1）任务目标原则；（2）精干高效原则；（3）统一指挥原则；（4）分工协作原则；（5）跨度适中原则；（6）责权对等原则；（7）集权和分权原则；（8）执行机构和监督机构分设原则；（9）稳定性和适应性相结合原则。

6. 组织结构的关键要素有哪些？

答：组织结构设计必须考虑六个关键要素：（1）工作专门化，指通过动作和时间研究，将工作分解为若干很小的单一化、标准化及专业化的操作内容和步骤，并将其中的一项或者多项内容与步骤交给不同的人去完成，以提高工作效率；（2）部门化，指将组织中的职位、活动和工作组合在一起的方式与依据；（3）命令链，指从组织最高层延续到最基层的一条持续的职权线；（4）控制跨度，指一个管理者能有效管理的直接下属的数目；（5）集权和分权，指组织的决策权集中或分散在某一层的程度；（6）正规化，指组织中工作实行标准化的程度。

7. 直线职能制、事业部制和矩阵式三种基本组织结构有何特点和优缺点？

答：（1）直线职能制结构。指把直线制和职能制结合起来形成的一种组织结构形式。它把直线制结构与职能制结构结合起来，以直线为基础，在各级行政负责人之下设置相应的职能部门，分别从事专业管理，作为该领导的参谋，实行主管统一指挥与职能部门参谋、指导相结合的组织结构形式。优点：既保持了直线制的集中统一指挥，又吸取了职能制发挥专业管理的长处，从而提高了管理工作的效率。缺点：权力集中于最高管理层，下级缺乏必要的自主权；

各参谋部门与指挥部门之间的目标不统一，各职能部门之间的横向联系较差，容易产生脱节与矛盾；信息传递路线较长，反馈较慢，适应环境变化较难，是典型的“集权”管理的组织结构。

(2) 事业部制结构。指一种集中指导下的分权管理体制。特点是集中指导、分权管理、分级核算、自负盈亏，即将一个组织按照地区、利润中心、产品或服务类别等分成若干个事业部，总部只保留人事、预算、监督与重大问题的决策等权力，并通过各种财务指标等对事业部的活动进行必要的控制，各事业部全权负责自己本经营单位的活动。优点：能够根据不同地区、不同环境的特点制定灵活的经营方略，从而使组织能够满足不同的客户群；分权化的管理方式有利于各事业部提高效率，快速应对不利的变化；在事业部内部有利于实现不同职能之间的高度协调。缺点：失去了职能制下的专业化和纵深化发展的机会和职能内部的规模经济；各事业部有高度的自主权，在组织活动地域较大的情况下，很容易削弱总部的控制，出现本位主义与分散主义，不利于统一指挥。

(3) 矩阵式结构。指既按照产品（项目）又按照职能或地区来划分部门的一种组织结构形式。这种结构的特点是同时存在纵向和横向两个部门体系——职能部门和产品部门，这就打破了传统的统一指挥的限制，员工要同时向职能经理和产品经理报告工作。优点：有利于各种复杂活动之间的协调，加强不同职能部门之间的配合和信息交流；组织方式灵活、机动，可随着产品（项目）的开发与结束进行组织或解散；成员是各方面的专家，目标明确、任务清晰，有利于人员和其他资源进行高效配置，为攻克难关、促进项目的实施提供了条件；适合涉及面广、复杂、临时性的重大工程项目或管理变革任务。缺点：从员工角度来看，同一员工要接受来自两方面的领导，缺乏统一的指挥和控制，这容易给员工带来模糊感和压力，进而带来组织管理上的混乱；从管理者角度来看，产品（项目）负责人对其成员的管理仍然存在困难，因为该组织成员都来自不同的职能部门，容易产生临时感，如果没有合适的激励约束手段，势必会给产品或项目团队的工作带来一定影响；从组织政治角度来看，为了更有效地开展本部门的工作，各产品部门之间、产品部门与职能部门之间很有可能为争夺核心人才和资源进行权力斗争，这影响了组织的正常运作。

8. 人力资源管理者和人力资源管理部门要承担哪些活动?

答：人力资源管理者和人力资源管理部门所从事的活动主要包括三大类：(1) 战略性和变革性的活动：涉及整个企业，包括战略的制定和调整、组织变革的推动等；(2) 业务性的职能活动：主要是人力资源管理的职能；(3) 行政性的事务活动：内容较为简单，例如员工工作纪律的监督等。

9. 人力资源管理部门的组织结构发生了怎样的变化?

答：人力资源管理部门的组织结构指人力资源管理部门在整个企业组织架构中的位置以及自身的组织形态。小型企业一般不设置独立的人力资源管理部门，大中型企业往往单独设置人力资源管理部门。近年来，人力资源管理部门的架构随着流程再造思想的推广和普及以及计算机和网络技术的发展，产生了一种以客户为导向、以流程为主线的新的组织结构形式。在这种新型的组织结构中，人力资源管理部门以一种服务提供者的身份出现，内部的工作和人员划分为三个部分：服务中心，主要完成一些日常性的事务工作；业务中心，主要完成人力资源管理的各种职能活动；专家中心，主要是出台相关的制度政策，向其他部门提供有关的咨询等，对人员素质要求最高。通过这种转变，人力资源管理部门的工作具有清晰的层次，业务中心和专家中心的人员摆脱了日常性事务工作的缠绕，可以集中精力进行高附加值的工作，这有助于更好地发挥人力资源管理的作用，提升人力资源管理的地位。

10. 如何看待人力资源管理的责任?

答：人力资源管理部门和非人力资源管理部门在人力资源管理方面的不同责任主要体现在三个对应关系上：

(1) 制度制定和制度执行的关系：人力资源管理部门负责制定相关的制度和政策，非人力资源管理部门来贯彻执行。

(2) 监控审核和执行申报的关系：人力资源管理部门对其他部门人力资源管理制度和政策的执行情况进行指导监控，防止执行过程中发生偏差，同时还要对其他部门申报的有关信息进行审核，从公司整体出发进行平衡，防止部门利益的出现；非人力资源管理部门则要如实地执行相关的制度政策，及时进行咨询，同时按要求上报各种信息。

(3) 需求提出和服务提供的关系。非人力资源管理部门根据自己的情况提供有关的需求，人力资源管理部门要及时提供对应的服务，满足非人力资源管理部门的要求。

11. 应当如何衡量人力资源管理部门的绩效?

答：人力资源管理部门的绩效指它所承担的活动和任务完成的情况。一般从两个方面进行评价：(1) 评价人力资源管理部门本身的工作。除了利用一系列可量化的指标来反映工作业绩，还要借助一些定性指标，将这些定性指标划分为不同的等级并给出每个等级的定义，然后让评价者根据实际的状况来对应选择各个指标所处的等级。(2) 衡量人力资源管理部门的工作对企业整体绩效的贡献。可以运用成熟的测评体系或转化为对中介变量的测量实现衡量。具体包括：(1) 人力资源有效性指数。由美国学者杰克·菲利普斯研究开发，指总收入/员工总数、资产总数/员工费用、经营收入/员工费用、经营收入/股东、股本总数。(2) 人力资源指数问卷。由美国舒斯特教授设计，是一种自下而上的组织气氛调查，涉及15个因素：报酬制度、信息沟通、组织效率、关心员工、组织目标、合作、内在满意度、组织结构、人际关系、组织环境、员工参与、工作群体、一线管理、群体协作、管理质量。(3) 工作满意度。它反映了员工对自己所从事的工作的一般态度，由员工对工作的期望与工作实际状况之间的差异决定，是一个相对概念。(4) 组织承诺。指员工对组织的认同和投入程度，通过四个方面体现：希望加入某个组织；愿意保留某个组织的成员资格；信仰某个组织的价值观并接受组织目标；愿意为组织利益做出自己的贡献。

四、案例分析

案例 3—1

量化管理，打造高效团队

金融业天生对数据敏感。在西方，金融业已是非常成熟的行业，渣打银行作为中国目前规模最大的外资银行之一，在数字化管理上同样引领着外资银行在中国的步伐。在渣打进入中国 150 多年的历史中，无论业务受到怎样的限制，对管理的支持却从未间断。2007 年渣打取得国家人民币业务牌照后开始大展拳脚，不仅对公业务保持行业领先，也兑现了对中国政府的承诺，大力开展对私个人业务。“真正要在中国这个市场生根发展，对私业务是很重要的一环，这就需要很强大的生产效率、利润率、顾客满意度及员工保留率的支撑，所以我们在对员工以及团队的培养上花了很大力气。”渣打（中国）人力资源运营总监叶阿次说。

要想达到顾客满意，从而带来稳定的增长，员工的敬业度是其中很重要的一项指标。从 2004 年开始，渣打全球引入了盖洛普 Q12 管理体系，作为基层工作环境和员工敬业度的 KPI，以评测为基础，以问卷的形式收集数据。通过对数据的分析管理，给管理者制定行动规划，从而提升整个团队的敬业度，打造一个更高效的团队。这也为渣打银行最近几年来一直保持增长的态势提供了保证。

记者：渣打导入的这套“员工敬业度”测评体系与其他企业做的员工敬业度调查有何不同之处？

渣打：一般企业的 HR 管理模式是运用能力模型、工具等，找到员工弱项去制定培训项目进行能力培训。但这种方式很大的问题在于每个人都有自己不足的地方，比如公司安排新招的大学毕业生去做销售，却发现他做得很辛苦，他可能天生不太愿意跟人交流沟通。在我们的逻辑里面，这样的人是不适合做销售的，但他可能在某一领域有他的优势。于是我们换了一种管理思路，叫“优势基础理论”，我们认为当每个人做他最擅长事情的时候是最开心的，当他做得开心了，才能做出与众不同的事情，只有发挥自己优势的时候，才会做出更好的业绩。我们希望每个员工都找到自己的长处，去做自己擅长的事情。

记者：员工敬业度调查有很多种方式和工具，渣打为何选择 Q12 这套评测体系来做管理？

渣打：人才敬业度调查我们每年都会做一次，所有员工都参与。共 12 个问题，以网络问卷形式发送给员工。题目看上去非常简单，没有太强倾向性，适用于所有员工。以 1～5 分来评价。收集到所有员工的数据之后，我们会把数据放到盖洛普全球数据库当中进行排位，排位顺序与公司所创造的业绩严格正相关。在全球样本量的对比下，我们会发现每个人敬业度怎样，有多少家公司比我们做得更好，等等。此外，Q12 体系能真正把管理进行到三个层面：第一，员工在工作中自我实现的程度怎样；第二，员工在工作当中的满意度怎样；第三，员工有无完成工作所需要的东西，如任务是否清晰，是否有完成工作所需要的环境及条件等。通过Q12的问卷调查，我们可以清楚地知道这三个层面的情况并很快找到问题所在。

记者：HR部门怎样运用收集到的数据分析结果来进行管理上的优化？

渣打：通过调查得到的每个人的数据我们从两个维度来看。第一个是纵向的与去年的得分来比较，能分析出去年到今年，有哪些方面的变化。如员工的价值是否提升、目标是否更清晰等。第二个横向的比较是在更大的范围内，团队与团队之间，如渣打中国的HR部门与渣打全球HR部门之间存在的差距比较。基于比较出来的改进速度和幅度，我们选出分数一直都非常高的团队，评选出最佳经理人。如分值连续两年在全球排名85分位以上的团队，我们授予这个团队的管理者"最佳经理人"称号。同时也根据数据分析，找出每位员工得分最低的3个问题。基于这个分析结果，我们会要求每个团队坐在一起讨论如何优化、提升敬业度。通过各团队讨论，得出一系列适合这个团队在管理上的行动计划。HR部门通过每月、每季度考核来监督计划的实施情况。

记者：在渣打的人才管理中，哪些指标不能量化？如何体现其价值？

渣打：在人才管理方面，员工敬业度、中高层人员的比重、中级人员本土化比例等，都是可以量化来管理的。但有些方面没有必要去量化，比如价值观。银行有很清晰的价值观要求，体现在三个方面：第一，合规很重要；第二，尽职尽责很重要；第三，值得信赖很重要。诚信也是没有必要去量化的，对银行来说不存在第一次诚信出问题可以原谅，第二次出现不可以原谅的逻辑，这对我们来说是零容忍的。

渣打重视员工是否有国际化视野、团队合作的程度、是否值得信赖、是否尽职尽责及是否有创新服务意识这5项内容。关于这些评价我们也没有量化，只是用频度词来评估其行为。这些在我们看来不是要去量化打分的内容，我们更多的是依赖一线经理人去影响他团队里的员工。所以我们特别重视一线经理人的培训。如反洗钱法、巴塞尔协议、外汇管理规定等，一线经理人及员工通过在线学习的方式定期进行学习，以保证他们对这些要求有很清晰的认识，用行为模范的方式来影响团队，而不是强调HR部门作为保姆或警察去干预、界定。

记者：在Q12员工敬业度管理体系实行当中，遇到过怎样的困难与挑战？

渣打：在企业内部推行这套体系的过程中并没有遇到太大的困难与挑战。对我们来说，最大的困难在于没有太多的同行去做这件事情。现在的调查结果在与全球的样本量比较当中属于75～85分位。但毕竟我们的客户看到的不是那些全球各地的银行，而是我们和同一地区银行之间的区别。对我们更有意义的可能是跟同一地区的汇丰、花旗、工行、建行等的比较，所以很难界定我们好还是不好，在当地的竞争对手之间到底处于一个什么样的水平上。我们希望能够建立一个行业统一认可的标准、统一的规范，也有利于行业内的交流。

记者：对人的管理当中，很大一部分是传统感情化的管理。渣打银行在量化管理与传统的感情化管理两者之间是如何平衡的？

渣打：量化管理与感情化管理并不矛盾。量化是为了更加科学化的管理，管理首先是规范化的，但是又不能掉在这个规范化里面出不来，过于量化就把管理变成了一门科学，但管理也是一门艺术，艺术的概念就是不能去界定它，不能认为它非黑即白，管理的对象毕竟是人，人由很多因素组成。人表现出来和没有表现出来的行为我们称为“冰山上和冰山下”，我们能管理到的都是冰山上看得见的行为，而有可能冰山下看不见的行为占90%的比重。量化管理只是为人性化管理提供服务，提供一个基础的指标，如“优势理论”。要发挥每个人的优势是一种很人性化的管理模式，然而这些优势在哪里，如何衡量某个人或团队的优势，这都是需要量化的地方。通过Q12员工敬业度调查我们会发现每个人分值最高的5个优势是什么，把各种优势归结为3～4种类型。我们就会看到：哪些人更善于思考，哪些人更善于沟通，哪些人更善于执行等，这些优势都很清晰之后，我们再通过团队去搭配、去管理。各种数据的收集和分析只是为了更方便去沟通、去理解对方，这样沟通会变得更有效。

盖洛普Q12员工敬业度问卷如下：

1. 我知道对我的工作要求吗？
2. 我有做好我的工作所需要的材料和设备吗？
3. 在工作中，我每天都有机会做我最擅长的事吗？
4. 在过去的6天里，我因工作出色而受到过表扬吗？
5. 我觉得我的主管或同事关心我的个人情况吗？
6. 工作单位中有人鼓励我的发展吗？
7. 在工作中，我觉得我的意见受到重视吗？
8. 公司的使命目标使我觉得我的工作重要吗？
9. 我的同事们致力于高质量的工作吗？
10. 我在工作单位有一个最要好的朋友吗？
11. 在过去6个月内，单位有人和我谈及我的进步吗？
12. 过去一年里，我在工作中有机会学习和成长吗？

资料来源：www. chinahrd. net/career-manage/team-building/2012/1123/180483. html.

[思考题]

1. 渣打银行是如何对企业人力资源管理绩效进行评价的？这种评价有何特点？

2. 渣打的员工敬业度调查过程对企业开展同类调查有什么启示？

[分析思路]

1. 答：人力资源对企业整体绩效的贡献可以转化为对中介变量的测量，常用的中介变量有：工作满意度、组织承诺、员工敬业度等。渣打银行选择了员工敬业度这一中介变量，来对人力资源管理绩效进行评价。

这种评价的特点可概括为如下三个方面：

(1) 量化管理。采用员工敬业度评价，可以分析每个人、团队、部门和分支机构的员工敬业度得分情况，以及在员工敬业度每一道题上的得分情况。根据这些数据企业可以考虑要提升哪些分支、部门、团队和个人的员工敬业度，如何提升员工敬业度。

(2) 全员参与。通过全员参与，给员工一个表达自己心声的机会，让员工有倾诉的渠道，同时也让企业有机会发现问题，并及时解决问题。

(3) 持续改进。测评只是工具和手段，通过测评发现问题并制定相应的改进方案才是渣打开展人力资源管理绩效评价的主要目的。渣打银行能坚持每年开展员工敬业度调查，并通过横向与纵向比较发现差距，找出解决问题的方法，这一做法对提高员工敬业度成效显著。

2. 答：第一，要认识到定量管理的重要性。以往国内企业过于关注定性的方面而忽视了人力资源管理的量化，重视定量可以为人力资源管理绩效的评价提供数字依据，也让人力资源管理更为科学与客观。另一方面，企业又要避免"唯量化论"，毕竟有些内容可以量化，有些量化的难度比较大，甚至不能量化。

第二，重视科学化。问卷的设计和选用、评价的实施过程、评价结果的统计分析与解读等一定要科学，才能为评价发挥作用提供科学支持。

第三，重在行动。企业开展量化评价之后，一定要根据量化评价的结果，采取有针对性的行动来解决问题。让员工看到实效，让企业得到回报，这样的评价才是真正有价值的评价，也才能让员工更愿意参与这种评价，让企业愿意投入更多的资源来支持这种评价。

第四，贵在坚持。企业在开展类似评价时，应该坚持每年甚至每半年开展一次，并进行纵向对比，以发现哪些问题改进了，哪些还没有改进，真正做到心中有数。

第五，标杆比较。如果有条件，企业还应该将自己企业的评价结果与其他企业，尤其是在人力资源管理做得比较好的同行标杆企业进行比较，在比较中发现差距，寻找前进的机会。

案例3—2

让人力资源部成为公司的战略伙伴
——安利大中华区人力资源副总裁张玉珠访谈录

从做"人"的工作开始

"我从做'人'的工作开始了自己的职业生涯。"张玉珠介绍道。加入安利之前，张玉珠在英美烟草公司已经做了5年的人力资源工作。在这个颇具实力的跨国公司，她深刻体会到在跨文化、跨地区沟通中，耐心、倾听和组织敏感度对公司目标达成的重要作用。安利（中国）是她服务时间最长、获益最多的公司。在公司的不同发展阶段，张玉珠经历了不同的挑战，而应对这些挑战正是她工作的乐趣所在。

她认为，在公司发展初期，HR工作面临的最大挑战是如何为企业招到合适的人才，并让他们尽快开展工作；在公司发展跨越期，随着企业规模的扩大，以及人员的成倍增长，HR则要考虑如何及时招到足够的人员并对其进行有效管理，如何分工合作，如何建立高效的组织架构，如何让整个团队明白公司的发展方向等；在发展停滞期，HR则要考虑如何提升企业凝聚力，让员工与企业共渡难关。“我在安利（中国）最大的收获是看到它从一个几百人的中小型企业变成一个几千人的知名大企业，我看到了公司员工的快速成长，看到我们亲手建立起来的行之有效的组织架构及制度。”

“人力资源就是做‘人’的工作，因为每一个人都希望被了解并得到肯定。所以，只要耐心倾听并满足其需求就一定能把工作做好。”因此，张玉珠认为，制定方案时，首先要了解并倾听不同人的需要，然后有的放矢地提出解决方案，而且不能将同一个方案同步推到不同的地区或国家。此外，要学会分享，与人分享一方面可以减少重复劳动；另一方面，通过听取别人的意见，可以不断对方案进行修正。

雇主品牌建设

“十年前，当很多人还不知道什么是雇主品牌时，我已将之列入安利的战略发展计划。公司要不断发展就必须吸纳优秀的人才。怎么吸纳人才呢？除了有竞争力的薪酬，还要树立公司的品牌和文化、给员工提供明晰的职业发展路径等，只有做到这些才能真正建立起雇主品牌。”从2000年开始，在她的推动下，安利（中国）通过校园招聘、阳光育苗项目到各个大学进行宣讲，帮助大学生了解安利。“我们主要给大学生提供相关辅导，如传授面试技巧，进行科学的职业生涯规划，让他们了解自己等。当然，我们也会介绍安利公司，让他们了解公司的企业文化和社会责任。”张玉珠介绍说。通过多年的努力，安利（中国）已建立起良好的品牌形象，曾多次获得“最佳雇主”称号。

她认为，企业要想成为最佳雇主，需紧扣三个关键词——企业文化、薪酬待遇、工作氛围。首先，要有优秀的企业文化。企业文化是统一思想的文化体系和价值观。安利的企业文化包括伙伴关系、诚信、个人责任、个人价值等方面，而这些已成为企业凝聚人心、形成共同价值观的核心力量。其次，要能为员工提供事业发展平台。雇主要常思考自己能为员工提供什么，员工是否留在公司，除了薪酬待遇，主要看公司是否提供了良好的事业发展平台。第三，创建良好的工作氛围。要创建一个让员工开心、乐于付出并能收获满足感的工作氛围。

工作轮岗计划

针对员工在同一岗位工作时间太长而可能失去工作动力和激情的情况，张玉珠提出了工作轮岗计划。“为了让员工的发展空间更广阔，才能更加多样化，十年前我提出要进行‘轮岗’。”当然，计划推进时也遇到了很大的阻力，遭到了员工和一些领导的反对。但通过张玉珠的努力游说，管理层及员工明白了轮岗对其成长的重要性。“如果说哪一项工作是我最坚持不懈的，可能大家都会说是轮岗。这对企业发展起着非常重要的作用。”张玉珠笑着说道。

内部顾客服务调查

在安利（中国），张玉珠推动的另一项具有挑战性的创新工作是内部顾客服务调查。她认为，每个职能部门都是服务于内部员工的。因此，如何让各职能部门更好地提供服务是他们需要不断推进的工作。

“内部顾客服务调查是我在公司开展的服务于各部门的项目，公司的财务部、市场部、生产部等都是我们的内部顾客。他们如何评价HR工作，HR如何帮助他们更有效地开展工作，这些都非常重要。”在张玉珠的推动下，HR部门每年都会为相关部门做调查，通过指标测评，比较客观地让部门看到自己存在哪些不足，进而将之列入下一阶段的改进计划。这样部门能更客观全面地认识自己，真正抓住工作中存在的问题，对症下药，更快提升组织绩效。

“服务调查我们已经做了三四年。项目开始推进时受到很多排斥，但当那些客观的调查结果真正帮助到部门时，他们认可了我们的工作。而且，这项工作在公司越来越受欢迎，每年都有部门主动要求参加调查。”

让人力资源工作“给力”公司战略发展

“要让人力资源部成为公司的战略伙伴，而不仅仅是行政管理部门。”这是张玉珠对人力资源部的定位。她认为，如果只是做HR认为重要并关心的工作，那人力资源部的工作可能就只是管理档案、签合同等。

如何让人力资源工作“给力”公司战略发展呢？张玉珠说，三年前，她在安利推出的网络创新平台即是一个结合企业发展战略的好例子。当时，公司希望用创新来带动业务增长。因此，公司内部急需创建一种创新文化，当然这需要公司各个部门的共同努力，而为了充分发挥HR部门在其中的核心作用，他们做了很多努力。

首先，给员工提供一个点子聚集平台：员工通过电脑页面，针对公司存在的问题提出自己的意见及自己认为可行的解决方案。其次，请专人对平台进行维护。收集公司内需要解决的问题，每个季度将问题发布在平台上，并定期对员工的意见收集、整理并归类。最后，将归类的意见信息发至相关部门作数据分析。例如，统计出多少人参与其中，多少点子被吸纳，带来怎样的效益等。根据数据，最后认可并执行有可操作性的建议。

张玉珠认为，要让人力资源工作卓有成效，数据分析很重要。只有具体化、数字化的报告，才能让管理层看到所做的工作对公司绩效提升产生的影响。而且，公司要不断为员工提供参与的平台，增强员工的参与感和主人翁意识。“人力资源工作要真正成为公司的战略伙伴，就必须分析公司的目标和战略，明白HR要在其中扮演什么角色。因此，要从战略的高度来审视自己的工作，而不是孤立地完成本职工作。”

资料来源：改编自申小玉：《张玉珠：让人力资源部成为公司的战略伙伴》，载《培训》，2011（11）。

[思考题]

1. 分析安利（中国）人力资源部门在人力资源管理过程中扮演什么角色。

2. 安利（中国）人力资源部门的做法有哪些值得借鉴的地方？

[分析思路]

1. 答：从案例中，我们可以发现安利（中国）的人力资源管理部门在人力资源管理过程中扮演了四种角色：战略伙伴、管理专家、员工激励者和变革推动者。

（1）战略伙伴。安利（中国）在不同发展阶段，人力资源的关注重点不一样。其特有的网络创新平台建设、内部服务调查等举措，都体现了其战略伙伴角色。

（2）管理专家。雇主品牌建设和工作轮岗计划都从不同的角度说明了人力资源管理者和人力资源管理部门要承担相应的职能管理活动。这些都是安利（中国）打造雇主品牌，助力公司战略的具体措施。

（3）员工激励者。安利（中国）给员工提供了一个点子聚集平台，极大地发挥了员工的创新精神。工作轮岗的设计也从一定程度上起到了激励的作用。

（4）变革推动者。组织的发展需要适应内外部环境的变化并不断进行变革，而所有变革都需要员工参与，创新文化建设这一做法使得人力资源管理者和人力资源管理部门成为变革的助推器。这样才保证了安利（中国）在挑战中创新与成长。

2. 答：（1）战略为纲，业绩为领。安利（中国）的人力资源管理始终考虑如何为战略实现提供支持，并根据企业战略的不同在不同阶段制定不同的人力资源管理政策与措施。

（2）以人为本，关注成长。将员工的利益放在重要位置上，充分发挥员工的主观能动性，全面关注员工的成长，采用切实有效的手段（如工作轮岗）来提升员工的主人翁意识。

（3）客户为先，双赢发展。安利（中国）的人力资源部具有很强的服务意识，内部顾客服务调查即充分体现了人力资源管理部门关注内部客户、服务于业务部门这一定位，同时也为人力资源管理赢得了业务部门的认可与支持。

（4）重视品牌建设，铸造最佳雇主。当很多人还不知道什么是雇主品牌时，张玉珠就已将之列入安利的战略发展计划。在推行雇主品牌建设的多年里，安利围绕企业文化、薪酬待遇、工作氛围这几个关键词逐步朝着“最佳雇主”的目标努力迈进，这也是值得其他企业和组织借鉴的地方。

案例3—3

阿里巴巴的政委体系

一、政委体系——把支部建在连队上

阿里巴巴的人力资源体系里，最大的特色叫做“政委体系”，是2004年开始打造的。这个体系的根本原则是：“把支部建在连队上。”为什么这么做呢？有两个原因。

第一，我们是一个高速成长的行业，高速成长行业的特点是低位高用，从人力资源配置角度来说，机会多，工作多，但人不够。这时候我们就配置另外一条线，在每一个业务经理身边配置一个“大政委”。大部分人，因为业绩出色而被提拔为业务经理，可是谈到选人、组织和文化的时候，就会因为缺乏专业知识而变得很被动。因此，我们配置另外一条线，帮他管好队伍、建好队伍，让一个有经验、有文化、对于组织建设有经验的人辅助他。双方关注的东西不一样，业务线的人看季度、年度目标完成情况就够了，政委至少要看一两

年以后的事情，以及整个文化传承和干部培养的问题。

第二，我们希望走100年，在这100年中的任何可能的时候，由于短期压力，业务线出现问题，业务经理难免会想采取短期的做法，这时政委要在方向上进行指导，保证我们的做法是符合阿里巴巴道德和价值观念的。具体做法上，一方面是在思想上、方向上进行指引和帮助；另一方面，对于业务线的决策，他们也有庞大的制约跟制衡权。我们不像国家的体系，党委书记一把手，政委在所有的业务部门是二把手，对某些文化、团队发展方面的决策具有否决权。为什么这样？因为我们愿意牺牲短期的利益以保证组织的长久发展。长治久安最重要的就是思想、文化，选什么样的人、用什么样的人，承担什么工作、什么岗位……政委体系的两三百人里面，1/3以上都是业务部门的骨干，他们都是业务部门比较优秀的经理、优秀的主管。政委的选拔也是我们的晋升奖励体系里一条不成文的规矩，要晋升必须当过政委，要承担更大的责任，必须在HR体系里稳固一段时间，而且有一定的成绩。

“政委体系”的思想希望渗透到人力资源工作的每一个环节中，深入到最基层的部分。一个公司最核心的作战单位就是主管所带领的10～20个人，他们一边做业务，一边思考信仰。阿里巴巴相信，我们只做符合我们价值观和道德观的那些事，我们只守住愿意做这些事的人。

二、道德自律，大道无形

我们是一个靠道德来治理的公司，我们强调个人的尊严和个体自律。阿里巴巴没有什么规章制度，我们希望能够靠个体的道德自律带来长治久安。政委体系也承担着这样一个任务，所以要把支部建在连队上，最关键的因素就在于选什么样的人做政委。在业务线上选择优秀的人，保证我们的基本信仰在人力资源实践中落地。

选择最优秀的业务人员来做政委，然后赋予他们相当大的监督权力，在公司已经形成了习惯，所有大的业务决策，如果HR的政委不在，业务经理就会慌，一定要和政委谈一谈。一方面阿里巴巴是相信直觉的，要敢于拍板往前走；另一方面，这种谈话又是小心求证的过程。这就是所谓阿里政委体系，不是一种制度，而是一个习惯。

我们有大政委、小政委，级别体系叫做P6体系，这个体系区别的是政治地位和经济地位。即从P1开始，任何一个小政委，做最基础的HR工作，然后渐渐向上升。为什么这样？因为HR必须心智成熟、社会经验丰富，不需要他有多么世故跟圆滑，但他至少知道这个世界不单有黑有白，也有很多灰。白的东西不一定在这个时机上是好的，黑的东西也不是这个时机上最差的，需要他们对很多问题有一个全面的认识，然后在这个中间选择最佳的路径，推进事情的进展，这是我们对政委的基础性定位。此外，他们日常的工作中，大量时间参与业绩评价，主要是看他的高层怎么管理和辅导下属，看一个总监怎么反馈个人和团队的问题，哪里还需要做得更好，更需要帮助，形式是谈话，政委大部分时间要谈话，要进入这些重要的场景里观察、跟进和反馈。最后，政委选择相应的员工谈话，他们要找出员工中最好的5位，还必须让一些人离开组织。他们承担这三方面的工作，非常累，但是有机会掌握业务方向、组织架构、核心人员和核心任务。

三、政委体系文化

政委一定要淡定平和，政委淡定平和了，组织中人的成长才能淡定平和。我们一直在探索，试图形成“政委体系”的文化。

2008年，政委工作压力大，工作非常辛苦，看着他们的业务伙伴拿很多钱，看着业务伙伴成长很快，却发现政委成长的空间不多。政委一定要会自我安慰，不要试图跟人家去抢聚光灯。

2009年，我们说，工作中要随缘、随性，很多对的事情要等时机。政委现在影响力非常大，权力也很大，他们有很多想法、很多变革思路，在这个过程中也会有很多成功和失败，所以，一定要让他们懂得顺势而为，即使是正确的事，也要等时机到了才做。提出随心而动、随遇而安的说法，是希望把那种浮躁的心态通过平和、淡定的方式压下来，这个是政委体系演进的文化和个体心理变化的一部分。

2010年我们再提“三民主义”，希望我们政委体系里通过平台机制让一线员工能够成为思想的来源，他们不再是执行者，而都是互相配合的合作机制；他们不再是老板的下属，而是平等关系。HR不断通过机制搭平台，给员工空间，让一线的智慧能够在产品设计、在新的创新中间有东西发芽成长起来。

我们希望更多的人能够发挥思想的力量，互联网的创新是草根的，是普通的，是平民化的，希望“三民”能够带来新的公司另外五年十年的飞跃。

阿里巴巴要做100年，要坚守一些道德的标准和底线，HR体系就要跟上。新的文明是开放、透明的，机制也要跟上，要在资金、组织上提供保障，让员工创新。

四、什么样的人能成为政委

什么样的人能成为政委呢？在选拔的过程中，我们会问两个问题：你的梦想是什么？你认为自己是主人还是职业经理人？

对第一个问题的回答，我们要求个人的梦想与组织的理想统一，个人的能力和特长能够在岗位上为阿里巴巴做出贡献，使阿里巴巴集团能够信任。共同的信仰是连接组织与个人的纽带。我们在选拔培训中谈得最多的，就是“我们为什么存在”“我们到底要为这个公司和社会带来什么”“我们相信什么，不相信什么”……我们讨论的就是这些非常虚的东西，但是我们相信。

对于第二个问题的回答，我们期望的心态不是把自己当成一个职业经理人，而是共同经营一份使命和一个家。因此，公司的事就是自己的事。我们经常在干部培养晋升中就这个问题进行探讨，在日常工作中进行观察。是主人还是工人，取决于你把自己看成什么，你看你是主人你就是主人，你看你是工人就是工人。

领导的作用是什么？两件事，第一是给员工搭建一个平台，让员工能够发挥，即使搞砸了，责任你担着。互联网和电子商务的发展都是摸着石头过河，所以我们总的方向就是在试错中前进，我们希望让听得见炮火的人决策，我们期待着各级领导敢于让员工犯错误，让他们在犯错中产生新的东西和个人成长。第二，合伙人是平等的，所以我们也期望形成一种现象，员工尊敬领导，同时领导通过自己的努力创新，让员工有能力自我决定，同时愿意追随领导，不是因为组织赋予他这个位置，而是因为他的领导力。所以做阿里巴巴的干部很累，不仅要做业务还得管心情，员工失恋还得单独辅导，所以政委、干部是员工的父母官。

资料来源：邓明康：《阿里巴巴的政委体系及其他》，载《管理@人》，2010（11），有删减。

［思考题］

1. 在阿里巴巴，业务经理与人力资源管理者是如何分工合作的？

2. 阿里巴巴的政委体系对企业人力资源管理队伍建设有什么启示？

第 4 章

职位分析与胜任素质模型

一、知识点回顾

职位分析是指采用专门的方法获取组织内职位的重要信息，并以特定格式把该职位相关的信息描述出来，从而使其他人能了解这种职位的过程。

具体来说，职位分析就是要为管理活动提供与工作有关的各种信息，这些信息可以用 6 个 W 和 1 个 H 加以概括：（1）Who，谁来完成这些工作？（2）What，这一职位具体的工作内容是什么？（3）When，工作的时间安排是什么？（4）Where，这些工作在哪里进行？（5）Why，从事这些工作的目的是什么？（6）for Who，这些工作的服务对象是谁？（7）How，如何来进行这些工作？

职位分析的结果是形成职位描述和职位规范。

职位描述是以书面叙述的方法来说明工作中需要从事的活动，以及工作中所使用的设备和工作条件的信息。

职位规范则用来说明承担这项工作的员工所必须具有的特定技能、工作知识、能力及其他身体和个人特征的最低要求。

职位分析的目的在于正确理解职位，保证组织期望得以贯彻与实现。为了保证任职者尽可能地多为组织做工作，理想的情况是组织期望、管理人员传递、员工的自我知觉完全一致。为达到这种效果，需要我们采用一定的方法，对该职位进行科学、客观的分析，形成职位说明书。这样管理者与员工就能正确理解该职位，也才能保证组织期望得以贯彻与实现，这就是职位分析最根本的目的。

职位分析的作用包括两点：首先，职位分析为其他人力资源管理活动提供依据。具体表现在 5 个方面：(1) 为人力资源规划提供了必要的信息；(2) 为人员的招聘录用提供了明确的标准；(3) 为人员的培训开发提供了明确的依据；(4) 为制定公平合理的薪酬政策奠定了基础；(5) 为科学的绩效管理提供了帮助。其次，职位分析对企业的管理具有一定的溢出效应。表现在 3 个方面：(1) 有助于员工反省和审查自己的工作内容和工作行为；(2) 企业人力资源管理人员能够充分了解企业经营的各个重要业务环节和业务流程；(3) 企业的最高经营管理层能够充分了解每一个工作岗位上的人目前所做的工作。

职位分析的时机有：(1) 新成立的企业；(2) 由于战略的调整、业务的发展，使工作内容、工作性质发生变化，需要进行职位分析；(3) 企业由于技术创新、劳动生产率提高，需重新进行定岗、定员；(4) 建立制度的需要，比如绩效考核、晋升、培训机制建设时，需要进行职位分析；(5) 企业没有进行过职位分析。

职位分析的原则有 3 个：(1) 系统分析原则；(2) 关注职位原则；(3) 以当前工作为依据原则。

职位分析的步骤有 4 个阶段：(1) 准备阶段；(2) 调查阶段；(3) 分析阶段；(4) 完成阶段。

职位分析的方法主要分为定性的方法和定量的方法两类。

定性的方法主要包括 6 种：(1) 访谈法；(2) 非定量问卷调查法；(3) 观察法；(4) 关键事件技术；(5) 工作日志法；(6) 工作实践法。

访谈法是指通过面对面的交谈来获取职位信息的一种方法。在运用访谈法时，需要注意几个关键问题：(1) 要对访谈人员进行培训，具体包括访谈的目的、内容、安排、技巧与注意事项等；(2) 要慎重选择访谈对象，访谈对象必须对该职位比较了解，能够客观陈述该职位的主要信息；(3) 要合理安排访谈，包括访谈的时间、地点、访谈的提纲、录音设备等；(4) 要掌握访谈技巧，访谈水平的高低直接决定了访谈的质量，在访谈过程中，访谈人员一定要注意尽量营造轻松、愉悦的氛围，多鼓励被访谈者全面、客观地提供信息。访谈法的优点在于能够简单、迅速地收集职位分析资料，适用性强；缺点是被访谈者往往夸大其承担的责任和工作的难度，容易引起职位分析资料的失真和扭曲。

非定量问卷调查法有些类似于访谈法，只是不与工作者直接见面访谈，而是通过将问题制作成问卷发给员工，让他们当场或在一定时间内填写的方式来收集信息。

观察法就是由职位分析人员直接观察所需分析的工作，记录某一时期该职位工作的内容、形式、过程和方法，并在此基础上进行分析的方法。

关键事件技术是通过一定的表格，专门记录工作者工作过程中那些特别有效或特别无效的行为，以此作为将来确定任职资格的一种依据。

工作日志法就是由职位的任职者本人按照时间顺序记录工作过程，然后经过归纳提炼取得所需资料的一种方法。

工作实践法就是指由职位分析人员亲自从事所需研究的工作，以收集相关信息的方法。

定量的方法主要包括 7 种：（1）职位分析问卷法（PAQ）；（2）管理职位描述问卷（MPDQ）；（3）通用标准问卷（CMQ）；（4）O* NET 系统；（5）职能职位分析法（FJA）；（6）弗莱希曼职位分析系统法（F-JAS）；（7）职位分析计划表（JAS）。

职位分析问卷法（PAQ）由麦克米设计，是一种利用清单的方式来确定工作要素的方法。可分为 6 个方面，即信息投入、脑力过程、体力过程、同他人的关系、工作环境及其他特点。

管理职位描述问卷（MPDQ）是专门针对管理性工作而设计的职位分析问卷。主要维度包括 9 个方面，即人员管理、计划和组织、决策、组织发展、控制、代言人、协调、咨询和行政管理。

通用标准问卷（CMQ）是美国学者罗伯特·J. 哈维编制的标准化职位分析问卷。主要维度包括 13 个方面，分别是接受管理和实施管理，知识和技能，语言的运用，利用视觉信息或其他感觉信息，管理和业务决策，内部联系，外部联系，主持或发起会议，参与会议，体力活动，设备、机器和工具的使用，环境条件，其他特征。

O* NET 是一个由美国劳工部组织发起并开发的职位分析系统。它能够将工作要求（如工作活动、组织情境和工作特征等）和任职者特征（如工作风格、能力、兴趣）等统合在一起，不仅是工作导向的职位分析和任职者导向的职位分析的结合，考虑到组织情境、工作情境的要求，而且能够体现职业的特定要求。

职能职位分析法（FJA）主要有两种，一种是美国劳工部（DOL）的 FJA 系统，另一种是法恩（Fine）的 FJA 系统。

弗莱希曼职位分析系统法（F-JAS）认为能力是引起个体绩效差异的原因，因此在分析时主要对与工作有关的 52 个能力维度进行评价。

职位分析计划表（JAS）是美国劳工部创立的一种职位分析法，结合了定性和定量两种方法。实施时主要由训练有素的职位分析人员负责收集信息。

职位说明书的主要内容包括 9 个具体项目：（1）职位标识；（2）职位概要；（3）履行职责；（4）业绩标准；（5）工作关系；（6）使用设备；（7）工作的环境和工作条件；（8）任职资格；（9）其他信息。

胜任素质指能将某一工作（或组织、文化）中表现优秀者与表现一般者区分开来的个体特征，即鉴别性胜任素质，以及能将某一工作（或组织、文化）中表现合格者与表现不合格者区分开来的个体特征，即基准性胜任素质。

胜任素质的提出者麦克利兰认为，**胜任素质的内容**包括六个方面，分别是：（1）知识；（2）技能；（3）社会角色；（4）自我概念；（5）特质；（6）动机。

胜任素质的构成要素包含 6 项，分别是：（1）名称；（2）定义；（3）维度；（4）分级；（5）等级标准；（6）行为描述。

胜任素质的核心特征包含6种，分别是：(1) 客观性；(2) 强调深层次特征；(3) 因果关联性；(4) 分级可测评性；(5) 行为可测评性；(6) 关注突破点。

胜任素质模型是指为完成某项工作、达成某一目标所需要的一系列不同胜任素质的组合，包括不同的动机表现、个性与品质要求、自我形象与社会角色特征以及知识与技能水平。它描述的是特定组织特定职位所要求具备的胜任素质，以及这些胜任素质之间的权重关系。

胜任素质模型的类型可按照两种标准划分：(1) 根据所预测的绩效标准，胜任素质模型可以划分为基准性胜任素质模型和鉴别性胜任素质模型。(2) 根据不同的工作性质和特点、不同的时空范围和目标、需求，胜任素质模型可以划分为4种，分别是：职位胜任素质模型、职能胜任素质模型、角色胜任素质模型、组织胜任素质模型。

胜任素质模型建立的步骤是：(1) 确定绩效标准；(2) 确定效标样本；(3) 获取样本数据；(4) 数据处理分析；(5) 建立初步的胜任素质模型；(6) 验证胜任素质模型。

行为事件访谈的来源：它是从关键事件法（CIT）和主题统觉测验（Thematic Apperception Test，TAT）这两种技术的结合演变而来的。结合关键事件法和主题统觉测验，麦克利兰提出了行为事件访谈。在研究胜任素质的过程中，麦克利兰及其研究小组利用关键事件法来收集数据，以从访谈的内容中提取胜任素质并建立胜任素质模型。

行为事件访谈的实施包括准备工作、实施步骤和数据编码三方面。

1. 准备工作：(1) 了解访谈对象；(2) 安排一个不受打扰的谈话场所；(3) 对访谈人员进行培训；(4) 准备好录音设备；(5) 准备访谈提纲并熟悉所要访谈的内容。

2. 实施步骤：第一步：介绍和说明；第二步：了解工作职责；第三步：行为事件访谈；第四步：结束。

3. 数据编码：第一步：组织编码小组；第二步：编码训练；第三步：独立编码；第四步：正式编码。

行为事件访谈的优缺点如下：

优点：(1) 效度较高，识别度高；(2) 全面客观，真实有效；(3) 方便验证，挖掘潜质；(4) 形成案例，提供素材。

缺点：(1) 耗费时间，周期较长；(2) 培训复杂，专业性强；(3) 关注重点，有所偏废；(4) 范围局限，规模较小。

二、测试题

(一) 单项选择题

1. 下列属于职位描述的是(　　)。

A. 工作场所　　B. 所学专业　　C. 工作经历　　D. 年龄性别

2. 职位分析对企业的管理具有一定的溢出效应，这一作用具体体现在(　　)。
   A. 为人力资源规划提供了必要的信息
   B. 为制定公平合理的薪酬政策奠定了基础
   C. 为人员的培训开发提供了明确的依据
   D. 有助于员工本人反省和审查自己的工作内容和工作行为
3. 下列关于职位分析步骤表述正确的是(　　)。
   A. 准备阶段　调查阶段　分析阶段　完成阶段
   B. 准备阶段　分析阶段　调查阶段　完成阶段
   C. 调查阶段　准备阶段　分析阶段　完成阶段
   D. 调查阶段　分析阶段　准备阶段　完成阶段
4. 下列不属于职位分析的定性研究方法的是(　　)。
   A. 非定量问卷调查法　　B. 关键事件技术
   C. 职位分析问卷法　　D. 工作日志法
5. 职位分析的定量方法不包括(　　)。
   A. PAQ　　B. MPDQ　　C. CIT　　D. CMQ
6. 任职资格不包括(　　)。
   A. 所学专业　　B. 学历水平　　C. 业绩标准　　D. 工作经验
7. 下列专门针对管理性工作设计的定量分析方法是(　　)。
   A. 职位分析问卷法（PAQ）　　B. 管理职位描述问卷（MPDQ）
   C. 通用标准问卷（CMQ）　　D. 职能职位分析法（FJA）
8. 依照胜任素质模型的分类，区分“能胜任工作但绩效表现并不出色者”和“不能胜任工作者”的是(　　)。
   A. 基准性胜任素质模型　　B. 鉴别性胜任素质模型
   C. 职位胜任素质模型　　D. 职能胜任素质模型
9. 在行为事件访谈过程中，访谈者需要采用(　　)方法来提问。
   A. SWOT　　B. PEST　　C. KSAO　　D. STAR
10. 根据胜任素质模型的分类，销售总监的胜任素质模型属于(　　)。
   A. 角色胜任素质模型　　B. 职能胜任素质模型
   C. 组织胜任素质模型　　D. 职位胜任素质模型

（二）多项选择题

1. 职位分析的作用包括(　　)。
   A. 为人员的招聘录用提供了明确的标准
   B. 为人员的培训开发提供了明确的依据
   C. 为制定公平合理的薪酬政策奠定了基础
   D. 为科学的绩效管理提供了帮助
2. 职位分析的步骤包括(　　)。
   A. 准备阶段　　B. 调查阶段　　C. 分析阶段　　D. 完成阶段

3. 职位分析的定量研究方法包括（　　）。
A. 关键事件技术　　B. 职位分析问卷法
C. 管理职位描述问卷　　D. 工作日志法
4. 非定量问卷调查法的缺点是（　　）。
A. 设计难度大，成本费用高　　B. 单独进行，缺少交流
C. 适用范围小，调查难度大　　D. 当面交谈，信度较差
5. 职位标识的主要内容有（　　）。
A. 职位编号　B. 职位概要　C. 职位薪点　D. 任职资格
6. 一份完整的职位说明书必须包括的主要内容是（　　）。
A. 职业生涯　B. 职位描述　C. 职位族　D. 职位规范
7. 在胜任素质的冰山模型中，露在水面上的部分是（　　）。
A. 知识　B. 技能　C. 特质　D. 动机
8. 下列属于胜任素质的核心特征的是（　　）。
A. 客观性　　B. 强调深层次特征
C. 因果关联性　　D. 分级可测评性
9. 根据不同的工作性质和特点、不同的时空范围和目标、需求，胜任素质模型可以划分为（　　）。
A. 职责胜任素质模型　　B. 职位胜任素质模型
C. 职能胜任素质模型　　D. 组织胜任素质模型
10. 行为事件访谈起源于（　　）。
A. 关键事件法（CIT）　　B. 口语表达内容分析法（CAVE）
C. 主题统觉测验（TAT）　　D. 工作实践法

（三）名词解释

1. 职位分析　　2. 职位描述
3. 职位规范　　4. 访谈法
5. 观察法　　6. 关键事件技术
7. 工作实践法　　8. 工作日志法
9. 职位分析问卷法　　10. 管理职位描述问卷
11. 通用标准问卷　　12. O* NET 系统
13. 职能职位分析法　　14. 弗莱希曼职位分析系统法
15. 职位分析计划表　　16. 胜任素质
17. 胜任素质模型　　18. 行为事件访谈

（四）简答题

1. 什么是职位分析？它有什么意义和作用？
2. 职位分析的步骤有哪些？每一步需要完成什么任务？
3. 职位分析的方法有哪些？每一种方法的内容是什么？

4. 职位说明书由哪些部分组成？如何编写？应注意什么问题？

5. 什么是胜任素质？什么是胜任素质模型？

6. 如何建立胜任素质模型？

三、测试题参考答案

（一）单项选择题

1. A　2. D　3. A　4. C　5. C　6. C　7. B　8. A　9. D　10. D

（二）多项选择题

1. ABCD　2. ABCD　3. BC　4. AB　5. AC　6. BD　7. AB　8. ABCD　9. BCD　10. AC

（三）名词解释

1. 职位分析：是指采用专门的方法获取组织内职位的重要信息，并以特定格式把该职位相关的信息描述出来，从而使其他人能了解这种职位的过程。

2. 职位描述：反映了职位的工作情况，是关于职位所从事或承担的任务、职责以及责任的目录清单，也可称作 TRD。

3. 职位规范：反映了职位对承担这些工作活动的人的要求，是人们为了完成这些工作活动所必须具备的知识、技能、能力和其他特征的目录清单，也可称作 KSAO。职位规范同职位分析一起构成了职位说明书的主要内容。

4. 访谈法：是指通过面对面的交谈来获取职位信息的一种方法。在运用访谈法时，需要注意几个关键问题：（1）要对访谈人员进行培训，具体包括访谈的目的、内容、安排、技巧与注意事项等；（2）要慎重选择访谈对象，访谈对象必须对该职位比较了解，能够客观陈述该职位的主要信息；（3）要合理安排访谈，包括访谈的时间、地点、访谈的提纲、录音设备等；（4）要掌握访谈技巧，访谈水平的高低直接决定了访谈的质量，在访谈过程中，访谈人员一定要注意尽量营造轻松、愉悦的氛围，多鼓励被访谈者全面、客观地提供信息。

5. 观察法：就是由职位分析人员直接观察所需分析的工作，记录某一时期该职位工作的内容、形式、过程和方法，并在此基础上进行分析的方法。

6. 关键事件技术：是通过一定的表格，专门记录工作者工作过程中那些特别有效或特别无效的行为，以此作为将来确定任职资格的一种依据。

7. 工作实践法：就是指由职位分析人员亲自从事所需研究的工作，以收集相关信息的方法。

8. 工作日志法：就是由职位的任职者本人按照时间顺序记录工作过程，然后经过归纳提炼取得所需资料的一种方法。

9. 职位分析问卷法：由麦克米设计，是一种利用清单的方式来确定工作要素的方法。可分为 6 个方面，即信息投入、脑力过程、体力过程、同他人的关系、工作环境及其他特点。

10. 管理职位描述问卷：是专门针对管理性工作而设计的职位分析问卷。主要维度包括9个方面，即人员管理、计划和组织、决策、组织发展、控制、代言人、协调、咨询和行政管理。

11. 通用标准问卷：是美国学者罗伯特·J. 哈维编制的标准化职位分析问卷。主要维度包括13个方面，分别是接受管理和实施管理，知识和技能，语言的运用，利用视觉信息或其他感觉信息，管理和业务决策，内部联系，外部联系，主持或发起会议，参与会议，体力活动，设备、机器和工具的使用，环境条件，其他特征。

12. O* NET系统：是一个由美国劳工部组织发起并开发的职位分析系统。它能够将工作信息（如工作活动、组织情境和工作特征等）和工作者特征（如知识、技能、兴趣）等统合在一起，不仅是工作导向的职位分析和任职者导向的职位分析的结合，考虑到组织情境、工作情境的要求，而且能够体现职业的特定要求。

13. 职能职位分析法：主要有两种，一种是美国劳工部（DOL）的FJA系统，另一种是法恩（Fine）的FJA系统。

14. 弗莱希曼职位分析系统法：认为能力是引起个体绩效差异的原因，因此在分析时主要对与工作有关的52个能力维度进行评价。

15. 职位分析计划表：是美国劳工部创立的一种职位分析法，结合了定性和定量两种方法。实施时主要由训练有素的职位分析人员负责收集信息。

16. 胜任素质：指能将某一工作（或组织、文化）中表现优秀者与表现一般者区分开来的个体特征，即鉴别性胜任素质，以及能将某一工作（或组织、文化）中表现合格者与表现不合格者区分开来的个体特征，即基准性胜任素质。

17. 胜任素质模型：是指为完成某项工作、达成某一目标所需要的一系列不同胜任素质的组合，包括不同的动机表现、个性与品质要求、自我形象与社会角色特征以及知识与技能水平。它描述的是特定组织特定职位所要求具备的胜任素质，以及这些胜任素质之间的权重关系。

18. 行为事件访谈：从关键事件法和主题统觉测验这两个技术的结合演变而来。采用开放式的行为回顾式探察技术，通过让被访谈者找出和描述他们在工作中最成功和最不成功的三件事，然后详细地报告当时发生了什么。具体包括：这个情境是怎样引起的？牵涉到哪些人？被访谈者当时是怎么想的，感觉如何？在当时的情境中想完成什么，实际上又做了什么？结果如何？然后，对访谈内容进行内容分析，从而确定被访谈者所表现出来的胜任素质。

（四）简答题

1. 什么是职位分析？它有什么意义和作用？

答：职位分析是指采用专门的方法获取组织内职位的重要信息，并以特定格式把该职位相关的信息描述出来，从而使其他人能了解这种职位的过程。任何组织设置某一职位，都是期望该职位能够替组织去履行一定的职责，完成一定的任务。为了保证任职者尽可能地多为组织做工作，理想的情况是组织期望、管理人员传递、员工的自我知觉完全一致。为了这种效果，就需要进行职位分析。这样管理者与员工就能正确理解该职位，保证组织期望得以贯彻与实现。职位分析的作用包括两点：为其他人力资源管理活动提供依据；对企业的管理具有一定的溢出效应。

2. 职位分析的步骤有哪些？每一步需要完成什么任务？

答：职位分析的整个过程要经过以下几个步骤来完成，分别是准备阶段、调查阶段、分析阶段和完成阶段。

第一，准备阶段。这一阶段主要完成以下几项任务：(1) 确定职位分析的目的和用途；(2) 成立职位分析小组；(3) 对职位分析人员进行培训；(4) 做好其他必要的准备。

第二，调查阶段。这一阶段需要完成的任务主要有以下几项：(1) 制定职位分析的时间计划进度表，以保证这项工作能够按部就班地进行。(2) 根据分析的目的，选择收集工作内容及相关信息的方法。(3) 收集工作的背景资料。(4) 收集职位的相关信息，包括：工作活动；工作中的人的活动；在工作中所使用的机器、工具、设备以及工作辅助用品；与工作有关的有形和无形因素；工作绩效的信息；工作的背景条件；工作对人的要求。

第三，分析阶段。在收集完与职位相关的信息之后，就要进入到职位分析的下一个阶段，即分析阶段，在这一阶段需要进行以下几项工作：(1) 整理资料；(2) 审查资料；(3) 分析资料。

第四，完成阶段。这是整个职位分析过程的最后一个阶段，这一阶段的任务是：(1) 编写职位说明书；(2) 对整个职位分析过程进行总结；(3) 将职位分析的结果运用于人力资源管理以及企业管理的相关方面，真正发挥职位分析的作用。

3. 职位分析的方法有哪些？每一种方法的内容是什么？

答：职位分析的方法主要分为定性和定量两类。

定性的方法包括：(1) 访谈法；(2) 非定量问卷调查法；(3) 观察法；(4) 关键事件技术；(5) 工作日志法；(6) 工作实践法。

定量的方法包括：(1) 职位分析问卷法 (PAQ)；(2) 管理职位描述问卷 (MPDQ)；(3) 通用标准问卷 (CMQ)；(4) O* NET 系统；(5) 职能职位分析法 (FJA)；(6) 弗莱希曼职位分析系统法 (F-JAS)；(7) 职位分析计划表 (JAS)。

4. 职位说明书由哪些部分组成？如何编写？应注意什么问题？

答：职位说明书一般包括两部分内容，即职位描述和职位规范。职位描述反映职位的工作情况；职位规范反映职位对承担这些工作活动的人的要求。编写职位说明书应遵循清晰、准确、适应、完整的要求。

职位说明书的主要内容包括九个具体项目：（1）职位标识；（2）职位概要；（3）履行职责；（4）业绩标准；（5）工作关系；（6）使用设备；（7）工作的环境和工作条件；（8）任职资格；（9）其他信息。

5. 什么是胜任素质？什么是胜任素质模型？

答：胜任素质指能将某一工作（或组织、文化）中表现优秀者与表现一般者区分开来的个体特征，即鉴别性胜任素质，以及能将某一工作（或组织、文化）中表现合格者与表现不合格者区分开来的个体特征，即基准性胜任素质。

胜任素质模型是指为完成某项工作、达成某一目标所需要的一系列不同胜任素质的组合，包括不同的动机表现、个性与品质要求、自我形象与社会角色特征以及知识与技能水平。它描述的是特定组织特定职位所要求具备的胜任素质，以及这些胜任素质之间的权重关系。

6. 如何建立胜任素质模型？

答：建立胜任素质模型包括六个步骤：（1）确定绩效标准；（2）确定效标样本；（3）获取样本数据；（4）数据处理分析；（5）建立初步的胜任素质模型；（6）验证胜任素质模型。

四、案例分析

案例 4—1

A 公司工作分析案例

A 公司是我国中部省份的一家房地产开发公司。近年来，随着当地经济的迅速增长，房产需求强劲，公司有了飞速的发展，规模持续扩大，逐步发展为一家中型房地产开发公司。随着公司的发展和壮大，员工人数大量增加，组织和人力资源管理问题逐渐凸显。

A 公司现有的组织结构是基于创业时的公司规划，随着业务扩张的需要逐渐扩充而形成的。在运行的过程中，组织与业务上的矛盾逐渐凸显。部门与职位之间的职责与权限缺乏明确界定，扯皮推诿的现象不断发生；有的部门抱怨事情太多，人手不够；有的部门又觉得人浮于事，效率低下。

公司在人员招聘方面，用人部门给出的招聘标准模糊，招聘主管往往无法准确加以理解，使得招来的人大多不尽如人意。同时，目前许多岗位不能做到人事匹配，员工的能力不能得到充分发挥，严重挫伤了士气，并影响了工作的效果。公司员工的晋升以前由总经理直接决定。现在公司规模大了，总经理几乎没有时间与基层员工和部门主管打交道，基层员工和部门主管的晋升只能根据部门经理的意见来做出。而在晋升中，上级和下属之间的私人感情成为了决定性的因素，有才干的人往往不能获得提升。因此，许多优秀的员工由于看不到自己的前途而另寻高就。在激励机制方面，公司缺乏科学的绩效考核和薪酬制度，考核中的主观性和随意性非常严重，员工的报酬不能体现其价值与能力，人力资源部经常听到大家对薪酬的抱怨和不满，这也是人才流失的重要原因。

面对这样严峻的形势，人力资源部开始着手进行人力资源管理的变革，变革首先从进行职位分析、确定职位价值开始。职位分析、职位评价究竟如何开展，如何抓住职位分析、职位评价过程中的要害，为公司本次组织变革提供有效的信息支持和基础保证，是摆在A公司面前的重要课题。

首先，A公司开始寻找进行职位分析的工具与技术。在阅读了国内目前流行的基本职位分析书籍之后，从中选取了一份职位分析问卷作为收集职位信息的工具。然后，人力资源部将问卷发放到各部门经理手中，同时还在公司的内部网上发了一份关于开展问卷调查的通知，要求各部门配合问卷调查。

据反映，问卷下发到各部门之后，一直搁置在各部门经理手中，而没有分发下去。很多部门是直到人力资源部开始催收时才把问卷发放到每个人手中。同时由于大家都很忙，很多人在拿到问卷之后没有时间仔细思考，草草填写了事。还有很多人由于在外地出差，或事务缠身，自己无法填写，而由同事代笔。此外，据一些较为重视这次调查的员工反映，大家都不了解这次问卷调查的意图，也不理解问卷中那些生疏的治理术语，何为职责、何为工作目的，许多人对此并不理解。很多人想就疑难问题向人力资源部进行询问，可是并不知道具体该找谁。因此在回答问卷时只能凭借自己的理解来进行填写，无法把握填写的规范和标准。

一个星期之后，人力资源部收回了问卷。但他们发现，问卷填写的效果不太理想，部分问卷填写不全，部分问卷答非所问，还有一部分问卷根本没收上来。辛苦调查的结果却没有发挥应有的价值。

与此同时，人力资源部也着手选取一些职位进行访谈。但在试着访谈了几个职位之后，发现访谈的效果也不好。这是因为在人力资源部，能够对部门经理访谈的人只有人力资源部经理一人，主管和一般员工都无法与其他部门经理进行沟通。同时，由于经理们都很忙，能够把双方凑在一块，实在不容易。因此，两个星期时间过去之后，只访谈了两位部门经理。

人力资源部的几位主管负责对经理级以下的人员进行访谈，但在访谈中，情况却出乎意料。大部分时间都是被访谈的人在发牢骚，指责公司的治理问题，抱怨自己的待遇不公等。而在谈到与职位分析相关的内容时，被访谈的人往往又言辞闪烁，顾左右而言他，似乎对人力资源部这次访谈不太信任。访谈结束之后，访谈人都反映对该职位还是停留在模糊的阶段。这样持续了两个星期，访谈了大概1/3的职位。王经理认为时间不能拖延下去了，因此决定开始进入项目的下一个阶段——撰写职位说明书。

可到这时，各职位的信息收集却还不完全。怎么办呢？人力资源部在无奈之中，不得不另觅他途。于是，他们通过各种途径从其他公司中收集了许多职位说明书，试图以此作为参照，结合问卷和访谈收集到的一些信息来撰写职位说明书。

在撰写阶段，人力资源部还成立了几个小组，每个小组专门负责起草某一部门的职位说明，并且要求各组在两个星期内完成任务。在起草职位说明书的过程中，人力资源部的员工都颇感为难，一方面不了解别的部门的工作，问卷和访谈提供的信息又不准确；另一方面，大家缺乏写职位说明书的经验，写起来都感觉很费劲。规定的时间快到了，很多人为了交稿，不得不急急忙忙东拼西凑了一些材料，再结合自己的判定，最后成稿。

职位说明书终于出台了。人力资源部将成稿的职位说明书下发到各部门，同时还下发了一份文件，要求各部门按照新的职位说明书来界定工作范围，并按照其中规定的任职条件来进行人员的招聘、选拔和任用。但这却引起了其他部门的强烈反对，很多直线部门的管理人员甚至公开指责人力资源部，说人力资源部的职位说明书是一堆垃圾文件，完全不符合实际情况。

于是，人力资源部专门与相关部门召开了一次会议来推动职位说明书的应用。人力资源部经理本来想通过这次会议来说服各部门支持这次项目，但结果却恰恰相反，在会上，人力资源部遭到了各部门的一致批评。同时，人力资源部由于对其他部门不了解，对于其他部门所提的很多问题，也无法进行解释和反驳。会议的最终结论是，让人力资源部重新编写职位说明书。经过多次重写与修改，职位说明书始终无法令人满意。最终，职位分析项目不了了之。

人力资源部的员工在经历了这次失败的项目后，对职位分析彻底丧失了信心。他们开始认为，职位分析只不过是“雾里看花，水中望月”的东西，说起来挺好，实际上却没什么大用，而且认为职位分析只能针对西方国家那些治理先进的大公司，照搬到中国的企业中，根本就行不通。原来雄心勃勃的人力资源部经理也变得灰心丧气，但他却一直对这次失败耿耿于怀，对项目失败的原因也是百思不得其解。

那么，职位分析真的是他们认为的“雾里看花，水中望月”吗？该公司的职位分析项目为什么会失败呢？

资料来源：彭剑锋：《人力资源管理概论》，上海，复旦大学出版社，2011。

[思考题]

1. A公司开展职位分析的原因是什么？

2. 请结合案例，说明导致A公司职位分析项目失败的原因。

[分析思路]

1. 答：A公司开展职位分析的具体原因如下：

（1）理清职位职责，以更高效地开展工作。由于职责不明确，A公司经常出现扯皮推诿的现象，而职位分析在一定程度上有助于这一问题的解决。

（2）为人力资源管理各项工作的开展奠定坚实的基础。A公司现在用人标准模糊；缺乏科学的绩效考核和薪酬制度；员工报酬不能体现职位价值。基于此，A公司系统的职位分析迫在眉睫。

2. 答：该公司在职位分析的组织与实施过程中存在以下问题：

（1）忽视了部门经理与员工的积极参与和支持。人力资源部在职位分析过程中扮演的是专家角色，没有让部门经理积极参与进来，忽视了部门经理在职位分析中的重要作用。人力资源部在职位分析之前，应该首先获得部门经理的认同，并对部门经理进行必要的培训，让他们对职位分析的价值与意义、过程、方法、注意问题等有一个初步认识。另一方面，各部门人员对职位分析也缺乏必要的了解，人力资源部在职位分析之前应该做好沟通宣传工作。

（2）采用的职位分析方法欠当。A 公司采用的职位分析问卷未能根据企业实际情况进行相应调整，导致问卷出现不好理解、填写起来费劲等问题。

（3）操作过程欠妥。在进行职位分析时并没有进行充分的准备和计划，就直接进入调查。职位分析前没有进行试点，应先对职位分析中可能出现的问题和经验进行总结后再推广。整个过程中缺乏有效的监控和指导。

（4）人力资源部的专业性不够。从以上问题可以发现，A 公司人力资源部在职位分析乃至人力资源管理方面的专业性不够，导致出现了一系列问题。

案例 4—2

华润集团的领导力素质模型

华润集团的领导力素质模型由三族八个素质组成，每个素质包括一个定义、素质分级的四个层级（见图 4—1）。第一族素质是赢得市场领先，它是由华润战略使命决定的。第二族素质是创造组织优势。所谓创造组织优势，就是建立企业的核心竞争力。第三族素质是引领价值导向。企业的核心价值观是企业文化的基石，而优秀的文化是企业基业长青的基础。

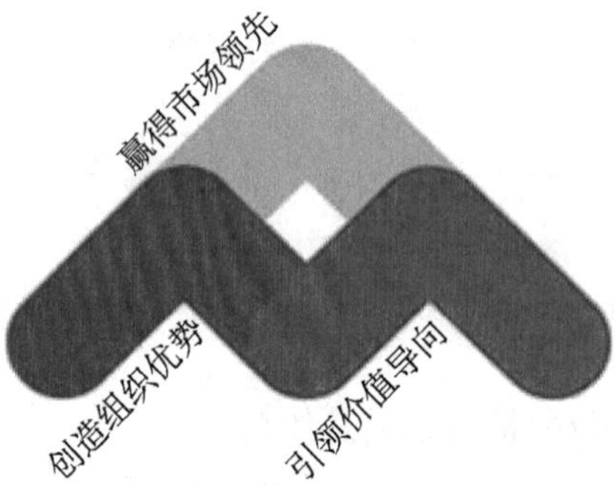

赢得市场领先
- 为客户创造价值
- 战略性思维
- 主动应变

创造组织优势
- 塑造组织能力
- 领导团队
- 跨团队协作

引领价值导向
- 正直坦诚
- 追求卓越

图 4—1 华润集团的领导力素质模型

素质一：为客户创造价值

这一素质是应对华润进一步转型和发展的现实需要。不论从竞争环境还是从自身业务发展状况看，华润都面临发展方式的重大转型，即由外延式发展模式转变为外延和内涵并重的发展模式。内涵式发展的关键在于不断提升对客户的价值创造能力，这就要求从客户需求出发制定战略，并建立客户导向的业务流程、组织文化。华润脱胎于贸易，以往对客户的关注和认识都比较少。Hay Group 对华润领导力的十大发现中，也提到华润经理人对客户导向、客户需求的理解较弱。

为客户创造价值，就是准确地洞察客户需求，并在此基础上不断创新产品和服务。素质的第一层级是能够提供约定的产品和服务，并在出现问题时积极响应和解决。第二层级是主动改进产品和服务，即相当于日本企业广泛采用的“Kazen”（持续改善）。第三层级是主动发现客户潜在需求，并通过产品和服务的创新满足这一需求。第四层级是创造全新的价值并引领消费潮流。

素质二：战略性思维

战略性思维就是面对各种情境，基于数据信息，运用多种思维方式，系统性地形成对业务的认识和判断，并最终做出有创意的战略性决策。

战略性思维四个层级是从思维的深度和广度上进行区分的。层级一是发现联系，层级二是发现规律，层级三是发现本质，层级四是突破性思维。这四个层级之间的递进关系还是非常显著的。发现联系是最基本的思维，如知道通货膨胀、汇率对市场可能产生的影响，这就是发现事物的联系；而发现规律，则是要分析清楚这些影响是如何发生的，相比发现联系的“知其然”，发现规律则达到了“知其所以然”的阶段。这两个阶段更多强调分析性思维，华润经理人在这两个层级上的表现还是比较显著的，十大发现里就提到，经理人具有较好的分析性思维。

素质三：主动应变

主动应变是当前华润经理人的显著特征，同传统上很多国有企业“等、靠、要”的思维不同，华润经理表现出强烈的创业意识和积极主动性。主动应变在内涵上包括前瞻性规划和积极主动两个方面。主动应变的第一个层级强调遇到问题要能够积极应对。第二个层级则强调主动规划，有序执行，从而避免风险的发生，它比第一个层级更强调计划性。第三个层级强调在逆境中，仍然能够坚定不移地完成任务，更强调解决问题的韧劲。第四个层级是对重大机遇和风险的果断把握。

素质四：塑造组织能力

塑造组织能力的目标，就是要打造组织难以复制的竞争优势。组织的能力，体现在文化价值观、战略、组织架构、管理及运营系统、人才发展机制等各个方面。其中，第一层级就是面对企业的问题，不是“头痛医头，脚痛医脚”，而是通过发现问题背后的深层原因，通过架构、流程、人员发展机制等组织层面的调整去解决问题；第二层级则是在还没有产生问题时就能通过对组织架构、流程和人员发展机制等进行系统检讨并优化，防范问题发生，提升组织效率，在这个层级上，组织的发展和优化已经是一个主动的持续的过程；而第三层级是在组织优化过程中，紧紧围绕战略这个核心，建立战略中心型的组织；第四层级是在前三者的基础上，更强调通过企业文化和核心价值观的营造，进一步提升组织的能力。

素质五：领导团队

领导团队素质的核心是真正将管理班子作为一个团队看，而不是相互独立甚至相互掣肘的几个人组成的群体。该素质的层级一关注团队有效完成任务的能力，要点是明确任务标准、合理授权和监督，并且赏罚分明。层级二关注人的能力的塑造和团队互动的加强，在这个层级，教练和催化技术已经成为基本的领导技能。层级三通过团队合作机制和流程的建设，提升团队的效能。层级四通过愿景和文化的打造，来凝聚团队灵魂。这四个层级从关注任务到关注人，到关注机制，最后到关注文化的营造，递进关系是很鲜明的。

素质六：跨团队协作

这个素质是指向华润内部的业务协同的。领导力发展项目提出的五大主题中，有业务协同主题，而在对经理人的行为事件访谈过程中，除了个别集团层面的领导，鲜有经理人提到集团内部协同的问题。跨团队协作的层级一强调彼此尊重，相互学习。这个层级重点在于经验和知识的分享。彼此尊重建立在同理心的基础上，要真正从各个业务单元的历史发展脉络中，去理解业务，承认其他人的价值。层级二推动一般层面的合作与相互支持，例如食品进入连锁超市业务，水泥和电力业务联动等。这种合作基本是基于当前市场的机会自发形成的，从短期看就是双赢的。层级三不计较局部短期的得失，从华润整体看，从长远看，只要有利就主动合作，并化解冲突，推动业务协同。层级四是建立持久的合作机制，创新业务模型，产生深刻的协同效应。应该说，这是非常考验华润的智慧和魄力的。这里极有可能产生全新的业务模型，如产融的互动、各类零售资源和渠道的整合等。

素质七：正直坦诚

华润所谓的正直坦诚，就是做人坦诚，敢于讲真话，处事公正，坚持原则，为公司利益，不畏权威。这里面除了守规矩外，重要的是讲真话，讲实话，面对冲突，敢于坚持原则，当上级言行失当时，敢于犯颜直谏。

正直坦诚未必一定要剑拔弩张，大伤和气。如在讨论过程中可以采用兼顾辩护与探究的方式。所谓探究，就是主动分享自己观点背后的信息和假设，同时也邀请别人分享他们观点背后的信息和假设。这样就可以让对话在事实的基础上展开，避免套话、空话。同时，企业还要形成全新的价值观。过往的观点认为顾及一个人的面子很重要，因此尽量不要揭别人的短处，而新的价值观认为，帮助别人成长才重要，看到别人的错误不指出或质疑，是不负责任的行为。因此正直坦诚氛围的营造，还需要组织在心智模式和沟通方式上做很大转变才可以做到。

素质八：追求卓越

追求卓越是华润优秀经理人的鲜明特质。华润领导力十大发现中就有华润经理人普遍具有强烈的成就导向，自信乐观，主动积极。

所谓追求卓越，就是要不断挑战自我，树立更高的目标并积极争取目标的达成。层级一的表现是在日常的工作中，坚持高质量地完成任务；层级二是持续改善；层级三则是要设定挑战性的目标（全力以赴也只有80%的成功机会）；层级四则是挑战看似不可能的任务，达成世界级或行业顶尖的标准。

资料来源：根据华润公司“领导力素质模型”网站相关材料改编而成。

［思考题］

1. 结合案例谈谈华润的领导力胜任素质由哪些要素构成。

2. 华润的领导力模型对其他企业建立胜任素质模型有什么启示？

［分析思路］

1. 答：华润对领导力胜任素质的界定包括4个基本要素：(1) 名称；(2) 定义；(3) 分级；(4) 行为描述。

2. 答：首先，华润的领导力模型包括三个族，分别为：赢得市场领先；创造组织优势；引领价值导向。华润的这三大族分别体现了市场、战略和核心竞争力、企业文化和核心价值观的要求，这就提醒企业在建立胜任素质模型时，应该考虑企业战略、文化、市场的要求。

其次，华润的领导力模型比较规范。具体体现在：(1) 抓重点。华润的领导力模型总共只有8项胜任素质，而不是其他企业的20项，甚至更多。(2) 在对每一项胜任素质进行界定时，基本包括了界定胜任素质的要素，具体为：名称、定义、分级与行为描述。

最后，企业建立的胜任素质模型应该找到一种比较生动、容易被员工理解与接受的表达形式。华润的领导力模型通过“三人”来体现，比较生动，容易理解，员工也容易记住。

第 5 章

人力资源规划

一、知识点回顾

人力资源规划有时也叫做人力资源计划，是指在企业发展战略和经营规划的指导下，对企业在某个时期内的人员供给和人员需求进行预测，并根据预测的结果采取相应的措施来平衡人力资源的供需，以满足企业对人员的需求，为企业的发展提供合质合量的人力资源保证，为达成企业的战略目标和长期利益提供人力资源支持。

准确地理解人力资源规划的含义，必须把握以下三个要点：(1) 人力资源规划应在企业发展战略和经营规划的基础上进行；(2) 人力资源规划应当包括两个部分的活动，一是对企业在特定时期内的人员供给和需求进行预测，二是根据预测的结果采取相应的措施进行供需平衡；(3) 人力资源规划对企业人力资源供给和需求的预测要从数量和质量这两个方面来进行。

人力资源规划的内容主要包括两个方面，即人力资源总体规划和人力资源业务规划。

人力资源规划的分类在实践中存在不同的形式，对这些形式的区分将有助于我们更深入地把握人力资源规划的内容。按照规划的独立性，可分为独立性的人力资源规划和附属性的人力资源规划；按照规划的范围大小，可划分为整体的人力资源规划和部门的人力资源规划；按照规划的时间长短，可划分为短期的人力资源规划、中期的人力资源规划和长期的人力资源规划三类。

人力资源规划的意义和作用在于：有助于企业发展战略的制定；有助于企业保持人员状况的稳定；有助于企业降低人工成本的开支；还对人力资源管理的其他职能具有指导意义。

人力资源规划与人力资源管理其他职能有着密切的联系，具体有6个方面：(1) 与员工招聘的关系：这一关系比较直接，当预测的供给小于需求，而企业内部的供给又无法满足这种需求时，就要到外部去招聘；(2) 与员工配置的关系：在预测出需求以后，企业就可以根据预测的结果和现有的人员状况制定相应的员工配置计划来调整内部的人力资源供给以实现两者的平衡；(3) 与培训开发的关系：人力资源规划与培训开发的关系更多体现在员工的质量方面，培训开发工作中的一项关键内容就是确定培训需求，只有培训需求符合企业的实际，培训才有可能发挥效果；(4) 与解聘辞退的关系：这一关系也比较明显直接，在一定时期内如果需求小于企业内部的供给，那么就有可能需要解聘辞退部分人员，以实现供需的平衡；(5) 与薪酬管理的关系：人力资源需求的预测结果可以作为企业制定薪酬计划的依据，由于需求的预测不仅包括数量，而且包括质量，这样企业就可以根据预测期内人员的分布状况并结合自身的薪酬政策进行薪酬总额的预测，或者根据预先设定的薪酬总额调整薪酬水平；(6) 与绩效管理的关系：在人力资源规划过程中，绩效管理中的绩效考核是进行人员需求和供给预测的一个重要基础，通过对员工工作业绩以及态度能力的评价，企业可以对员工的状况做出判断。

人力资源规划的过程一般包括以下四个步骤：准备阶段、预测阶段、实施阶段、评估阶段。其中在准备阶段，为了能够比较准确地做出预测，就需要收集和调查与之有关的各种信息，这些信息主要包括以下几个方面的内容：(1) 外部环境的信息；(2) 内部环境的信息；(3) 现有人力资源的信息。

人力资源需求预测是指对企业在未来某一特定时期内所需要的人力资源的数量、质量以及结构进行估计。这里所指的需求是完全需求，是在不考虑企业现有人力资源状况和变动情况下的需求。至于净需求，则需要和预测的供给进行比较后才能够得出。

人力资源需求预测需考虑的因素包括：(1) 企业的发展战略和经营规划；(2) 产品和服务的需求；(3) 职位的工作量；(4) 生产效率的变化。

人力资源需求预测的方法包括四种：(1) 主观判断法；(2) 德尔菲法；(3) 趋势预测法；(4) 回归预测法；(5) 比率预测法。

主观判断法是由管理人员凭借自己以往工作的经验和直觉，对未来所需要的人力资源做出估计。在实际操作中，一般先由各个部门的负责人根据本部门未来一定时期内工作量的情况，预测本部门的人力资源需求，然后再汇总到企业最高领导层那里进行平衡，以确定企业最终的需求。

德尔菲法是指邀请某一领域的一些专家或有经验的管理人员对某一问题进行预测，并最终达成一致意见的结构化方法，有时也称作专家预测法。德尔菲法的具体步骤是：第一，整理相关的背景资料并设计调查的问卷，明确列出需要专家们回答的问题；第二，将背景资料和问卷发给专家，由专家对这些问题进行判断和预测，并阐明自己的理由；第三，由中间人回收问卷，统计汇总专家们的预测结果和意见，将这些结果和意见反馈给专家，进行第二轮预测；第四，再由中间人回收问卷，对第二轮预测的结果和意见进行统计汇总，接着进行下一轮预测；第五，经过多轮预测之后，当专家的意见基本一致时就可以结束调查，将预测的结果用文字或图形加以表述。

趋势预测法是指根据企业过去几年的人员数量，分析出它在未来的变化趋势并依此来预测企业在未来某一时期的人力资源需求量。具体的步骤是，首先收集企业在过去几年内人员数量的数据，并且用这些数据作图，然后用数学方法进行修正，使其成为一条平滑的曲线，将这条曲线延长就可以看出未来的变化趋势。在实践中为了简便，往往将这种趋势简化为直线关系。

回归预测法是从统计学中借鉴过来的一种方法，由于人力资源的需求总是受到某些因素的影响，回归预测法的基本思路就是要找出那些与人力资源需求关系密切的因素，并依据过去的相关资料确定它们之间的数量关系，建立一个回归方程。然后，根据这些因素的变化以及确定的回归方程来预测未来的人力资源需求。

比率预测法是基于对员工个人生产效率的分析来进行预测的一种方法。进行预测时，首先要计算出人均的生产效率，然后再根据企业未来的业务量预测出对人力资源的需求，即所需的人力资源＝未来的业务量/人均的生产效率。

人力资源供给预测是指对在未来某一特定时期内能够提供给企业的人力资源的数量、质量以及结构进行估计。其中，内部供给是指从内部劳动力市场提供的人力资源供给，外部供给则是指从外部劳动力市场提供的人力资源供给。

人力资源供给的来源有外部供给和内部供给。其中内部供给分析主要有：(1) 现有人力资源分析；(2) 人员流动分析；(3) 人员质量分析。

人力资源供给预测的方法有四种：(1) 技能清单；(2) 人员替换；(3) 人力资源“水池”模型；(4) 马尔科夫模型。

技能清单是一个反映员工工作能力特征的列表，这些特征可以包括员工的教育背景、工作经历、培训情况、所掌握的技能及相应的证书等内容。

人员替换是对企业现有人员的状况做出评价，然后对他们晋升或者调动的可能性进行判断，以此来预测企业潜在的内部供给。这样当某一职位出现空缺时就可以及时进行补充。

人力资源“水池”模型是在预测企业内部人员流动的基础上预测人力资源的内部供给。它与人员替换有些类似，不同的是，人员替换是从员工出发来进行分析，而且预测的是一种潜在供给；“水池”模型则是从职位出发进行分析，预测的是未来某一时间现实的供给。

马尔科夫模型是用来预测等时间间隔点上（一般为一年）各类人员分布状况的一种动态预测技术，这也是从统计学中借鉴过来的一种定量预测方法。它的基本思想是找出过去人力资源流动的比例，以此来预测未来人力资源供给的情况。

人力资源供需的平衡是人力资源规划的最终目的，企业人力资源供给和需求预测的比较一般会有以下几种结果：

(1) 供给和需求在数量、质量以及结构方面都基本相等。这种情况说明企业在未来的人力资源供给和需求基本上是平衡的，但这是一种理想情况，在现实中这种情况几乎是不可能发生的。

(2) 供给和需求总量平衡，结构不匹配。这种情况下可采取的措施有：人员内部重新配置、有针对性的专门培训、进行人员置换。

(3) 供给大于需求。这种情况下可采取的措施有：扩大经营规模、永久裁员或辞退、鼓励提前退休、冻结外部招聘、缩短员工的工作时间、对富余的员工进行培训。

(4) 供给小于需求。这种情况下可采取的措施有：从外部雇用人员、提高工作效率、延长工作时间、降低员工离职率、部分业务外包。

二、测试题

(一) 单项选择题

1. 人力资源规划，是指在企业发展战略和经营规划的指导下，对企业在某个时期人员的(　　)进行预测。

   A. 供给和需求　　B. 数量和质量
   C. 规模和范围　　D. 知识和技能

2. 下列属于人力资源总体规划的是(　　)。

   A. 人员接替和晋升计划　　B. 工资激励计划
   C. 人力资源供需比较结果　　D. 退休解聘计划

3. 将人力资源规划划分为整体的和部门的两类，是按照规划的(　　)标准进行划分。

   A. 独立性　　B. 相关性　　C. 时间长短　　D. 范围大小

4. 短期人力资源规划是指(　　)的规划。

   A. 三个月　　B. 一年及一年以内
   C. 三年　　D. 五年或五年以上

5. 依照人力资源规划的程序，收集和调查内外部环境信息是在(　　)。

   A. 准备阶段　　B. 预测阶段　　C. 实施阶段　　D. 评估阶段

6. 管理人员凭借自己以往工作的经验和直觉，对未来所需要的人力资源做出估计，这种人力资源预测方法叫做(　　)。

   A. 德尔菲法　　B. 趋势预测法　　C. 主观判断法　　D. 回归预测法

7. 采用匿名投票，背靠背方式进行的人力资源需求预测方法是(　　)。

   A. 头脑风暴法　　B. 德尔菲法　　C. 趋势预测法　　D. 技能清单法

8. 当外部劳动力市场紧张时，供给的数量会(　　)；当外部劳动力市场宽松时，供给的数量会(　　)。

   A. 减少　增多　　B. 增多　减少　　C. 增多　不变　　D. 减少　不变

9. 当预测供给小于需求时，应该采取的措施是(　　)。

A. 延长工作时间　　B. 扩大经营规模
C. 永久性地裁员　　D. 鼓励提前退休

10. 根据人力资源供需平衡方法的综合比较，下列说法正确的是(　　)。
A. 只要经过合理的设计安排，企业人力资源供求的完全平衡就很容易实现
B. 人力资源的供给和需求在总量和结构上的平衡总是一致的
C. 当供大于求时，采取裁员的方法见效比较快，但员工受伤害程度比较高
D. 当供小于求时，鼓励员工加班的见效速度快，但可撤回的程度比较低

(二) 多项选择题

1. 人力资源规划的内容主要包括(　　)方面。
A. 人力资源战略规划　　B. 人力资源总体规划
C. 人力资源业务规划　　D. 人力资源系统规划

2. 按照规划的独立性，可将人力资源管理分为(　　)。
A. 独立性的人力资源规划　　B. 附属性的人力资源规划
C. 整体性的人力资源规划　　D. 相关性的人力资源规划

3. 人力资源规划的意义和作用在于(　　)。
A. 人力资源规划有助于企业发展战略的制定
B. 人力资源规划有助于企业保持人员状况的稳定
C. 人力资源规划有助于企业降低人工成本的开支
D. 人力资源规划对人力资源管理的其他职能具有指导意义

4. 人力资源规划过程包括的步骤有(　　)。
A. 准备阶段　　B. 预测阶段　　C. 实施阶段　　D. 评估阶段

5. 下列属于人力资源供给预测方法的是(　　)。
A. 主观判断法　　B. 德尔菲法　　C. 技能清单法　　D. 人员替换法

6. 下列属于人力资源需求预测方法的是(　　)。
A. 技能清单法　　B. 趋势预测法　　C. 人员替换法　　D. 回归预测法

7. 人力资源内部供给分析涵盖的方面有(　　)。
A. 劳动力市场分析　　B. 现有人力资源的分析
C. 人员流动的分析　　D. 人员质量的分析

8. 企业人力资源供给和需求预测的比较，一般会有以下(　　)结果。
A. 供给和需求在数量、质量以及结构方面都基本相等
B. 供给和需求在总量上平衡，但是结构上不匹配
C. 供给大于需求
D. 供给小于需求

9. 当预测的供给大于需求时，可以采取的措施是(　　)。
A. 扩大经营规模　　B. 延长工作时间
C. 外包部分业务　　D. 鼓励提前退休

10. 人力资源供需平衡的方法中，见效速度较快的是(　　)。

A. 裁员　　B. 退休　　C. 加班　　D. 雇用临时工

(三) 名词解释

1. 人力资源规划
2. 需求预测
3. 供给预测
4. 德尔菲法
5. 趋势预测法
6. 回归预测法
7. 比率预测法
8. 技能清单
9. 人员替换
10. 人力资源“水池”模型
11. 马尔科夫模型

(四) 简答题

1. 什么是人力资源规划？它包括哪些内容？
2. 人力资源规划有什么意义？与人力资源管理其他职能的关系如何？
3. 人力资源规划的程序是什么？
4. 人力资源规划的原则是什么？
5. 应该如何预测人力资源的需求和供给？
6. 预测人力资源需求和供给的方法有哪些？
7. 应当怎样平衡人力资源的供给和需求？

三、测试题参考答案

(一) 单项选择题

1. A　2. C　3. D　4. B　5. A　6. C　7. B　8. A　9. A　10. C

(二) 多项选择题

1. BC　2. AB　3. ABCD　4. ABCD　5. CD　6. BD　7. BCD　8. ABCD　9. AD　10. ACD

(三) 名词解释

1. 人力资源规划：是指在企业发展战略和经营规划的指导下，对企业在某个时期内的人员供给和人员需求进行预测，并根据预测的结果采取相应的措施来平衡人力资源的供需，以满足企业对人员的需求，为企业的发展提供合质合量的人力资源保证，为达成企业的战略目标和长期利益提供人力资源支持。

2. 需求预测：是指对企业在未来某一特定时期内所需要的人力资源的数量、质量以及结构进行估计。

3. 供给预测：是指对在未来某一特定时期内能够提供给企业的人力资源的数量、质量以及结构进行估计。

4. 德尔菲法：是指邀请某一领域的一些专家或有经验的管理人员对某一问题进行预测，并最终达成一致意见的结构化方法，有时也称作专家预测法。

5. 趋势预测法：是指根据企业过去几年的人员数量，分析出它在未来的变化趋势并依此来预测企业在未来某一时期的人力资源需求量。具体的步骤是，首先收集企业在过去几年内人员数量的数据，并且用这些数据作图，然后用数学方法进行修正，使其成为一条平滑的曲线，将这条曲线延长就可以看出未来的变化趋势。在实践中为了简便，往往将这种趋势简化为直线关系。

6. 回归预测法：是从统计学中借鉴过来的一种方法，由于人力资源的需求总是受到某些因素的影响，回归预测法的基本思路就是要找出那些与人力资源需求关系密切的因素，并依据过去的相关资料确定它们之间的数量关系，建立一个回归方程。然后，根据这些因素的变化以及确定的回归方程来预测未来的人力资源需求。

7. 比率预测法：是基于对员工个人生产效率的分析来进行预测的一种方法。进行预测时，首先要计算出人均的生产效率，然后再根据企业未来的业务量预测出对人力资源的需求，即所需的人力资源＝未来的业务量/人均的生产效率。

8. 技能清单：是一个反映员工工作能力特征的列表，这些特征可以包括员工的教育背景、工作经历、培训情况、所掌握的技能及相应的证书等内容。

9. 人员替换：是对企业现有人员的状况做出评价，然后对他们晋升或者调动的可能性进行判断，以此来预测企业潜在的内部供给。这样当某一职位出现空缺时就可以及时进行补充。

10. 人力资源"水池"模型：是在预测企业内部人员流动的基础上来预测人力资源的内部供给。它与人员替换有些类似，不同的是，人员替换是从员工出发来进行分析，而且预测的是一种潜在供给；"水池"模型则是从职位出发进行分析，预测的是未来某一时间现实的供给。

11. 马尔科夫模型：是用来预测等时间间隔点上（一般为一年）各类人员分布状况的一种动态预测技术，这也是从统计学中借鉴过来的一种定量预测方法。它的基本思想是找出过去人力资源流动的比例，以此来预测未来人力资源供给的情况。

（四）简答题

1. 什么是人力资源规划？它包括哪些内容？

答：人力资源规划有时也叫做人力资源计划，是指在企业发展战略和经营规划的指导下，对企业在某个时期内的人员供给和人员需求进行预测，并根据预测的结果采取相应的措施来平衡人力资源的供需，以满足企业对人员的需求，为企业的发展提供合质合量的人力资源保证，为达成企业的战略目标和长期利益提供人力资源支持。

人力资源规划的内容主要包括两个方面，即人力资源总体规划和人力资源业务规划。

2. 人力资源规划有什么意义？与人力资源管理其他职能的关系如何？

答：人力资源规划的实施对于企业的良性发展以及人力资源管理系统的有效运转具有非常重要的意义。具体来说有以下四个方面：(1) 人力资源规划有助于企业发展战略的制定；(2) 人力资源规划有助于企业保持人员状况的稳定；(3) 人力资源规划有助于企业降低人工成本的开支；(4) 人力资源规划还对人力资源管理的其他职能具有指导意义。

人力资源规划与人力资源管理其他职能有着密切的联系。从员工招聘来看，招聘的主要依据就是人力资源规划的结果；从员工配置来看，企业可以根据预测的结果和现有的人员状况制定相应的员工配置计划来调整内部的人力资源供给；从培训开发来看，只有培训的需求符合企业的实际，培训才有可能发挥效果；从解聘辞退角度来看，在长期内如果需求小于企业内部的供给，就要通过对人员的解聘辞退实现供需的平衡；从薪酬管理来看，人力资源规划的结果可以作为企业制定薪酬计划的根据；从绩效管理来看，绩效考核是进行人员需求和供给预测的一个重要基础。

3. 人力资源规划的程序是什么？

答：人力资源规划的过程一般包括以下四个步骤：准备阶段、预测阶段、实施阶段、评估阶段。

在准备阶段，为了能够比较准确地做出预测，就需要收集和调查与之有关的各种信息，这些信息主要包括三个方面：(1) 外部环境信息；(2) 内部环境信息；(3) 现有人力资源信息。

预测阶段的主要任务就是要在充分掌握信息的基础上，采用有效的预测方法，对企业在未来某一时期的人力资源供给和需求做出预测。

实施阶段就是在预测出供给和需求以后，根据两者之间的比较结果，通过人力资源的总体规划和业务规划，制定并实施平衡供需的措施，使企业对人力资源的需求得到满足。

对人力资源规划实施的效果进行评估是整个规划过程的最后一步。由于预测不可能做到完全准确，因此人力资源规划也不是一成不变的，它是一个开放的动态系统。

4. 人力资源规划的原则是什么？

答：(1) 人力资源规划要在企业发展战略和经营规划的基础上进行；

(2) 人力资源规划应当包括两个部分的活动，一是对企业在特定时期内的人员供给和需求进行预测，二是根据预测的结果采取相应的措施进行供需平衡；

(3) 人力资源规划对企业人力资源供给和需求的预测要从数量和质量这两个方面来进行。

5. 应该如何预测人力资源的需求和供给？

答：人力资源需求预测需考虑的因素包括：(1) 企业的发展战略和经营规

划；(2) 产品和服务的需求；(3) 职位的工作量；(4) 生产效率的变化。

人力资源供给的来源有两种，分别是外部供给和内部供给。内部供给分析主要有：(1) 现有人力资源分析；(2) 人员流动分析；(3) 人员质量分析。

6. 预测人力资源需求和供给的方法有哪些?

答：人力资源需求预测的方法包括五种：(1) 主观判断法；(2) 德尔菲法；(3) 趋势预测法；(4) 回归预测法；(5) 比率预测法。

人力资源供给预测的方法有四种：(1) 技能清单；(2) 人员替换；(3) 人力资源“水池”模型；(4) 马尔科夫模型。

7. 应当怎样平衡人力资源的供给和需求?

答：企业人力资源供给和需求预测的比较，一般会有以下几种结果：(1) 供给和需求在数量、质量以及结构方面都基本相等；(2) 供给和需求在总量上平衡，但是结构上不匹配；(3) 供给大于需求；(4) 供给小于需求。

如果出现第一种情况，就说明企业在未来的人力资源供给和需求基本上是平衡的，这当然是一种比较理想的结果，但现实中这种情况几乎是不可能发生的。对于企业来说，更多的时候会出现后三种情况，这就要求企业针对具体的情况采取相应的措施，以实现供需的平衡。当然，即便是第一种情况，也并不是说企业就不用采取任何措施了，因为对供给和需求的预测是在一定假设条件下进行的，如果条件发生了变化，供给和需求就会出现不平衡，因此企业也需要根据各项条件的变化，提前采取措施。

四、案例分析

案例 5—1

G 企业人力资源规划研究

G 企业是特大型地市供电企业，企业规模大，员工人数多，近年更被上级单位确定为创建国际先进供电企业（以下简称“创先”）试点单位。为满足实现创先目标对人力资源管理提出的更高要求，G 企业通过不懈的努力，不断地提高企业人力资源管理水平，并取得了较好的成效，但在人力资源管理上仍有不少方面有待进一步提高，主要包括：一是大部分时间和精力用于处理日常事务，工作计划性和主动性有待加强；二是人力资源开发管理工作系统性不够强，人力资源管理各模块工作的关联程度和整体性有待提高；三是人力资源管理与企业战略的结合仍不够紧密，未能充分体现出人力资源管理工作对企业战略的支持与推动作用。

企业人力资源现状分析

通过运用现存统计数据分析法，对 G 企业近三年员工数量、学历结构、年龄结构、职称、技能水平结构等数据进行详细分析，发现 G 企业员工队伍总体学历水平不高，专业技术人员比重较低，技能人员职业技能整体水平也不高。具体如下：

(1) 近年来高学历（大专及以上）员工比例明显上升，中专、中技和高中学历员工比例显著下降，但初中及以下人员比例降幅有限。显示出企业对员工基础素质的重视，但同时也表现出对低学历人员的提升和转换手段有限，主要依靠自然淘汰来解决，难以快速见效。

(2) 专业技术职称人员比例稳步提高，但占员工总数的比重仍较低，仅约20%。中高级职称人员在有职称人员中的占比不断增加，在全省具有一定优势。

(3) 技能人员占员工总数的比例接近80%。持证上岗得到各级领导和单位的重视，职业技能资格证书普及率不断提高。中级工以上等级人员占比明显增加，但高技能人员占比与国内外其他先进同类企业仍有较大差距，仍有80%以上的生产技能人员是中级工及以下等级，说明生产技能人员队伍有巨大的开发潜力。

人力资源需求预测

G企业人力资源需求预测主要采用的方法是：以“建立量化模型、适应企业发展阶段、重视可操作性”为原则，以人员效率为主线，建立自上而下的需求总量预测和自下而上的分部门（单位）需求预测的平衡机制，实现宏观预测和微观预测相结合。

1. 人力资源数量需求预测

(1) 自上而下的总量预测。通过人员效率指标，主要是人均售电量、人均资产，结合企业发展周期和外部标杆，设定人员效率目标值，同时根据效率指标对人员需求的决定性大小，设定效率指标的权重，从而对G企业人员总量进行测算。具体公式如下：

$$T\text{年需求总人数}=\frac{T\text{年预测售电量}}{T\text{年人均售电量目标值}}\times 70\%+\frac{T\text{年预测总资产}}{T\text{年人均资产目标值}}\times 30\%$$

(2) 自下而上的分部门（单位）需求测算。以人均工作量为主线，分部门、分基层单位对业务量进行量化预测，建立业务需求与人员需求之间的匹配标准，进而测算各部门、各单位的人力资源需求。

1) 部门人员需求测算方法。建立部门工作量指标及人均工作量目标值，进行人员需求预测。具体公式如下：

$$T\text{年部门需求人数}=\frac{T\text{年预测部门工作量}}{T\text{年人均工作量目标值}}$$

式中　(Ⅰ) 预测部门工作量＝部门工作量目标值×调节系数

预测部门工作量不需要对部门所有工作进行统计，而是筛选出能代表工作量变化趋势的典型工作作为统计目标。一般来说，每个部门选择统计的典型工作不应超过4个。

部门工作量目标值是各部门根据本部门业务发展情况测算出来的“十二五”期间的目标工作量；如果“十二五”期间某部门预计进行工作模式调整或工作精细化程度将大幅提高，则设置调节系数对部门工作量原始指标进行适当调整；否则调节系数设为1。

（Ⅱ）人均工作量目标值＝人均工作量基准值×(1＋人均工作量增幅)

人均工作量基准值一般为上一年人均工作量；人均工作量增幅根据部门效率历史变化趋势及未来发展潜力测算确定，按照各部门的差异，人均工作量增幅区间设为3%～10%。

2）基层单位人员需求测算方法。基层单位人员分为生产人员和管理人员。生产人员以设备量预测为基础，建立不同专业人员工作量标准，以进行人员需求预测；管理人员采用结构比例法或者业务匹配法进行预测。具体测算步骤如下：

步骤一：预测生产人员需求。基于G企业“十二五”期间的电网规划，根据对设备量发展的预测，分专业统计并进行折算，得出各年规划设备量；同时根据企业战略对各专业工作效率的提升要求，分别设定人均工作量目标值。在以上成果的基础上，对生产人员需求按以下公式进行预测：

$$T\text{年生产人员需求人数}=\frac{T\text{年基层单位预测设备量}}{T\text{年生产人员人均工作量增幅}}$$

式中 $$\frac{\text{生产人员人均}}{\text{工作量目标值}}=\frac{\text{生产人员人均}}{\text{工作量基准值}}\times\left(1+\frac{\text{生产人员人均}}{\text{工作量增幅}}\right)$$

生产人员人均工作量基准值一般为上年生产人员人均工作量；生产人员人均工作量增幅根据各专业的发展阶段、业务规模、成长潜力等方面确定，按照G企业情况，设定各专业生产人员人均工作量增幅区间为1% ～7%。

步骤二：预测管理人员需求。基于管理人员数量与生产人员数量或业务量的配比，对管理人员需求进行预测。测算方法主要有以下两种：

（Ⅰ）对管理人员与生产人员比例较稳定的，采用结构比例法，以一线生产人员数量为基准，通过生产人员和管理人员合理的结构比例，确定未来管理人员数量，确保对一线生产人员和组织效率的有效支撑。

（Ⅱ）对管理人员与业务量比例较稳定的，采用业务匹配法，选取最具代表性的业务指标，通过业务量确定管理人员需求人数，确保管理人员数量与业务规模相匹配。

(3) 自上而下的需求总量预测和自下而上的分部门（单位）预测的平衡机制。将自上而下测算出来的需求总量与自下而上测算出来的需求总量的平均数作为G企业平衡之后的人力资源总需求。这种平衡既考虑企业总体需求，又兼顾个体差异，实现了两者的协调一致，避免了测算结果的过度偏差。

2. 人力资源质量需求预测

人力资源质量需求预测应综合考虑以下四个因素：

(1) 满足发展战略：企业对人才质量需求的分析必须依据企业发展战略来进行，必须满足发展战略对人力资源质量的要求。

(2) 充分考虑各级期望：应充分考虑企业及各部门单位对人才质量的期望，同时平衡同类型部门、单位的人才结构。

(3) 充分运用外部对标：对比同类型企业人才结构现状，设定具有挑战性的目标，确保“十二五”期末企业人才结构具有一定的相对优势。

(4) 考虑人才成熟周期：在人才质量需求分析时，应考虑学历、技术、技能各层级人员的成长周期，并根据各部门单位人员年龄、知识基础、学习能力特点评估成长潜力，从而预测人才梯队的演变步骤，设立合理的人才结构需求目标。

人力资源供给规划

1. 供给规划的总体思路

G企业制定人力资源供给规划的总体思路是：在对G企业人力资源需求分析的基础上，综合考虑人员的自然变化分析、对标分析及历史对比分析等因素，从数量和质量两个方面，按照招聘、晋升、培训三个渠道制定具体的人员配置和素质提升操作方案，实现人才结构从金字塔形向钻石形的转变。

2. 供给分析

根据G企业人力资源需求的分析结果，结合企业人力资源供给实际，为满足G企业发展战略对人力资源的需求，主要从招聘、晋升选拔以及培训三个渠道进行规划。

1) 招聘：基于人力资源需求预测和未来每年的人才存量预测，对未来各部门、各单位每年的人员补充数量进行规划，确定各部门、各单位每年的招聘数量。具体计算公式为：

$$\begin{matrix}T\text{年招聘}\\\text{人数}\end{matrix}=\begin{matrix}T\text{年需求}\\\text{人数}\end{matrix}-\left(\begin{matrix}\text{上年}\\\text{人数}\end{matrix}-\begin{matrix}T\text{年退休}\\\text{人数}\end{matrix}-\begin{matrix}T\text{年其他}\\\text{离职人数}\end{matrix}\right)$$

2) 晋升选拔：基于各部门、各单位、各层级的人员规模的预测，根据上级单位对班子成员的有关规定，对各部门、各单位的班子成员的晋升选拔数量进行规划；同时基于对一般管理人员、班（站）长的需求数量的预测，对一般管理人员、班（站）长的晋升选拔数量进行规划。对某一岗位层级需要晋升的人数规划计算公式为：

$$\begin{matrix}T\text{年晋升}\\\text{人数}\end{matrix}=\begin{matrix}T\text{年需求}\\\text{人数}\end{matrix}-\left(\begin{matrix}\text{上年}\\\text{人数}\end{matrix}-\begin{matrix}T\text{年退休}\\\text{人数}\end{matrix}-\begin{matrix}T\text{年其他}\\\text{离职人数}\end{matrix}-\begin{matrix}\text{晋升至上级别}\\\text{人数}\end{matrix}\right)$$

3) 培训：为提升企业人才质量，推动人才结构转型，通过对比其他同类型供电企业，确定企业及各部门、各单位的人才结构标准，按照标准，对比分析人员现状，对学历、技术、技能的不同层级占比和培训目标提出具体要求。对某一学历、技术、技能级别人员需要通过培训提升的人数规划计算公式为：

$$\begin{matrix}T\text{年培训}\\\text{提升人数}\end{matrix}=\begin{matrix}T\text{年需求}\\\text{人数}\end{matrix}-\left(\begin{matrix}\text{上年}\\\text{人数}\end{matrix}-\begin{matrix}T\text{年退休}\\\text{人数}\end{matrix}-\begin{matrix}T\text{年其他}\\\text{离职人数}\end{matrix}-\begin{matrix}\text{晋升至上级别}\\\text{人数}\end{matrix}\right)$$

通过以上供给渠道的测算，可分别得出G企业各供给渠道在“十二五”期间各年度的供给规划。

资料来源：张瑞祥：《G企业人力资源规划研究》，载《科技创新导报》，2011 (36)。

[思考题]

1. 请画出G公司人力资源规划的具体程序图。

2. G公司在人力资源规划的过程中采用了哪些方法？试对G公司的人力

资源规划进行分析评价。

[分析思路]

1. 答：G 公司的人力资源规划具体程序如图 5—1 所示。

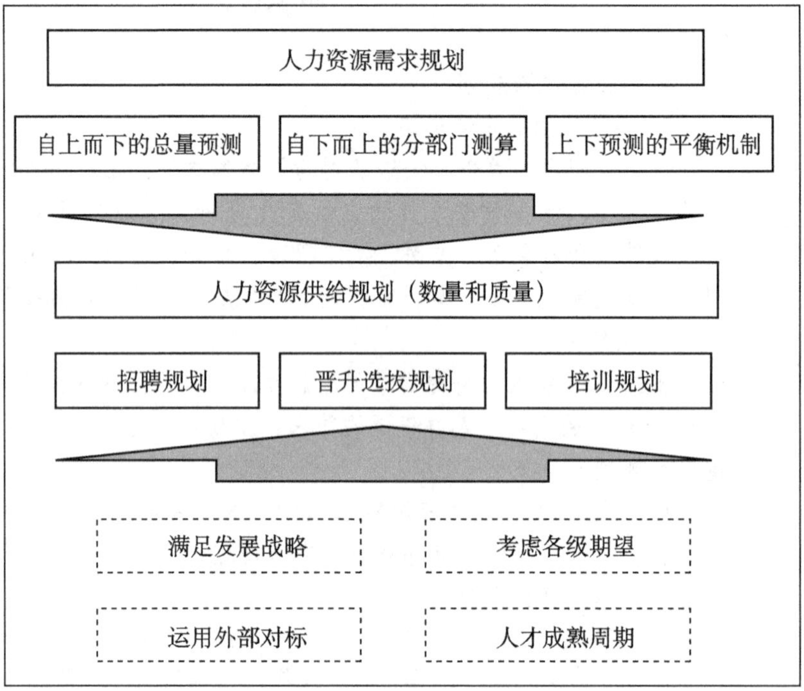

图 5—1

2. 答：G 公司采取的人力资源需求预测方法是分别建立自上而下和自下而上的需求预测机制。而供给预测方法则是按照招聘、晋升、培训三个渠道制定具体的人员配置和素质提升操作方案。

G 公司的人力资源规划基本规范，但是仍然存在一些需要改进的地方。

(1) 从程序角度来看，G 公司在人员供给方面考虑到了招聘、晋升选拔、培训这样一些内外部供给分析，但忽视了人员在企业内部的流动（如调职、转岗等），以及人员质量分析（即生产效率的变动）；在人员需求方面通过数量和质量两个维度，综合考虑了企业的发展战略和经营规划、产品和服务的需求这样一些因素，但忽视了技术的变革问题，以及职位工作量、生产效率的变化，只考虑了绝对数量的增减，没有考虑管理水平变动。

(2) 从方法角度来看，G 公司可以考虑采用一些更科学的方法，包括采用德尔菲法、趋势预测法、回归预测法、比率预测法来进行需求预测，采用技能清单法、人员替换法、人力资源“水池”模型、马尔科夫模型来进行供给预测。

第 6 章

员工招聘

一、知识点回顾

招聘指在企业总体发展战略规划的指导下，制定相应的职位空缺计划，寻找合适的人员来填补这些职位空缺的过程，包括招募、甄选与录用三部分。**招募**是企业采取多种措施吸引候选人来申报企业空缺职位的过程；**甄选**是指企业采用特定的方法对候选人进行评价，以挑选最合适人选的过程；**录用**是指企业做出决策，确定入选人员，并进行初始安置、试用、正式录用的过程。

良好的招聘活动必须达到**6R的基本目标**：(1) 恰当的时间；(2) 恰当的范围；(3) 恰当的来源；(4) 恰当的信息；(5) 恰当的成本；(6) 恰当的人选。

招聘工作的意义在于四个方面：(1) 决定了企业能否吸纳到优秀的人力资源；(2) 影响着人员的流动；(3) 影响着人力资源管理的费用；(4) 是企业进行对外宣传的一条有效途径。

影响招聘活动的因素主要有外部因素和内部因素两类。外部影响因素包括三个：国家的法律法规、外部劳动力市场、竞争对手；内部影响因素包括三个：企业自身的形象、企业的招聘预算、企业的政策。

招聘的原则包括以下五个方面：(1) 因事择人的原则；(2) 能级对应的原则；(3) 德才兼备原则；(4) 用人所长的原则；(5) 坚持“宁缺毋滥”原则。

招聘工作与人力资源管理的其他活动之间存在着密切的关系：人力资源规划是招聘的前提之一，招聘工作决定了人力资源规划的实现和满足；职位说明书是制作招聘广告的重要依据，招聘的标准通过职位说明书才能得到；企业通过培训与开发来提高招聘来的员工的素质，间接为招聘提供有力的支持，招聘来的员工的素质状况会影响企业培训的方法和手段；招聘所录用的员工的素质水平直接影响员工、部门和企业的绩效水平，通过绩效管理也可以对企业招聘的质量进行检验；提供具有竞争力的报酬可以使招聘活动更有效。

招聘步骤一般分为六个：（1）确定招聘需求；（2）制定招聘计划；（3）招募；（4）甄选；（5）录用；（6）效果评估。

确定招聘需求：是整个招聘活动的起点，包括数量（空缺职位）和质量（所需要具备的任职资格与胜任素质等）两个方面。

制定招聘计划：招聘计划的内容一般来说主要包括以下四个方面：（1）招聘的规模；（2）招聘的范围；（3）招聘的时间；（4）招聘的预算。

招募：具体包括选择招聘的来源和招聘的方法。招聘的来源是指潜在的应聘者所在的目标群体；招聘的方法是指让潜在的应聘者获知企业招聘信息的方式和途径。

甄选：是人员招聘中最关键的一个环节，甄选质量的高低直接决定选出的应聘者是否能达到企业的要求；甄选也是技术性最强的一个环节，甄选的最终目的是挑选出符合要求的应聘者供企业进一步筛选。

录用：涉及的主要工作包括以下四个方面：（1）录用决策；（2）通知录用者及未录用者；（3）员工入职；（4）试用和正式录用等。

效果评估：对招聘效果进行评估，一般从以下四个方面来进行：（1）招聘的时间；（2）招聘的成本；（3）应聘比率；（4）录用比率。

在现代企业中，起决定性作用的是用人部门，它直接参与整个招聘过程，并在其中拥有计划、初选与面试、录用、人员安置与绩效评估等决策权，完全处于主动地位。人力资源部门只在招聘过程中起到组织和服务的功能。

企业的招募渠道有两个：一是内部招募；二是外部招募。

内部招募的来源有三个：（1）下级职位——晋升；（2）同级职位——工作调换或工作轮换；（3）上级职位——降职。方法主要有两种：工作公告和档案记录。具体措施有三种：（1）内部晋升和岗位轮换；（2）内部公开招募；（3）临时人员的转正。

外部招募的来源有六个：（1）学校；（2）竞争者和其他公司；（3）失业者；（4）老年群体；（5）退伍军人；（6）自由雇用者。方法主要有四种：（1）广告招募（设计要遵循 AIDA 原则）；（2）外出招募；（3）借助职业中介机构招募；（4）推荐招募。

员工甄选是指通过运用一定的工具和手段来对已经招募到的求职者进行鉴别和考察，区分他们的人格特点与知识技能水平，预测他们的未来工作绩效，从而最终挑选出企业所需要的、恰当的职位空缺填补者。

员工甄选的原则有以下四个：（1）因事择人，知事识人；（2）任人唯贤，知人善用；（3）公平竞争，择优录用；（4）严爱相济，指导帮助。

员工甄选系统的标准包括以下七个方面：（1）标准化；（2）以有效的顺序排列；（3）提供明确的决策点；（4）保证充分提供可以确定应聘者是否胜任空

缺职位的信息；(5) 应防止了解应聘者背景情况时出现意外的重复；(6) 能突出应聘者背景情况中重要的方面；(7) 应防止提供企业和工作的信息时出现不必要的重复。

员工甄选过程分为六个步骤：(1) 评价工作申请表和简历；(2) 选拔测试和面试；(3) 审核材料的真实性；(4) 体检；(5) 试用期考察；(6) 正式录用。

员工甄选工具主要包括五种：(1) 面试；(2) 评价中心；(3) 心理测试；(4) 工作样本；(5) 知识测试。

面试的类型：根据面试的结构化程度，可以分为结构化面试、非结构化面试和半结构化面试；根据面试的组织方式，可以分为陪审团式面试、集体面试；根据面试的过程，可以分为一次性面试和系列面试；根据面试的氛围，可以分为压力面试和非压力面试。**面试准备阶段**要完成以下五项工作：(1) 选择面试考官；(2) 明确面试时间；(3) 了解应聘者的情况；(4) 准备面试材料；(5) 安排面试场所。**面试实施**分为以下三个小的阶段：(1) 引入阶段；(2) 正题阶段；(3) 收尾阶段。**面试的提问技巧**包括以下四个方面：(1) 善于运用多种提问方式，灵活应用四种类型的题目，具体包括：行为型问题、情境型问题、智能型问题、意愿型问题；(2) 尽量避免被面试者能用“是”与“否”回答问题；(3) 不要做任何评价；(4) 注意掌握和控制时间。

评价中心是基于多种信息来源对个体行为进行的标准化的评估。它使用多种测评技术，通过多名经过训练的评价者对个体在特定的测评情境表现出的行为做出评价，评价者将各自的评价结果集中在一起进行讨论以达成一致或用统计方法对评价结果进行汇总，得到对求职者行为表现的综合评价，这些评价是按照预先设计好的维度或变量来进行的。

评价中心技术主要包括：无领导小组讨论、文件筐测试、案例分析。

(1) **无领导小组讨论**就是把几个应聘者组成一个小组，给他们提供一个议题，事先并不指定主持人，让他们通过小组讨论的方式在限定的时间内给出一个决策，评价者通过对被评价者在讨论中的言语及非言语行为的观察来对他们做出评价的一种测评形式。其对于评定被评价者的分析问题的能力、解决问题的能力，衡量他们的社会技能，尤其是“领导”素质有很好的效果。无领导小组讨论的题目可以分为开放式问题、两难问题、多项选择问题、操作性问题和资源争夺问题。在进行无领导小组讨论时，应注意的问题有以下四个：1) 适当控制小组的人数，一般以 6 人左右为宜；2) 保证适宜的现场环境，一般以圆桌会议为佳；3) 可以每隔一定时间增添一些新的变化信息；4) 评委事先应该制定统一的评分标准。

(2) **文件筐测试**是指被评价者假定要接替某个领导或管理人员的职位，每个人都发到一篮子文件，测试要求受测人员以领导者的身份模拟真实生活中的情景和想法，在规定条件下对各类公文材料进行处理，写出一个公文处理报告。文件筐测试有以下五个优点：1) 情景性强；2) 非常适合评价管理人员，尤其是中层管理者；3）综合性强；4）表面效度很高；5）操作简便，要求低。缺点有以下四个：1）成本较高；2）评分较为困难；3）对评价者的要求较高；4）很难考察出被评价者的人际交往等能力。

（3）**案例分析**通常是让求职者阅读一些关于组织中存在问题的材料，然后让其准备出一系列建议，提交给更高级的管理部门。其优点是操作非常方便，分析结果既可以采取口头报告也采取书面报告。不足之处就是它很难找到客观的计分方法。案例分析主要适用于中高层管理者的选拔。在实际应用中不仅可以作为领导干部的测评手段，而且可以作为领导干部的培训手段。

心理测试包括能力测试和人格测试。能力测试就是衡量应聘者是否具备完成职位职责所要求的能力，包括一般能力测试（代表性的有：韦克斯勒智力量表和瑞文推理测验）、能力倾向测验（代表性的有：GATB 和 DAT）和特殊能力测试（代表性的有：明尼苏达办事员测试、西肖音乐能力测试、梅尔美术判断能力测试）三种。人格测试包括自陈式测试（代表性的有：16PF、MMPI、CPI、EPPS、MBTI、NEO-PI、DISC 人格测试）和投射式测试（代表性的有：墨渍测试、主题统觉测试）两种。

工作样本是要求应聘者完成职位中的一项或若干项任务，依据任务的完成情况来做出评价，这种方法强调直接衡量工作的绩效，因此具有较高的预测效度。

知识测试主要是用来衡量应聘者是否具备完成职位职责所要求的知识。

信度指测试方法得到的测试结果的稳定性和一致性程度，包括再测信度、复本信度、分半信度、评分者一致性四种类型。

效度是指测试方法测量出所要测量的内容的程度，包括内容效度和效标关联效度两种类型。根据所使用的效标的不同，可以把效标关联效度分为两种：预测效度和同时效度。

二、测试题

（一）单项选择题

1. 人力资源管理的吸纳功能是通过（　　）实现的。
   A. 人力资源规划　　B. 员工招聘
   C. 培训与开发　　D. 绩效管理
2. “垃圾只是放错了地方的财富”这句话体现在招聘工作中，我们要坚持（　　）。
   A. 因事择人的原则　　B. 能级对应的原则
   C. 宁缺毋滥的原则　　D. 用人所长的原则
3. 下列不属于招聘需求的是（　　）。
   A. 空缺职位　　B. 任职资格　　C. 胜任素质　　D. 招聘预算
4. 下列关于招聘效果评估的表述错误的是（　　）。

A. 将招聘过程中各个阶段所用的时间与计划的时间对比可对计划的准确性进行评估和分析

B. 其他条件相同时，招聘单价越低，说明该招聘方法越有效

C. 其他条件相同时，应聘的比率越低，说明招聘的效果越好

D. 其他条件相同时，录用的比率越高，说明招聘的效果越好

5. 内部招募的具体措施不包括(　　)。

A. 内部晋升　　B. 岗位轮换

C. 内部公开招募　　D. 内部员工推荐

6. 外部招募的优势包括(　　)。

A. 有利于提高员工的士气和发展期望

B. 节约时间和费用

C. 风险小

D. 能够给企业带来活力

7. 按照面试的组织方式，面试可以分为(　　)。

A. 结构化面试、非结构化面试、半结构化面试

B. 陪审团面试、集体面试

C. 一次性面试、系列面试

D. 压力面试、非压力面试

8. 下列不属于评价中心技术的是(　　)。

A. 无领导小组讨论　　B. 文件筐测试

C. 头脑风暴　　D. 案例分析

9. 下列不属于性格测试的是(　　)。

A. WAIS-R　　B. 16PF　　C. CPI　　D. NEO-PI

10. 用两种内容相当的测试方法对同一个应聘者进行测试的信度检验方式是(　　)。

A. 再测信度　　B. 复本信度

C. 分半信度　　D. 评分者一致性

(二) 多项选择题

1. 招聘包括(　　)等部分。

A. 招募　　B. 甄选　　C. 录用　　D. 试用

2. 招聘工作的重要意义表现在(　　)。

A. 决定了企业能否吸纳到优秀的人力资源

B. 影响着人员的流动

C. 影响着人力资源管理的费用

D. 是企业进行对外宣传的一条有效途径

3. 下列属于影响招聘活动的内部因素的是(　　)。

A. 国家的法律法规　　B. 竞争对手

C. 企业的招聘预算　　D. 企业的政策

4. 招聘计划的具体内容包括(　　)。

A. 招聘的规模　　B. 招聘的范围　　C. 招聘的时间　　D. 招聘的预算

5. 人员录用阶段涉及的主要工作包括(　　)。

A. 录用决策　　B. 通知录用者及未录用者

C. 员工入职　　D. 试用和正式录用

6. 内部招募的具体措施包括(　　)。

A. 晋升　　B. 岗位轮换

C. 内部公开招募　　D. 临时人员转正

7. 面试中经常会犯的错误有(　　)。

A. 近因效应　　B. 第一印象　　C. 类我效应　　D. 晕轮效应

8. 面试的主要题型有(　　)。

A. 行为型问题　　B. 智能型问题　　C. 意愿型问题　　D. 情景型问题

9. 无领导小组讨论的题目形式主要包括(　　)。

A. 两难问题　　B. 单项选择问题

C. 操作问题　　D. 资源争夺问题

10. 心理测试一般包括(　　)。

A. 特殊能力测试　　B. 能力倾向测验

C. 能力测试　　D. 性格测试

11. 效度的类型包括(　　)。

A. 内容效度　　B. 效标关联效度

C. 预测效度　　D. 同时效度

(三) 名词解释

1. 招聘
2. 内部招募
3. 外部招募
4. AIDA 原则
5. 面试
6. 结构化面试
7. 评价中心
8. 无领导小组讨论
9. 文件筐测试
10. 能力测试
11. 人格测试
12. 工作样本
13. 知识测试
14. 信度
15. 效度

(四) 简答题

1. 什么是招聘？它有什么样的意义？
2. 招聘工作受到哪些因素的影响？
3. 招聘工作应当怎样进行？
4. 内部招募与外部招募各有何利弊？企业应如何运用这两种途径？

5. 什么是员工甄选？
6. 应当怎样进行员工甄选？
7. 怎样提高面试的有效性？
8. 如何理解信度和效度？

三、测试题参考答案

（一）单项选择题

1. B 2. D 3. D 4. C 5. D 6. D 7. B 8. C 9. A 10. B

（二）多项选择题

1. ABC 2. ABCD 3. CD 4. ABCD 5. ABCD 6. ABCD 7. BCD 8. ABCD 9. ACD 10. AD 11. AB

（三）名词解释

1. 招聘：指在企业总体发展战略规划的指导下，制定相应的职位空缺计划，寻找合适的人员来填补这些职位空缺的过程，包括招募、甄选与录用三部分。

2. 内部招募：从企业内部寻找合适的人员来填补职位空缺。

3. 外部招募：从企业外部寻找合适的人员来填补职位空缺。

4. AIDA 原则：广告要引起人们的注意（Attention）；广告要激起人们对空缺职位的兴趣（Interest）；广告要唤起人们应聘的愿望（Desire）；广告要促使人们能够采取行动（Action）。

5. 面试：指通过应聘者与面试者之间面对面的交流和沟通，对应聘者做出评价的方法。虽然学者们对面试的看法并不完全一致，但在实践中这却是企业最常用的一种员工甄选方法。

6. 结构化面试：又称标准化面试，是根据特定职位的胜任素质要求，遵循固定程序，采用事先命制好的题目、评价标准和评价方法，通过考官（或考官小组）与应聘者面对面的言语交流，评价应聘者胜任特征的人才测评过程和方法。

7. 评价中心：基于多种信息来源对个体行为进行的标准化的评估，使用多种测评技术，通过多名经过训练的评价者对个体在特定的测评情境表现出的行为做出评价，评价者将各自的评价结果集中在一起进行讨论以达成一致或用统计方法对评价结果进行汇总，得到对求职者行为表现的综合评价，这些评价是按照预先设计好的维度或变量来进行的。

8. 无领导小组讨论：又叫做无主持人讨论、无领导小组测试，是评价中心中应用较广的测评技术，是把几个应聘者组成一个小组，给他们提供一个议题，事先并不指定主持人，让他们通过小组讨论的方式在限定的时间内给出一个决策，评价者通过对被评价者在讨论中的言语及非言语行为的观察来对他们做出评价的一种测评形式。

9. 文件筐测试：也称公文筐测试，是评价中心技术中最主要的活动之一，也是对管理人员潜在能力最主要的测评方法。测试要求受测人员以领导者的身份模拟真实生活中的情景和想法，在规定条件下（一般是比较紧迫而困难的条件，如时间较短、提供信息有限、独立无援、外部环境陌生等），对各类公文材料进行处理，写出一个公文处理报告。

10. 能力测试：是衡量应聘者是否具备完成职位职责所要求的能力。能力测试有两种功能：诊断功能和预测功能。能力测试包括一般能力测试、能力倾向测验和特殊能力测试三种。

11. 人格测试：由于人们的人格在很大程度上决定着他们的行为方式，而不同的职位所要求的行为方式又不同，因此对应聘者的人格进行测试有助于判断他们是否胜任所应聘的职位，包括自陈式测试和投射式测试。

12. 工作样本：要求应聘者完成职位中的一项或若干项任务，依据任务的完成情况来做出评价。这种方法强调直接衡量工作的绩效，因此具有较高的预测效度。

13. 知识测试：主要是用来衡量应聘者是否具备完成职位职责所要求的知识，虽然具备职位所要求的知识并不是实际工作绩效良好的充分条件，但却往往是它的一个必要的条件。

14. 信度：是指测试的可靠程度和客观程度，即测试的一致性，也指测试方法不受随机误差干扰的程度，简单地说就是指测试方法得到的测试结果的稳定性和一致性程度。

15. 效度：也叫有效性或者正确性，是指测试方法测量出所要测量的内容的程度，也就是说它在多大程度上能测量出要测的内容。在员工甄选中，效度是指应聘者的测试成绩与今后的实际工作绩效之间的相关程度。

（四）简答题

1. 什么是招聘？它有什么样的意义？

答：招聘就是指在企业总体发展战略规划的指导下，制定相应的职位空缺计划，寻找合适的人员来填补这些职位空缺的过程，包括招募、甄选与录用三部分。

招聘工作的意义在于四个方面：(1) 招聘工作决定了企业能否吸纳到优秀的人力资源；(2) 招聘工作影响着人员的流动；(3) 招聘工作影响着人力资源管理的费用；(4) 招聘工作还是企业进行对外宣传的一条有效途径。

2. 招聘工作受到哪些因素的影响？

答：影响招聘活动的因素主要有外部因素和内部因素这两大类。

外部影响因素包括三个：国家的法律法规、外部劳动力市场、竞争对手；内部影响因素包括三个：企业自身的形象、企业的招聘预算、企业的政策。

3. 招聘工作应当怎样进行？

答：招聘工作一般分为六个步骤：确定招聘需求；制定招聘计划；招募；甄选；录用；效果评估。

（1）确定招聘需求：是整个招聘活动的起点，包括数量（空缺职位）和质量（所需要具备的任职资格与胜任素质等）两个方面。

（2）制定招聘计划：招聘计划的内容一般来说主要包括以下四个方面：招聘的规模；招聘的范围；招聘的时间；招聘的预算。

（3）招募：具体包括选择招聘的来源和招聘的方法。招聘的来源是指潜在的应聘者所存在的目标群体；招聘的方法是指让潜在的应聘者获知企业招聘信息的方式和途径。

（4）甄选：是人员招聘中最关键的一个环节，甄选质量的高低直接决定选出来的应聘者是否能达到企业的要求；甄选也是技术性最强的一个环节，甄选的最终目的是挑选出符合要求的应聘者供企业进一步筛选。

（5）录用：涉及的主要工作包括以下四个方面：录用决策；通知录用者及未录用者；员工入职；试用和正式录用等。

（6）效果评估：对招聘效果进行评估，一般从以下四个方面来进行：招聘的时间；招聘的成本；应聘比率；录用比率。

4. 内部招募与外部招募各有何利弊？企业应如何运用这两种途径？

答：企业招募渠道主要有内部招募和外部招募两种，两者的利弊如表6—1所示。

表6—1

招募渠道	优势	劣势
内部招募	1. 有利于提高员工的士气和发展期望。 2. 对组织工作的程序、企业文化、领导方式等比较熟悉，能够迅速展开工作。 3. 对企业目标认同感强，辞职可能性小，有利于个人和企业的长期发展。 4. 风险小，对员工的工作绩效、能力和人品有基本了解，可靠性较高。 5. 节约时间和费用。	1. 容易引起同事间的过度竞争，产生内耗。 2. 竞争失利者感到心理不平衡，难以安抚，容易降低士气。 3. 新上任者面对的是“老人”，难以建立起领导声望。 4. 容易发生近亲繁殖问题，思想、观念因循守旧，思考范围狭窄，缺乏创新与活力。
外部招聘	1. 为企业注入新鲜的“血液”，能够给企业带来活力。 2. 避免企业内部相互竞争所造成的紧张气氛。 3. 给企业内部人员以压力，激发他们的工作动力。 4. 选择的范围比较广，可以招聘到优秀的人才。	1. 对内部人员是一个打击，感到晋升无望，会影响工作热情。 2. 外部人员对企业情况不了解，需要较长的时间来适应。 3. 对外部人员不是很了解，不容易做出客观的评价，可靠性比较差。 4. 外部人员不一定认同企业的价值观和企业文化，会对企业的稳定造成影响。

因此，企业在选择到底是从内部招募还是从外部招募时，往往需要综合考虑这些利弊后才能够做出决策。一个不变的原则是，人员的招募最终应有助于提高企业的竞争能力和适应能力。总之，企业应该将这两种方法结合起来使用，对于基层的职位主要从外部进行招募，对于高层的或关键的职位则以从内部晋升或调配为主。

5. 什么是员工甄选？

答：员工甄选，是指通过运用一定的工具和手段对已经招募到的求职者进行鉴别和考察，区分他们的人格特点与知识技能水平，预测他们的未来工作绩效，从而最终挑选出企业所需要的、恰当的职位空缺填补者。

6. 应当怎样进行员工甄选？

答：员工甄选工作一般来说要按照下面的程序来进行：首先评价应聘者的工作申请表和简历，然后进行选拔测试和面试，接下来审核应聘者材料的真实性，再进行体检，应聘者被录用后还要经过一个试用期的考察，最后才能做出正式录用的决策。

从以下程序图（见图 6—1）中可以看出，整个员工甄选过程是由六个步骤组成的。

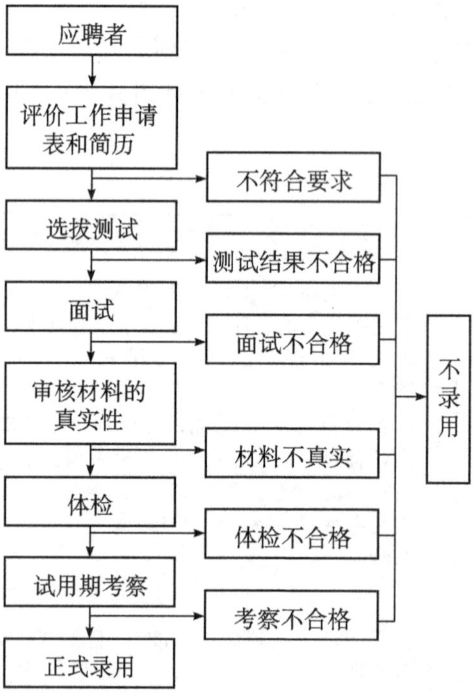

图 6—1

7. 怎样提高面试的有效性？

答：在面试过程中，以下技巧可以帮助提高面试的有效性：

（1）善于运用多种提问方式；

（2）提问时尽量避免被面试者能用“是”与“否”回答问题；

(3) 对被面试者的回答不论是否正确，不要做任何评价，要学会倾听和观察，必要时给予目光接触与鼓励；

(4) 注意掌握和控制时间，不要让被面试者支配整个面试。

8. 如何理解信度和效度?

答：任何一种测试方法都必须涉及的两个基本问题就是信度和效度。

信度是指测试的可靠程度和客观程度，即测试的一致性。也指测试方法不受随机误差干扰的程度，简单地说就是指测试方法得到的测试结果的稳定性和一致性程度。信度的类型包括再测信度、复本信度、分半信度、评分者一致性。

效度也叫有效性或者正确性，是指测试方法测量出所要测量的内容的程度，也就是说它在多大程度上能测量出要测的内容。效度的类型包括：内容效度和效标关联效度。根据所使用的效标的不同，可以把效标关联效度分为两种：预测效度和同时效度。

四、案例分析

案例 6—1

松下公司招聘实录

一进天极网会议室大厅就可以看到醒目的条幅："松下招聘专场"。经过简单的时间安排介绍，招聘会正式开始了。

第一回合：简介

在会议室里坐着大约 20 个应聘者，他们正在进行自我介绍，每个人以最简短的语言介绍自己，结束以后，主考官提出一个问题："介绍完后，谁能记住其中三个人的名字?"这个时候，有两个人举手，然后把三个人的名字报了出来。"谁能记住两个?"此时又有三个人举手。"谁能记住其中五个?"没有人再把手举起来。这一回合结束了。这似乎不像是老调重弹的面试方式，其中充满了种种的杀机，关键要看应聘者是否有这样的素质。也许自我介绍是很多场合下使用的一种方式，但是又有多少人会记住刚才那个人说了什么，只是一心想着自己如何介绍自己更出色和吸引人。却不想，主考官要的就是这些反应。

第二回合：组织团队

这个回合是要看大家的分工合作能力。大家被分为两组，在规定时间内，每个组要为自己的团队起一个名字，选一个队长，为自己谱一首队歌，还要制定出自己队伍的口号。看似简单的工作，却要甄别每个组合作的能力。第一组有两个女生，第二组是清一色男生。第一组按照分工，开始行动了，先是选出自己的团队的领导，然后讨论团队的名字，完全忘记了自己这个团队的人是来跟自己竞争职位的，而是融在了一起。一切定论后，开始探讨自己的队歌和口号。为了能够让自己的队歌和口号更动人，这个组的队长先让一个人负责开始思考，口号大家一起来商谈。一切定局后，他们还扯开嗓子练习自己的队歌。在这里，他们好像就是同事，在做自己团队应该做的事情。但是男性组就有些令人诧异，他们两个一组、三个一伙地探讨着各自的话题，也许他们讨论的是同样的话题，但大家不是共同讨论，而是分散。正当第一组的人忘我地进行自己的队歌排练时，主考官拿出一张残缺的纸，问大家："你们有谁注意到我的这张纸缺了一角?""我注意到了。"有几个人回答。"我知道，因为你在面试我的时候把纸撕掉了一角。"其中一个男士说。"那你们有没有注意在你们面试坐的椅子的腿边有个纸团，直到面试结束，都没有人把它拣起来。"鸦雀无声。"好了，你们继续吧。"

第三个回合：建立团队工作

随后进入的现场模拟是建立自己的市场部的结构。根据市场的需求，制定出所需要的职位和职位功能，以及适合这个职位的人所需具有的素质。这个模拟需要大量的纸，这时工作人员把纸分发到两个桌上，但被主考官阻止了，他说："今天的工作，都需要我来做，谁要什么东西也要跟我说，其他人不能多做。"纸被收了回来。主考官在题板上写了几个字：资源是有限的，资源是无限的。讨论完毕，需要每个组的队长把自己的结构图画到题板上。但他们不知道的是，只有一支笔，谁先走到题板前，谁就先得到在题板上板书自己结构图的机会。靠近题板最近的第一组却错过了机会，只好退下来。第一组的队长只能口述自己的结构图。但是第二组的人似乎并没有认真地听对手的方案，他们也许认为是说给主考官听，跟他们没有任何关系。却不料，每一个细节都是主考官要考的内容，今天的场景完全打乱了他们的阵脚。"你们对第一组的结构有何问题?"主考官终于问到了他们没有想到的问题。众人无言。

第四回合：挑选产品

主考官把三种产品给了两个团队，让他们选择自己的产品，他们用自己的市场眼光，挑选出一种对市场更有冲击力的产品。结果他们挑选的产品都是相同的。随后让他们制定产品的方案。两个组马上进入工作状态。当他们聚精会神地做事时，主考官发布了一条新闻：翰林汇经过潜心研究，向市场推出一款软件，市场价是 1 000 元，但是不久，清华同方推出同样功能的产品，市场价只有 725 元，所以，翰林汇的市场受到了重挫。为什么呢？他的话让大家停顿了一下，但是他的话一结束，他们又回头研究自己的方案。为什么主考官在这个时候来打断他们的思路，而且是一个不相关的信息呢？为此记者问了主考官。他说："这个信息听起来是多余的，事实上，要看他们什么时候会意识到，他们的产品是相同的，现在他们两个组就犹如两个竞争对手，但是他们有没有注意对方在做什么？有没有观察邻桌在做什么？现在他们好像都没有这样做。因为你的市场方案是要根据市场的动态来做的，要时刻观察竞争对手在做什么。"

第五回合：市场推广

一套具体的市场推广方案，能体现一个市场人员应该具备的最基本的素质。也许今天的方案并不是很优秀，但是可以看出这个人的市场基本功。对他们来说，是最重要的一个环节。在他们策划方案的时候，他们两个组谁都没有去注意对方的动态，更别说主考官的行为了。主考官在题板上写了一行字：游戏规则——制定者、执行者，而且把这行字圈了起来。但是这行字在那里默默地挂了半个小时，都无人问津，更别说看它一眼。主考官实在看不下去了，就问了他们一个问题："你们当中有谁做过公关?"这个时候就有人零星地站起来说："我做过。""在公关当中，有没有人做过政府公关?""政府公关是要做的。"但是似乎底气不足。然后又开始了谋划。主考官无奈地摇摇了头，自言自语地说了一声："我尽力了。"

观察细节，不仅是某个行业的从业人员应该具有的素质，而且是在我们的生活中时刻要使用的，更何况是在应聘。难道这样的轻松的环境使他们放松了警惕?

在这个游戏开始时，规则就由主考官制定了，可是却没有人理会主考官想要的是什么，他的规则是什么。做方案时依然，如果不知道这个市场的规则是什么，即使再漂亮的方案，如果不符合游戏的规则，也照样行不通。主考官的意旨不完全在漂亮的方案上，重要的是这个方案的思路和可执行的程度。

不管怎么样，直到上午的活动结束，都没有人去注意到竞争对手在做什么，也没有人关心松下这个外来企业在进入中国市场时所面临的政府公关。

第六回合：等待

12点到了，是大家午餐和休息的时候。主考官对他们说："12：00—13：00是午餐时间，13：00正式开始。"但是他对下面的服务人员说："13：00—14：30之间，不允许给他们水喝，谁问都说不知道。就让他们等。"游戏更好玩了。午饭回来后，看着一屋子坐着的人，一个都没有动，好像在等待着中奖号码的公布。

第七回合：逐一面谈

14：30终于到了。等待的结果是再等待。当别的人被主考官叫去面谈时，他们剩下的还是等待。直到17点才结束一天的招聘。

资料来源：根据 www.chinahrd.net 整理。

[思考题]

1. 松下公司的人员招聘主要考察候选人哪些方面的素质?

2. 松下公司的甄选过程对你有哪些启示?

[分析思路]

1. 答：松下公司的人员招聘主要考察了候选人的下列素质：

(1) 了解市场动态信息、把握市场宏观环境、抓住竞争对手变化情况的能力；

(2) 敏锐的市场眼光，较强的观察力和应变能力；

(3) 团队合作精神和分工协作能力；

(4) 强烈的进取心与高度的工作热情，积极主动的工作精神；

(5) 较强的创新精神。

2. 答：松下公司的甄选过程对我们有以下启示：

(1) 除了应用传统的方法外，企业可以根据情况的需要进行创新，例如松下采取的现场模拟活动就是一个很好的例子；

(2) 评价人的知识、技能，更需要去评价人的行为；

(3) 要对应聘者的行为进行观察，最好创造一个互动的情境，让应聘者有机会表现出相应的行为，通过对应聘者行为的观察来对他们进行评价；

(4) 评价应该有足够长的时间，时间太短难以对应聘者进行真实和客观的评价，从案例中我们可以看出松下公司的整个甄选过程一直持续到下午 5 点。

案例 6—2

欧莱雅三大校园比赛项目介绍

创新和与众不同，是欧莱雅文化的一个重要基因。在这一点上，欧莱雅公司的招聘方式也不例外。为吸引世界各地的优秀学生，欧莱雅专门设计了多项极富创造性的招聘工具，如针对全球大学生的“全球在线商业策略竞赛”和“校园市场策划大赛”，以及创始于中国的“欧莱雅工业大赛”等。

一、欧莱雅校园市场策划大赛

欧莱雅校园市场策划大赛（L'Oreal Brandstorm）起始于 1993 年，自 1997 年起发展成为一项全球性的赛事。比赛中，大学三、四年级经济商业类学生一组，在学校营销学教授的指导下与全球范围内的竞争对手进行比赛，并通过与传播或设计公司合作，为某一品牌的未来发展设计营销策略。学生有机会以一个国际品牌经理的身份来运作一个欧莱雅公司的品牌，设计一套崭新的营销策略，包括产品组合、包装和传播策略。

比赛为参赛者提供了逼真的品牌管理和营销经历，体会如何做一名真正的品牌经理，同时也为欧莱雅公司提供了发现和招募具有创造力的品牌经理人选的机会。比赛过程中，选手有很多机会与欧莱雅公司的招聘经理和品牌经理接触。

2000 年以来，欧莱雅全球 22%的管理培训生来自校园市场策划大赛的参赛者，这个比例在中国更是达到了近 30%。

二、欧莱雅全球在线商业策略竞赛

荣获“欧洲最佳商业游戏奖”的欧莱雅全球在线商业策略竞赛（L'Oreal e-Strat Challenge）始于 2001 年，目前是世界上唯一一项面向全球大学生的商业策略竞赛，也是全球规模最大的在线商业策略竞赛，每年吸引了包括哈佛、沃顿、西北大学、法国 INSEAD 学院等世界顶尖商学院学生的积极参与。

比赛用一款精心设计的软件来模拟新经济环境下国际化妆品市场的现状，结合商业竞争的各主要因素，让每个参赛组在网上运行一个虚拟的化妆品公司，与网上虚拟的其他公司进行角逐，最后以公司股票价格的高低来排定名次。参赛者在虚拟但又近乎现实的网络空间里，通过运用他们的专业知识和技能，管理和运行一个企业，并根据竞争状况对本公司的主要产品在研发、预算、生产、定价、销售、品牌定位和广告投入等方面作出全方位的战略性决策。

整个比赛共分为三个阶段：第一阶段为五轮网上的比赛，每一轮相当于半个财年。比赛伊始，参赛者将拿到关于公司和市场情况的一系列数据，包括市场份额、财务状况、产品配方和竞争对手的有关数据等。选手要根据这些数据制定本公司的研发、生产、市场和销售等一系列商业策略。所有公司的商业策略将会统一反馈到系统软件，软件会根据交互竞争的情况自动生成各个公司的相对股票指数。比赛中，参赛队员必须根据系统提供的数据变化相应调整自己的商业策略。

第一阶段结束后股票价格最高的 300 支队伍将进入第二个阶段即半决赛，这些队伍需递交一份完整的商业计划书，并参加第六轮的网上比赛，两项成绩合计产生各区的 MBA 组和本科组的冠军队伍。

第三阶段即全球总决赛。届时，各区的 MBA 组和本科组的冠军队伍将聚首巴黎，尝试将一个已经运营了“几年”的公司“卖”给欧莱雅。决赛中，参赛者要向由欧莱雅公司高层领导和管理专家组成的评审团推销自己公司的卖点，并接受评审团的“拷问”，以此角逐全球总冠军。全球总冠军队伍成员将获得在世界任何一地免费一周游的机会，目的地由获奖者自行确定。

为了使比赛模拟的商业环境更加逼真，2005 年的比赛还首度引入了企业的社会责任作为一个新的决策要素。

整个比赛的三个板块分别检测参赛者三个不同方面的能力：在线比赛部分（第 1～6 轮）考察参赛者的团队精神及时间管理、数字推理和解决具体问题的能力。而商业计划书则主要检验选手们系统性的战略思考能力、书面沟通能力及简洁有效的论证能力。最后的国际总决赛则是对参赛者口头表达力、全面把握一个行业的能力及说服力的考验。

作为一项全球性的竞赛活动，欧莱雅全球在线商业策略竞赛极具创造性和实战性，它一方面为参赛选手提供了将商业管理理念和技能付诸实践的机会，检验选手们的商业管理和全方位决策才能，另一方面也为世界各地的学生搭建了互相交流和比较的良好平台。

欧莱雅全球在线商业策略竞赛在全球 MBA 和大学生中产生了广泛的影响。自 2000 年第一届竞赛以来，全球已有 100 多个国家和地区的超过 13 万名学生通过这项竞赛获得了真正的商业体验，检验了其在全球化竞争环境下的战略思维能力。这个商业模拟游戏还被商学院的教授直接运用于课堂教学，作为商业和管理教学的一部分，这是学术领域认可此项商业游戏的教育价值的重要标志。2006 年，欧洲管理发展基金会授予欧莱雅全球在线商业策略竞赛“技术促进学习”（CEL）资质认证。该认证确认欧莱雅全球在线商业策略竞赛是一个杰出的管理教育项目，这是对该比赛作为一项高质量的管理教学工具的认可，其教育附加价值首次被权威教育机构认可。

同时，这项游戏已经成为国际公认的最有创意的招聘工具，为跨国公司的招聘模式做出了成功典范。通过前 6 届的比赛，超过 230 名参赛者加入了世界各地的欧莱雅公司。

三、欧莱雅工业大赛

欧莱雅工业大赛（L'Oreal Industrial Ingenius）由欧莱雅中国公司创立于2001年，旨在为理工科大学生提供一个将理论知识付诸实践的平台，并在此过程中展现自己的创造力和想象力。同时，比赛也为参赛学生提供了到跨国公司实习和就业的机会。2005年，该比赛走出国门，成为中国和法国两国大学生之间的一项赛事，浙江大学的TPM队获得了当年的冠军，三位成员获得了为期6个月在欧莱雅集团巴黎总部实习的机会，并在实习结束后选择加入欧莱雅（中国）工业部。

大赛每年围绕不同的工业项目，由来自同一学校的学生以三人一组的形式参赛。每支队伍在欧莱雅公司指派的一名"教练"的指导下，进行取材、论证、规划、预算直到形成完整的实施方案。

欧莱雅集团亚洲区工业总监刘云鹊女士，在任欧莱雅（中国）负责工业的副总裁时创建了这项大赛，她说："我们希望通过比赛，使工业变得对学生更加有趣，更有创造性。同时，我们也希望以此与充满活力的优秀工业人才建立更加密切的联系。"

资料来源：改编自 http：//learning. sohu. com/20080107/n254501345. shtml。

［思考题］

1. 结合案例试分析欧莱雅集团在招募方面的创新。

2. 相比传统的招募方式，欧莱雅目前采用的创新招聘的优势是什么？

［分析思路］

1. 答：从案例中我们可以看出欧莱雅集团在招募方面的创新主要有：

（1）国内企业使用最多的是网络招聘和校园招聘，网络招聘使用最多的是招聘网站，校园招聘运行程序和操作方式基本雷同，欧莱雅却通过校园比赛的方式改变了校园招聘的运行方式。

（2）网络招聘和传统的校园招聘往往更偏向被动等待的模式，欧莱雅采取主动寻求人才的模式，通过各种活动吸引人才主动来应聘。

（3）采用此类招募方式，可以保证应聘来源更广，应聘人员更多。

（4）通过类似的活动可以起到品牌宣传的效应。例如，欧莱雅全球在线商业策略竞赛不仅运用于课堂教学，而且成为国际公认的最有创意的招聘工具。

2. 答：传统的员工甄选工具主要包括五种：面试；评价中心；心理测试；工作样本；知识测试。以上五种甄选方式各具优缺点，欧莱雅的创新招聘相比而言具有以下优势：

（1）情境性强：可以从竞赛的设计与实际工作的贴合方面进行分析。

（2）全面性强：体现在欧莱雅在竞赛中考察了应聘者的商业管理和全方位决策才能，以及竞赛持续时间较长，让公司有更多的机会与时间去评价候选人。

（3）互动性强：表现在欧莱雅希望以此与充满活力的优秀工业人才建立更加密切的联系，以及与应聘者之间充分交流信息。

案例6—3

宝洁的校园招聘程序

宝洁公司良好的薪金制度和巨大的发展空间，使其成为大学生心目中向往的公司。同时，宝洁公司完善的选拔制度也得到商界人士的首肯。如何进入宝洁这样的机构，让我们来熟悉它的招聘流程。

宝洁的校园招聘程序

1. 前期广告宣传。

2. 邀请大学生参加其校园招聘介绍会。

3. 网上申请。

从2002年开始，宝洁将原来的填写邮寄申请表改为网上申请。毕业生通过访问宝洁中国的网站，点击“网上申请”来填写自传式申请表及回答相关问题。这实际上是宝洁的一次筛选考试。

4. 笔试。

笔试主要包括三部分：解难能力测试、英文测试、专业技能测试。

(1) 解难能力测试。这是宝洁对人才素质考察的最基本的一关。在中国，使用的是宝洁全球通用试题的中文版本。试题分为5个部分，共50小题，限时65分钟，全为选择题，每题5个选项。

第一部分：读图题（约12题）；

第二和第五部分：阅读理解（约15题）；

第三部分：计算题（约12题）；

第四部分：读表题（约12题）。

整套题主要考核申请者以下素质：自信心（对每个做过的题目有绝对的信心，几乎没有时间检查改正）；效率（题多时间少）；思维灵活（题目种类繁多，需立即转换思维）；承压能力（解题强度较大，65分钟内不可有丝毫松懈）；迅速进入状态（考前无读题时间）；成功率（凡事可能只有一次机会）。考试结果采用电脑计分，如果没通过就被淘汰了。

(2) 英文测试。这个测试主要用于考核母语不是英语的人的英文能力。考试时间为2个小时。45分钟的100道听力题，75分钟的阅读题，以及用1个小时回答3道题，都是要用英文描述以往某个经历或者个人思想的变化。

(3) 专业技能测试。并不是申请任何部门的申请者都需经过该项测试，它主要是考核申请公司一些有专业限制的部门的申请者。这些部门如研究开发部、信息技术部和财务部等。宝洁公司的研发部门招聘的程序之一是要求应聘者就某些专题进行学术报告，并请公司资深科研人员加以评审，用以考察其专业功底。对于申请公司其他部门的同学，则无须进行该项测试，如市场部、人力资源部等。

5. 面试。

宝洁的面试分两轮。第一轮为初试，一位面试经理对一个求职者面试，一般都用中文进行。面试人通常是有一定经验并受过专门面试技能培训的公司部门高级经理。一般这个经理是被面试者所报部门的经理，面试时间在 30～45 分钟。

通过第一轮面试的申请者，宝洁公司将出资请应聘者来广州宝洁中国公司总部参加第二轮面试，也是最后一轮面试。为了表示宝洁对应聘者的诚意，除免费往返机票外，面试全过程在广州最好的酒店或宝洁中国总部进行。第二轮面试大约需要 60 分钟，面试官至少 3 人。为确保招聘到的人才真正是用人单位（部门）所需要和经过亲自审核的，复试都是由各部门高层经理来亲自面试。如果面试官是外方经理，宝洁还会提供翻译。

(1) 宝洁的面试过程主要可以分为以下四大部分：

第一，相互介绍并创造轻松交流气氛，为面试的实质阶段进行铺垫。

第二，交流信息。这是面试中的核心部分。一般面试人会按照既定 8 个问题提问，要求每一位应试者能够对他们所提出的问题作出一个实例的分析，而实例必须是在过去亲自经历过的。这 8 个问题由宝洁公司的高级人力资源专家设计，无论是如实还是编造回答，都能反映某一方面的能力。宝洁希望得到每个问题回答的细节，高度的细节要求让个别应聘者感到不能适应，没有丰富实践经验的应聘者很难很好地回答这些问题。

第三，讨论的问题逐步减少或合适的时间一到，面试就引向结尾。这时面试人会给应聘者一定时间，由应聘者向面试人提几个自己关心的问题。

第四，面试评价。面试结束后，面试人立即整理记录，根据求职者回答问题的情况及总体印象作评定。

(2) 宝洁的面试评价体系。宝洁公司在中国高校招聘采用的面试评价测试方法主要是经历背景面谈法，即根据一些既定考察方面和问题来收集应聘者所提供的事例，从而来考核该应聘者的综合素质和能力。

宝洁的面试由以下 8 个核心问题组成：

第一，请你举一个具体的例子，说明你是如何设定一个目标然后予以实现的。

第二，请举例说明你在一项团队活动中如何发挥主动性，并且起到领导者的作用，最终获得你所希望的结果。

第三，请你描述一种情形，在这种情形中你必须去寻找相关的信息，发现关键的问题并且自己决定依照一些步骤来获得期望的结果。

第四，请你举一个例子说明你是怎样通过事实来履行你对他人的承诺的。

第五，请你举一个例子，说明在完成一项重要任务时，你是怎样和他人进行有效合作的。

第六，请你举一个例子，说明你的一个有创意的建议曾经对一项计划的成功起到了重要的作用。

第七，请你举一个具体的例子，说明你是怎样对你所处的环境进行评估，并且能将注意力集中于最重要的事情上，以便获得你所期望的结果。

第八，请你举一个具体的例子，说明你是怎样学习一门技术并且怎样将它用于实际工作中。

根据以上几个问题，面试时每一位面试官当场在各自的“面试评估表”上打分。打分分为3等：1～2分（能力不足；不符合职位要求；缺乏技巧、能力及知识）；3～5分（普通至超乎一般水准；符合职位要求；技巧、能力及知识水平良好）；6～8分（杰出应聘者，超乎职位要求；技巧、能力及知识水平出众）。具体项目评分包括说服力/毅力评分、组织/计划能力评分、群体合作能力评分等。在“面试评估表”的最后一页有一项“是否推荐栏”，有三个结论供面试官选择：拒绝、待选、接纳。在宝洁公司的招聘体制下，聘用一个人，须经所有面试经理一致通过方可。若是几位面试经理一起面试应聘人，在集体讨论之后，最后的评估多采取一票否决制。任何一位面试官选择了“拒绝”，应聘者都将从面试程序中被淘汰。

6. 公司发出录用通知书给本人及学校。通常，宝洁公司校园的招聘时间持续两周左右，而从应聘者参加校园招聘会到最后被通知录用大约有1个月。

资料来源：www. chinahrd. net.

［思考题］

1. 宝洁校园招聘时，采用了哪些方法来对候选人进行评价？这些方法各有什么优点和缺点？

2. 宝洁校园招聘时，主要看重候选人的哪些胜任素质？

3. 宝洁的校园招聘对你有哪些启示？

第 7 章

职业生涯规划与管理

一、知识点回顾

职业是指人们在社会生活中所从事的，利用专门知识和技能，为社会创造财富，同时获得物质报酬作为自己主要物质生活来源的工作。职业是对人的生活方式、经济状况、文化水平、行为模式、思想情操的综合反映，也是一个人的权利、义务、权力、职责以及社会地位的一般性表征。

职业生涯是一个人与工作相关的整个人生历程。我们可以对职业生涯做如下理解：(1) 每个人只有一个职业生涯历程；(2) 职业生涯是一个连续性的过程；(3) 职业生涯是一个不断变化的过程；(4) 职业生涯并没有专业的限制；(5) 职业生涯并不排斥地位、责任、金钱或权力的下降，并非只有发展、提升的职业历程才算是职业生涯。

职业生涯的特点包括 5 个方面，即：(1) 差异性；(2) 发展性；(3) 阶段性；(4) 可规划性；(5) 不可逆转性。

职业生涯规划是指一个人通过对自身情况和客观环境的分析，确立自己的职业目标，获取职业信息选择能实现该目标的职业，并且为实现目标而制定的行动计划和行动方案。

职业生涯管理是指组织为了更好地实现员工的职业理想和职业追求，寻求组织利益和个人职业成功最大限度的一致化，而对员工的职业历程和职业发展所进行的计划、组织、领导、控制等一系列的手段。

职业生涯规划与管理的意义可分为对员工的意义和对企业的意义两方面。对员工的意义：(1) 有助于员工实现自己的职业目标和职业理想；(2) 帮助员工使整个职业历程中的工作更富有成效；(3) 帮助员工更好地控制职业生活，实现工作家庭的平衡。对企业的意义：（1）可以稳定员工队伍，减少人员流失；（2）进行有效的职业生涯管理，可以提高企业的绩效；（3）重视职业生涯规划和职业生涯管理，有助于企业文化的建设和推进。

职业生涯发展的新概念涵盖了无边界职业生涯、易变性职业生涯。

无边界职业生涯根据德菲皮和阿瑟的定义，是指“超越单个就业环境边界的一系列就业机会”。与传统职业生涯不同，无边界职业生涯讲求以职业技能的提升代替长期雇用保证。其特点包括：便携式的知识和技能、跨越多个公司的才干、个人对有意义工作的认同感、多重网络以及平等学习关系的发展、个体对职业生涯管理负责等。它标志着员工的职业生涯发展不再局限于一个组织或一个部门，而可以实现跨部门、跨组织、跨行业的流动，个人的职业发展具有更多的灵活性。

易变性职业生涯是指由于种种原因，可以是员工个人的也可能是企业或环境方面的原因，员工经常性地改变自己的职业。传统的职业生涯概念认为组织对员工的职业生涯发展负有主要的责任，而易变性职业生涯概念则认为员工应该承担起自己职业生涯发展的主要责任。

职业生涯理念的新发展主要有以下几个方面：（1）组织与员工心理契约的重构；（2）职业成功的标准发生了变化；（3）职业流动发生了变化。

职业选择是人们依照自己的价值观、职业期望、兴趣能力等，从社会现有的职业中进行挑选的过程。选择一种职业，就选择了一种生活方式，人们在挑选职业的时候都会慎重考虑。职业选择理论告诉我们应该如何选择职业。比较有代表性的职业选择理论包括：特质—因素理论、霍兰德人格—职业匹配理论、职业锚理论。

帕森斯的特质—因素理论认为，每个人都有自己独特的特质模式，每种特质模式的人都有与其相匹配的职业类型，当人的特质与职业的因素匹配时，职业成功的可能性就越大。人职匹配可以分为两种类型：（1）因素匹配（职业匹配人）；（2）特质匹配（人匹配职业）。

帕森斯还提出了职业选择的“三步范式”，具体如下：第一步，对求职者的生理和心理特点（特质）进行评价；第二步，分析各种职业对人的要求（因素），并向求职者提供有关的职业信息；第三步，人—职匹配。

霍兰德的人格—职业匹配理论基于这样的前提：人格特点与工作环境之间需要匹配。霍兰德根据自己的研究，将人的人格类型划分为现实型、研究型、社会型、常规型、管理型、艺术型六种。

霍兰德认为，当个体无法找到与自己人格类型完全匹配的工作，但是找到与自己人格类型比较接近的人格类型适合的工作时，个体适应的可能会比较大。而如果个体找到的工作是与自己的人格类型相对的人格类型适合的工作，则个体适应的可能性会比较低。霍兰德为了测量不同类型的人格还编制了职业偏好量表（vocational preference inventory，VPI），该问卷通过对被试在活动兴趣、职业爱好、职业特长及职业能力等方面的情况进行测验，确定被试的人格类型。

沙因的职业锚理论是指个体在进行职业选择时所不愿放弃的至关重要的东西或价值观。职业锚是个人经过持续不断的探索确定的长期职业定位。一个人的职业锚有三个组成部分：自己认识到的才干和能力、自我动机和需要、态度和价值观。职业锚通过个体的职业经验逐步稳定、内化，当个体再次面临职业选择时，就成为其最不能放弃的职业定位。经过长期的研究，沙因提出了八种职业锚，即技术/职能型职业锚、管理型职业锚、自主/独立型职业锚、安全/稳定型职业锚、创造/创业型职业锚、服务型职业锚、挑战型职业锚、生活型职业锚。

职业发展理论是说尽管每个人的职业生涯发展过程各不相同，但是有共同的规律可循。该理论将人们的职业发展周期划分为不同的阶段，假设每个阶段都有独特的需要解决的任务和问题，并且为这些任务的解决提出了方法与对策。代表性理论有：萨柏的职业发展理论、格林豪斯的职业发展理论、沙因的职业发展理论。

萨柏的职业发展理论针对职业生涯提出 12 项基本主张，以美国人作为研究对象，最后把人的职业生涯划分为五个主要阶段：(1) 成长阶段 (0～14 岁)；(2) 探索阶段 (14～25 岁)；(3) 确立阶段 (25～44 岁)；(4) 维持阶段 (45～65 岁)；(5) 衰退阶段 (65 岁以上)。

格林豪斯的职业发展理论是从人生不同年龄段职业生涯发展所面临的主要任务的角度对职业生涯发展进行研究的，并以此为依据将职业生涯发展划分为五个阶段：(1) 职业准备阶段 (0～18 岁)；(2) 进入组织阶段 (18～25 岁)；(3) 职业生涯初期 (25～40 岁)；(4) 职业生涯中期 (40～55 岁)；(5) 职业生涯后期 (55 岁至退休)。

沙因的职业发展理论基本依照年龄增长顺序划分职业发展阶段：(1) 成长、幻想、探索阶段 (0～21 岁)；(2) 进入工作阶段 (16～25 岁)；(3) 基础培训阶段 (16～25 岁)；(4) 早期职业的正式成员资格 (17～30 岁)；(5) 职业中期 (25 岁以上)；(6) 职业中期危险阶段 (35～45 岁)；(7) 职业后期 (40 岁以后到退休)；(8) 衰退和离职阶段 (40 岁以后到退休)；(9) 离开组织或职业至退休 (40 岁之后到退休)。

职业生涯管理模型是由美国职业生涯管理专家格林豪斯在综合他人研究成果的基础上提出的，向我们展示的是整个职业生涯管理的过程，如图 7—1 所示。

职业生涯规划的原则包括 6 个方面：(1) 指导性；(2) 清晰性；(3) 挑战性；(4) 可行性；(5) 一致性和连贯性；(6) 弹性。

职业生涯规划的步骤包括 6 个：自我评估与职业定位——职业生涯机会评估——职业目标的设定——职业的选择——职业生涯策略的制定——职业生涯规划的调整。

职业生涯发展阶梯是组织内部员工职业晋升和职业发展的路径。其主要内

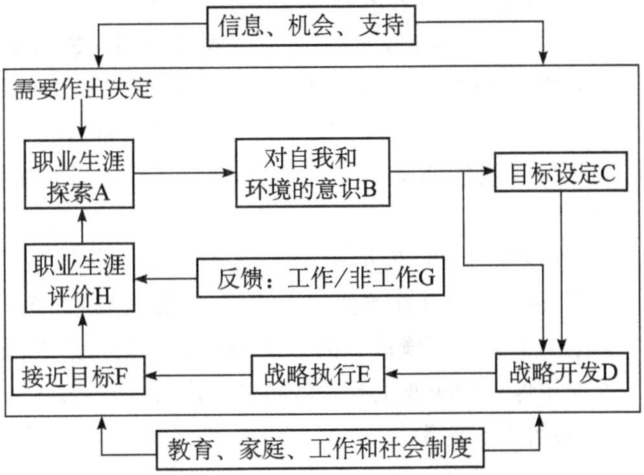

图 7—1

容涉及职业生涯发展阶梯的结构、职业生涯阶梯模式和设置等几部分。

职业生涯发展阶梯的结构可以从三个方面来考察：职业生涯阶梯的宽度、职业生涯阶梯的速度和职业生涯阶梯的高度。

职业生涯发展阶梯模式是组织为员工提供的职业发展路径和发展通道，是员工在组织中从一个特定职位到下一个特定职位发展的一条路径，它直接决定了员工的职业发展方向。目前常见的职业生涯发展阶梯模式有传统模式、网状模式、横向模式和双重模式。

职业生涯阶梯的设置需要注意以下几个方面：（1）以职业锚为依据设置职业生涯阶梯；（2）职业生涯阶梯的设置应该与组织的考评、晋升激励制度紧密结合；（3）职业生涯阶梯应该与组织的情况相适应。

分阶段的职业生涯管理包括 4 个阶段，即：（1）初进组织阶段；（2）职业生涯初期；（3）职业生涯中期；（4）职业生涯后期。

与职业生涯管理配套的人力资源管理基础包括以下几个方面的工作：详细的职位分析、员工素质的测评、与职业生涯管理相配套的培训开发体系、完备的人力资源规划、完整有序的职业生涯管理制度与方法等。

职业生涯管理的方法包括：（1）举办职业生涯讨论会；（2）编制职业生涯手册；（3）开展职业生涯咨询。

二、测试题

（一）单项选择题

1. 下列关于职业生涯的说法正确的是(　　)。

   A. 每个人只有一个职业生涯历程

   B. 职业生涯是一个稳定的、不会发生变化的过程

   C. 职业生涯具有严格的专业限制，自由职业者不属于职业生涯的一部分

D. 只有发展、提升的职业历程才算是职业生涯

2. 每个人的价值观、人格、能力、成长环境、教育背景等各不相同，导致每个人所从事的职业也不相同。这体现了职业生涯的（　　）特点。

A. 差异性　　B. 发展性　　C. 阶段性　　D. 可规划性

3. 职业生涯规划侧重于职业生涯的（　　），职业生涯管理侧重于职业生涯的（　　）。

A. 外在方面　内在方面　　B. 具体方面　抽象方面

C. 内在方面　外在方面　　D. 组织方面　个体方面

4. 超越单个就业环境边界的一系列就业机会，讲求以职业技能的提升代替长期雇用保证的职业生涯发展趋势，称为（　　）。

A. 传统的职业生涯　　B. 无边界职业生涯

C. 变革型职业生涯　　D. 易变性职业生涯

5. 人格—职业匹配理论的提出者是（　　）。

A. 埃德加·沙因　　B. 弗兰克·帕森斯

C. 唐纳德·萨柏　　D. 约翰·霍兰德

6. 根据沙因的职业锚理论，不愿受别人的约束，也不愿意受程序、工作时间、着装方式以及在任何组织中都不可避免的标准规范制约的职业锚属于（　　）。

A. 技术/职能型职业锚　　B. 自主/独立型职业锚

C. 创造/创业型职业锚　　D. 安全/稳定型职业锚

7. 下列职业生涯规划与管理理论中，不是以年龄增长为主要依据的是（　　）。

A. 萨柏的职业发展理论　　B. 格林豪斯的职业发展理论

C. 沙因的职业发展理论　　D. 帕森斯的特质—因素理论

8. 对自己的兴趣、价值观、爱好、特长、内在动机和需求等因素进行分析这一过程处于职业生涯规划的（　　）阶段。

A. 自我评估和职业定位　　B. 职业生涯机会评估

C. 职业目标的设定　　D. 职业选择

9. 根据职业生涯发展阶梯的结构，员工可以晋升的部门或职位范围是（　　）。

A. 职业生涯的速度　　B. 职业生涯的高度

C. 职业生涯的宽度　　D. 职业生涯的强度

10. 根据分阶段的职业生涯管理理论，社会化过程发生在（　　）。

A. 初进组织阶段　　B. 职业生涯初期

C. 职业生涯中期　　D. 职业生涯后期

（二）多项选择题

1. 职业生涯的特点包括（　　）。

A. 差异性　　B. 发展性　　C. 阶段性　　D. 可规划性

2. 职业生涯规划与管理对企业的意义包括（　　）。

A. 可以稳定员工队伍，减少人员流失

B. 进行有效的职业生涯管理，提高企业的绩效

C. 重视职业生涯规划和职业生涯管理，有助于企业文化的建设和推进

D. 有助于员工实现自己的职业目标和职业理想

3. 依照职业生涯发展的趋势，相对于传统的职业生涯发展模式来讲，新出现的职业发展概念包括(　　)。

A. 稳定性职业生涯　　B. 无边界职业生涯

C. 动态性职业生涯　　D. 易变性职业生涯

4. 帕森斯的人职匹配可分为(　　)等类型。

A. 因素匹配　　B. 团队匹配　　C. 特质匹配　　D. 价值观匹配

5. 下列比较有代表性的职业选择理论是(　　)。

A. 唐纳德·萨柏的职业发展理论

B. 帕森斯的特质—因素理论

C. 霍兰德的人格—职业匹配理论

D. 沙因的职业锚理论

6. 下列比较有代表性的职业发展阶段理论是(　　)。

A. 帕森斯的特质—因素理论

B. 唐纳德·萨柏的职业发展理论

C. 格林豪斯的职业发展理论

D. 沙因的职业发展理论

7. 霍兰德的人格—职业匹配理论将人的人格类型划分为(　　)。

A. 现实型（R）　研究型（I）　　B. 社会型（S）　常规型（C）

C. 管理型（E）　艺术型（A）　　D. 挑战型（C）　生活型（L）

8. 职业生涯发展机会的评估主要包括(　　)。

A. 社会环境分析　　B. 行业环境分析

C. 企业分析　　D. 个人的优势、劣势分析

9. 职业生涯发展阶段结构可以从(　　)等方面考察。

A. 职业生涯阶梯的宽度　　B. 职业生涯阶梯的强度

C. 职业生涯阶梯的速度　　D. 职业生涯阶梯的高度

10. 根据职业生涯阶梯模式中的双重模式理论，可将职业生涯路线划分为(　　)。

A. 横向路线　　B. 管理路线　　C. 纵向路线　　D. 技术路线

(三) 名词解释

1. 职业生涯　　2. 职业生涯管理

3. 职业生涯规划　　4. 无边界职业生涯

5. 易变性职业生涯　　6. 特质—因素理论

7. 人格—职业匹配理论　　8. 职业锚

（四）简答题

1. 什么是职业生涯？职业生涯发展有哪些理论？
2. 什么是职业生涯规划和职业生涯管理？
3. 职业生涯管理与人力资源其他管理职能之间有什么关系？
4. 如何进行职业生涯规划？
5. 组织可以从哪几个方面来进行职业生涯管理？

三、测试题参考答案

（一）单项选择题

1. A　2. A　3. C　4. B　5. D　6. B　7. D　8. A　9. C　10. A

（二）多项选择题

1. ABCD　2. ABC　3. BD　4. AC　5. BCD　6. BCD　7. ABC　8. ABC　9. ACD　10. BD

（三）名词解释

1. 职业生涯：是一个人与工作相关的整个人生历程。它具有五个方面的特点，即：(1) 差异性；(2) 发展性；(3) 阶段性；(4) 可规划性；(5) 不可逆转性。

2. 职业生涯管理：是指组织为了更好地实现员工的职业理想和职业追求，寻求组织利益和个人职业成功最大限度的一致化，而对员工的职业历程和职业发展所进行的计划、组织、领导、控制等一系列的手段。

3. 职业生涯规划：是指一个人通过对自身情况和客观环境的分析，确立自己的职业目标，获取职业信息选择能实现该目标的职业，并且为实现目标而制定的行动计划和行动方案。

4. 无边界职业生涯：德菲皮和阿瑟将其定义为“超越单个就业环境边界的一系列就业机会”。与传统职业生涯不同，无边界职业生涯讲求以职业技能的提升代替长期雇用保证。其特点包括：便携式的知识和技能、跨越多个公司的才干、个人对有意义工作的认同感、多重网络以及平等学习关系的发展、个体对职业生涯管理负责等。它标志着员工的职业生涯发展不再局限于一个组织或一个部门，而可以实现跨部门、跨组织、跨行业的流动，个人的职业发展具有更多的灵活性。

5. 易变性职业生涯：是指由于种种原因，可以是员工个人的也可能是企业或环境方面的原因，员工经常性地改变自己的职业。传统的职业生涯概念认为组织对员工的职业生涯发展负有主要的责任，而易变性职业生涯概念则认为员工应该承担起自己职业生涯发展的主要责任。

6. 特质—因素理论：由帕森斯提出，他认为每个人都有自己独特的特质模式，每种特质模式的人都有与其相匹配的职业类型，当人的特质与职业的因素匹配时，职业成功的可能性就越大。人职匹配可以分为两种类型：(1) 因素匹配（职业匹配人）；(2) 特质匹配（人匹配职业）。

7. 人格—职业匹配理论：基于这样的前提：人格特点与工作环境之间需要匹配。霍兰德根据自己的研究，将人的人格类型划分为现实型、研究型、社会型、常规型、管理型、艺术型六种。

8. 职业锚：是指个体在进行职业选择时所不愿放弃的至关重要的东西或价值观。职业锚是个人经过持续不断的探索确定的长期职业定位。一个人的职业锚有三个组成部分：自己认识到的才干和能力、自我动机和需要、态度和价值观。职业锚通过个体的职业经验逐步稳定、内化，当个体再次面临职业选择时，就成为其最不能放弃的职业定位。经过长期的研究，沙因提出了八种职业锚，即技术/职能型职业锚、管理型职业锚、自主/独立型职业锚、安全/稳定型职业锚、创造/创业型职业锚、服务型职业锚、挑战型职业锚、生活型职业锚。

(四) 简答题

1. 什么是职业生涯？职业生涯发展有哪些理论？

答：职业生涯是一个人与工作相关的整个人生历程。我们可以对职业生涯做如下理解：(1) 每个人只有一个职业生涯历程；(2) 职业生涯是一个连续性的过程；(3) 职业生涯是一个不断变化的过程；(4) 职业生涯并没有专业的限制；(5) 职业生涯并不排斥地位、责任、金钱或权力的下降，并非只有发展、提升的职业历程才算是职业生涯。

职业生涯规划与管理的基本理论有：职业选择理论、职业发展阶段理论和职业生涯管理模型。职业选择理论告诉我们应该如何选择职业。比较有代表性的职业选择理论包括：特质—因素理论、霍兰德人格—职业匹配理论、职业锚理论。职业发展理论关注的是个体的职业发展周期。比较有代表性的理论包括：萨柏的职业发展理论、格林豪斯的职业发展理论、沙因的职业发展理论。职业生涯管理模型关注的是整个职业生涯管理的过程。

2. 什么是职业生涯规划和职业生涯管理？

答：职业生涯规划是指一个人通过对自身情况和客观环境的分析，确立自己的职业目标，获取职业信息选择能实现该目标的职业，并且为实现目标而制定的行动计划和行动方案。

职业生涯管理是指组织为了更好地实现员工的职业理想和职业追求，寻求组织利益和个人职业成功最大限度的一致化，而对员工的职业历程和职业发展所进行的计划、组织、领导、控制等一系列的手段。

3. 职业生涯管理与人力资源其他管理职能之间有什么关系？

答：企业有关职业生涯管理的思路和规划必须通过实际的操作才能落到实处，而这种实际的操作层面就需要依靠组织一系列的人力资源实务来作为沟通规划和现实的桥梁。具体而言，良好、顺畅的职业生涯管理体系需要以下几个方面的工作作为支撑基础：详细的职位分析、员工素质的测评、与职业生涯管理相配套的培训开发体系、完备的人力资源规划、有序的职业生涯管理制度与方法等。

4. 如何进行职业生涯规划？

答：职业生涯规划包括六个步骤：

(1) 自我评估与职业定位。自我评估是对自身的一个审视和评价的过程，而准确的职业定位是对自己未来职业发展方向的一个指引。

(2) 职业生涯机会的评估。主要包括社会环境分析、行业环境分析、企业分析等方面。

(3) 职业目标的设定。员工在确定职业目标时应该首先确定自己的理想或志向，将远大的志向与自我评估和对外环境结果分析结合起来考虑，从中确定一个既有挑战性又有现实性的职业目标。

(4) 职业的选择。员工所选的职业必须是能够帮助个人实现职业目标的职业，否则只会做无用功，而且离自己的职业理想越来越远。

(5) 职业生涯策略的制定。职业生涯策略是为了实现职业生涯目标而要采取的各种行为和措施。

(6) 职业生涯规划的调整。职业生涯规划一定要随着环境和具体情况的变化而做出调整，否则只能成为制约现实发展的框架。

5. 组织可以从哪几个方面来进行职业生涯管理？

答：组织职业生涯管理应该考虑如下因素：

(1) 制定职业生涯发展阶梯。其主要内容涉及职业生涯发展阶梯结构、职业生涯发展阶梯模式和职业生涯发展阶梯的设置等。

(2) 分阶段的职业生涯管理。可以将一位员工在组织中的历程分为初进组织阶段、职业生涯初期、职业生涯中期、职业生涯后期。

(3) 与职业生涯管理配套的人力资源管理基础。具体涉及详细的职位分析、员工素质测评、与职业生涯管理相配套的培训开发体系、完备的人力资源规划、完整有序的职业生涯管理制度与方法等。

(4) 具体的职业生涯管理方法。包括举办职业生涯研讨会、编制职业生涯手册、开展职业生涯咨询等。

四、案例分析

案例 7—1

3M 公司的职业生涯开发与规划

多年以来，3M 公司管理层始终积极对待其员工职业生涯开发方面的需求。从 20 世纪 80 年代中期开始，公司的员工职业生涯咨询小组一直向个人提供职业生涯问题咨询、测试和评估，并举办个人职业生涯问题公开研讨班。公司采集有关岗位稳定性和个人职业生涯潜力的数据，通过电脑进行处理，用于内部人选的提拔。人力资源管理部门则对员工职业生涯开发中的各种作用关系进行协调。公司以往的重点更多地放在评价和人力资源规划上，而不是员工职业生涯开发的具体内容上。如今新的方法则强调公司需求与员工需求之间的平衡。

3M公司最新设计的员工职业生涯开发工作主要包括11个方面的内容，它们共同构成了一套卓有成效的员工职业生涯开发体系。

1. 岗位信息系统（JIS）。多年来，3M公司的全美员工民意调查显示，员工要求有更多的有关个人职业生涯机遇的信息。因此在大环境非常适合的情况下，3M公司于1989年年底开始试行岗位信息系统。员工的反应非常积极，这一示范项目得到推广，从此该系统在全公司全面实施。在试行阶段，人力资源部、一线部门及员工组成了一个专题工作小组，进行为期数月的规划工作。

2. 绩效评估与发展过程（PADP）。绩效评估与发展过程涉及各个级别和所有职能的员工。1989年它开始适用于月薪员工，当这一过程自1990年扩大到日薪员工时，公司为此召开会议并提供了培训。每一位员工都收到一份供来年使用的员工工作意见表。员工填入自己如何看待自己的工作内容，指出来年的4～5个主要进取方向和期待值。此表还包括一个岗位改进计划和一个职业生涯开发计划。员工与主管一起分析，就工作内容、主要进取领域和期待值、来年的发展过程达成一致。在下一年中，这份工作表可根据需要进行修改。此过程旨在根据实现目标过程中的相关因素，突出需要强化和改进业绩的领域。到年底，主管根据以前确定和讨论的业绩内容及进取方向完成业绩表彰工作。具有重要意义的是，绩效评估与发展过程促进了3M公司主管与员工之间的交流。他们定期召开业绩讨论会议，鼓励员工根据需要主动与主管进行非正式的商谈。

3. 个人职业生涯管理手册。公司向每一位员工发放一本个人职业生涯管理手册，它概述了员工、领导者和公司在员工职业生涯开发方面的责任。手册还明确指出公司现有的员工职业生涯开发资源，同时提供一份员工职业生涯关注问题的关系表格。

4. 主管公开研讨班。为期一天的公开研讨班有助于主管们理解自己所处的复杂的员工职业生涯开发环境，同时提高他们的领导技巧及对自己所担任的各类角色的理解（咨询者、教练、推荐人，等等）。主管们的反应始终是非常积极的，同时还计划开展一次公开研讨班跟踪过程。这一公开研讨班认定人才开发是主管工作的一个基本组成部分，同时还强调对业绩表彰过程的利用。虽然一般性业绩已包含在所有员工的评估中，但针对主管还增加了额外的评估。员工开发与管理是这些新增因素的第一个方面。

5. 员工公开研讨班。早在1987年，3M公司就开办了旨在帮助员工分析自己个人前途的职业生涯发展公开研讨班。经过1990年的改进，员工公开研讨班现在为期两天，提供所谓“个人职业生涯指导”，即强调自我评估、目标和行动计划，以及平级调动的好处和职位晋升的经验。第三天的内容可以附选，其重点在于内部岗位的求职技巧、如何写简历、如何面试，等等。如何有效利用岗位信息系统也被纳入公开研讨班的内容之中。有些主管开始时担心这样的公开研讨班可能会起到鼓励人们跳槽的作用。然而，事实上参加过公开研讨班的大部分员工报告说，他们对自己目前的个人前途更加满意了，同时他们还充分地认识到如何更加现实地把握自己的个人职业生涯。

6. 一致性分析过程及人员接替规划。集团副总裁会见各个部门的副总裁，讨论其下属管理人员的业绩情况和潜能。此过程影响到评定结果和人力资源部门的评审过程，因此对于转岗、发展和晋升都具有影响。这是一种重要的信息共享工具，对于管理人员来说也是反馈业绩信息的又一出处。与上述一致性分析过程紧密相连的是一个在执行层面上开展的人员接替规划项目，它已经实行了六七年之久，公司正考虑将这一高度成功的项目扩大到中级管理层。

7. 职业生涯咨询。这一咨询功能包括一些评估工具。员工可以从主管、员工帮助顾问或人力资源经理处征得个人职业生涯咨询意见，或者自行其是。咨询一般被用作对员工公开研讨班的跟踪调查，帮助员工制定一份深造计划，讲解简历写作技巧和面试技巧，帮助员工在求职失败后重新考虑个人前途问题，或者帮助员工求职或重新确定个人发展方向。

8. 职业生涯项目。作为内部顾问，员工职业生涯开发工作人员根据员工兴趣开发出一些项目，并在全公司推出。一个非常普及的项目涉及如何保持较高水平，项目内容包括关于员工职业生涯资源部门的信息及现有的内部职业生涯开发资源。

9. 合作者重新定位。员工职业生涯开发工作人员在全公司范围内协调本项目合作者的重新定位程序。由于双职工夫妇的原因，这已经成为一个重要的功能。

10. 学费补偿。此项目已实行多年，它报销学费和与员工当前岗位相关的费用，以及与某一工作或个人职业生涯相关的学位项目的全部学费和费用。

11. 调职。内部调职的协调通过“3M公司员工转岗”程序进行，其岗位撤销的员工自动进入一个个人职业生涯过渡公开研讨班，同时还接受具体的过渡咨询。这种方法在过去的8年中挽救了数千名员工的工作热情。根据管理层的要求，还为解除聘用的员工提供外部新职位介绍。

在3M公司试图更加准确、更加现实地统一员工需求和公司需求的努力中，它已经成功地提高了工作效率，更大程度地唤发起员工为实现公司目标而进行的参与。主管在员工职业生涯指导方面更具信心，在改进与员工的交流方面更具可信性。3M公司的各项员工职业生涯开发服务和项目，针对的是真正的需求。职业生涯开发和当前工作的改进虽然分属不同的领域，但又相互关联。由于公司是根据具体情况对待每一个人，所以它为个人和公司都带来了最大的利益。

资料来源：根据 www.chinahrd.net 整理。

［思考题］

1. 3M在与职业生涯管理配套的人力资源管理基础工作方面做了哪些工作?

2. 3M 的职业生涯管理有哪些值得借鉴的地方？有哪些需要改进的地方？

［分析思路］

1. 答：一般来说，与职业生涯管理配套的人力资源管理基础工作有：职位分析、员工素质测评、配套的培训开发、人力资源规划、职业生涯管理制度与方法。具体到 3M，它开展了如下工作：

（1）员工的素质测评。3M 通过绩效评估与发展过程、职业生涯咨询等手段对员工进行评估，并根据评估结果为员工今后的职业生涯提供详细建议。

（2）配套的培训开发。3M 通过员工公开研讨班、主管公开研讨班等，为员工提供职业生涯方面的培训。

（3）人力资源规划。3M 通过一致性分析过程及人员接替规划、岗位信息系统等，为员工提供有关职位的信息。

（4）职业生涯管理制度与方法。个人职业生涯管理手册、职业生涯咨询、职业生涯项目、合作者重新定位、学费补偿与调职等，共同构成了 3M 的职业生涯管理制度与方法。

2. 答：3M 的职业生涯管理值得借鉴的地方有：

（1）基础工作比较到位。岗位信息系统、绩效评估与发展过程为职业生涯规划提供了有力支撑。

（2）工具科学。3M 在职业生涯管理的过程中，引进了一些科学的工具，对员工进行全面、客观的分析，保证了职业生涯规划与管理的有效性。

（3）个性化的职业生涯规划与指导。针对不同的人群制定了不同的政策与措施，确保能够满足不同员工的个性化需求。

（4）完整的制度与有效的支持体系。参考相关理论，结合企业实际，3M 出台诸多有关职业生涯规划与管理的制度，并从财力、物力、人力等方面为职业生涯规划与管理的实施提供保障。

（5）共同承担职业生涯管理的责任。职业生涯规划与管理的成功需要企业、管理人员与员工个人共同承担责任。只有大家都重视并积极参与，职业生涯规划与管理才能真正成功。

需要改进的地方有：

（1）应该定期对职业生涯规划与管理的效果进行评估，并根据评估制定相应的完善与调整措施。

（2）在对员工职业生涯进行管理时，应考虑员工所处的职业阶段，在不同的阶段采用不同的管理方式与手段。

（3）可以考虑引入一些新的理念与做法，比如，职业生涯阶梯的网状模式、双重模式、无边界职业生涯等。

第 8 章

培训与开发

一、知识点回顾

培训与开发是指企业通过各种方式使员工具备完成现在或者将来工作所需要的知识、技能并改变他们的工作态度，以改善员工在现有或将来职位上的工作业绩，最终实现企业整体绩效提升的一种计划性和连续性的活动。培训和开发是两个既有重叠又有区别的概念。重叠在于：两者的出发点是一样的；实施的主体都是企业，接受者都是企业内部的员工；两者使用的方法也是相同的。区别在于以下四个方面：(1) 关注点不同，培训关注现在，而开发关注未来；(2) 培训的内容多与现在的工作内容相关，而开发则可能与现在的工作内容联系并不紧密；(3) 培训对于工作经验要求更多，而开发对经验要求较少；(4) 培训带有一定的强制性，而开发活动则更多与员工的发展意愿相关。

培训与开发的意义主要表现在以下五个方面：(1) 培训与开发有助于改善企业的绩效；(2) 培训与开发有助于增进企业的竞争优势；(3) 培训与开发有助于提高员工的满意度；(4) 培训与开发有助于培育企业文化；(5) 培训与开发有助于增强企业对优秀人才的吸引力。

培训与开发的原则包括以下六点：(1) 服务企业战略和规划的原则；(2) 目标原则；(3) 差异化原则；(4) 激励原则；(5) 讲究实效的原则；(6) 效益原则。

培训与开发的分类：按照培训对象的不同，可以将培训与开发划分成新员工培训和在职员工培训两大类；按照培训形式的不同，可以将培训与开发划分为在职培训和脱产培训两大类；按照培训性质的不同，可以将培训与开发划分为传授性的培训和改变性的培训两大类；按照培训内容的不同，可以将培训与开发划分为知识性培训、技能性培训和态度性培训三大类。

培训与开发同人力资源管理其他职能的关系：职位分析是实施培训与开发活动的重要基础之一；培训与开发是人力资源规划得以顺利实现的重要保证，人力资源规划也是培训与开发的前提之一；培训与开发同招聘录用和绩效管理的关系是双向的；培训与开发对于企业建立良好的员工关系有着巨大的推动作用。

企业大学就是以企业文化和企业战略为核心，运用现代信息技术，按照混合式培训模式建立的企业学习基地。企业大学以构筑企业全员培训体系为基础，通过企业文化的导入及组织学习系统和流程的培育，形成企业战略执行、知识管理、人才培养、核心竞争力的智力平台，最终成为实现企业战略规划的战略工具。

学习型组织就是指组织成员能够有意识地、系统地、持续不断地以个体、团队及组织的方式进行学习，以不断获得新的知识、技能、信念与思维方式，改善个体、团队与组织的行为，实现个体、团队与组织的共同进步，共同去实现组织目标的组织。**学习型组织的关键特征**包括以下三个方面：(1) 支持性的学习环境；(2) 学习过程与实践；(3) 管理者强化学习。

培训与开发的程序包括以下五个方面：(1) 培训需求分析；(2) 培训设计；(3) 培训的具体实施；(4) 培训转化；(5) 培训评估与反馈。

培训需求分析：最有代表性的观点是麦吉（McGehee）和塞耶（Thayer）于 1961 年提出的通过组织分析、任务分析和人员分析这三种分析来确定培训的需求。组织分析是在企业层面展开的；任务分析的主要对象是企业内的各个职位；人员分析是针对员工进行的。进行培训需求分析的方法有很多，其中最为常用的方法有四种：(1) 观察法；(2) 问卷调查法；(3) 资料查阅法；(4) 访问法。

培训设计：主要包括制定培训计划、做好培训前的准备等工作。从时间跨度来看，培训计划可以划分为中长期培训计划、年度培训计划和单项培训计划。完备的培训计划应当涵盖 6 个 W 和 1 个 H 的内容，包括：(1) 培训的目标；(2) 培训的内容；(3) 培训的对象；(4) 培训者；(5) 培训的时间；(6) 培训的地点及培训的设施；(7) 培训的方式方法以及培训的费用。

培训的实施包括如下七个方面的工作：(1) 接待培训师；(2) 工作人员做好签到表；(3) 简要介绍培训师和培训项目；(4) 发放相关材料；(5) 培训师开始授课；(6) 发放并回收问卷；(7) 一系列收尾工作。

培训转化就是指将在培训中所学到的知识、技能和行为应用到实际工作中的过程。**培训转化理论**主要有同因素理论、刺激概化理论和认知理论三种。同因素理论认为只有当受训者在执行与受训期间所学内容完全相同的工作时，培训成果才能够顺利转化。刺激概化理论认为只要强调培训中的最重要特点和一般性的原则，同时告诉受训者特征和一般性原则的使用范围，就可以在能够适用这些特征和原则的工作环境中运用培训中所学到的技能和知识。认知理论认为可以在培训中向受训者提供有价值的材料、指导等，帮助他们将培训内容掌握得更牢固，从而提高员工运用所学知识的能力。**培训转化的模型**中，培训转化包括将培训内容推广到工作中，也包括对所学内容的维持。培训成果能否顺利转化并且长久保持转化效果受多种因素的影响：受训者的特点、培训项目的设计、工作环境等。许多工作环境特征会影响培训成果的转化，其中包括运用所学技能的机会、良好的转化氛围、上级的支持和同事的支持等。

培训的评估包括两个方面的主要内容：培训评估的标准和培训评估的设计。**培训评估的标准**分为四个层次的内容：(1) 反应层；(2) 学习层；(3) 行为层；(4) 结果层。**培训评估的设计**就是指应当如何来进行培训的评估，包括选择评估的方法和设计评估的方式。评估主要可以采取以下四种方式：(1) 培训后测试；(2) 对受训人员进行培训前后的对比测试；(3) 将受训人员与控制组进行培训前后的对比测试；(4) 时间序列法。

培训与开发的主要方法按照培训的实施方式可分为两大类：一是在岗培训；二是脱产培训。

在岗培训就是指员工不离开自己的职位，在实际工作岗位和工作场地进行的培训。在职培训的方法主要有以下三种：(1) 学徒培训；(2) 辅导培训；(3) 工作实践体验。

脱产培训就是指员工离开自己的工作岗位，专门参加的培训。脱产培训的方法主要有以下八种：(1) 授课法；(2) 讨论法；(3) 案例分析法；(4) 角色扮演法；(5) 工作模拟法；(6) 网络学习法；(7) 拓展训练；(8) 行动学习法。

二、测试题

(一) 单项选择题

1. 以下关于培训和开发的关系表述错误的是(　　)。
   A. 培训关注现在，开发关注未来
   B. 培训内容多与现在的工作经验相关，开发则与之联系不紧密
   C. 相比开发，培训对工作经验要求更多
   D. 相比培训，开发带有一定的强制性
2. 按照培训形式的不同，可以将培训与开发分为(　　)。
   A. 新员工培训和在职员工培训
   B. 在岗培训和脱产培训
   C. 传授性的培训和改变性的培训
   D. 知识性培训和技能型培训
3. 关于培训与开发和人力资源管理其他职能模块之间的关系，下列表述错误的是(　　)。
   A. 职位分析是实施培训与开发活动的重要基础之一

B. 人力资源规划是培训与开发得以顺利实施的重要保证

C. 培训与开发同绩效管理的关系相对不是很紧密

D. 良好的员工关系对培训与开发有着巨大的推动作用

4. 培训与开发的步骤包括：①培训需求分析；②培训设计；③培训实施；④培训转化；⑤培训评估。正确的实施步骤是（　　）。

A. ③①②④⑤　　B. ①②③④⑤

C. ②①③⑤④　　D. ②⑤①④③

5. 培训者的来源主要可以分为外部和内部，外部渠道的缺点是（　　）。

A. 培训内容可能不实用，针对性不强

B. 可能缺乏培训经验

C. 员工对培训者的接受程度可能比较低

D. 思路可能没有创新

6. 下列关于成人学习的表述错误的是（　　）。

A. 成人喜欢在干中学

B. 培训最好运用实例

C. 成人更倾向于在正式的环境氛围中学习

D. 反复实践，熟能生巧

7. 下列不属于培训计划内容的是（　　）。

A. 培训目标　　B. 培训对象

C. 培训方式方法　　D. 培训标准

8. 受训人员对培训内容的掌握程度属于培训评估标准中的（　　）。

A. 反应层　　B. 学习层　　C. 行为层　　D. 结果层

9. 打破了培训的时间和空间限制的培训方法是（　　）。

A. 案例分析法　　B. 角色扮演法　　C. 工作模拟法　　D. 网络学习法

10. 下列属于在岗培训的培训方法是（　　）。

A. 工作实践体验　　B. 角色扮演法

C. 授课法　　D. 拓展训练

（二）多项选择题

1. 培训和开发的共同点包括（　　）。

A. 出发点都是提升企业的整体绩效

B. 实施的主体都是企业

C. 接受者都是企业内部的员工

D. 使用的一些方法是相同的

2. 培训和开发的区别在于（　　）。

A. 培训关注现在，开发关注未来

B. 培训与现在工作相关，开发与现在工作联系并不紧密

C. 培训对工作经验要求更多

D. 培训针对一线员工，开发针对高层领导

3. 除了有助于改善企业绩效，培训与开发的意义还在于(　　)。

A. 有助于增进企业的竞争优势

B. 有助于提高员工的满意度

C. 有助于培育企业文化

D. 有助于增强企业对优秀人才的吸引力

4. 培训与开发的差异化原则主要是指(　　)。

A. 方法上的差异化　　B. 内容上的差异化

C. 绩效上的差异化　　D. 人员上的差异化

5. 麦吉（McGehee）和塞耶（Thayer）认为培训需求分析包括(　　)。

A. 战略分析　　B. 组织分析　　C. 任务分析　　D. 人员分析

6. 培训需求分析中的人员分析包括(　　)。

A. 员工绩效分析

B. 员工的职位变动计划

C. 员工接受培训的基本能力和动机

D. 员工的薪酬变化

7. 培训计划的内容包括(　　)。

A. 培训的目标　　B. 培训的时间

B. 培训的方式方法　　C. 培训的对象

8. 影响培训转化的工作环境特征包括(　　)。

A. 运用所学技能的机会　　B. 良好的氛围

C. 上级的支持　　D. 同事的支持

9. 培训评估的方式包括(　　)。

A. 培训后测试

B. 对受训人员进行培训前后的对比测试

C. 将受训人员与控制组进行培训前后的对比测试

D. 时间序列法

10. 下列关于在岗培训和脱产培训的表述正确的是(　　)。

A. 在岗培训可保证员工的工作不会受到影响

B. 脱产培训的实用性较好

C. 在岗培训可以得到及时的反馈

D. 脱产培训的费用较高

(三) 名词解释

1. 培训与开发　　2. 企业大学

3. 学习型组织　　4. 在岗培训

5. 脱产培训　　6. 培训需求分析

7. 组织分析　　8. 任务分析

9. 人员分析
10. 培训者
11. 工作轮换
12. 案例分析法
13. 角色扮演法
14. 工作模拟法
15. 网络学习法
16. 拓展训练
17. 行动学习法

(四) 简答题

1. 如何理解培训与开发的含义?
2. 培训与开发有什么样的意义?应当遵循什么样的原则?
3. 培训与开发的步骤有哪些?
4. 如何进行培训需求的分析?
5. 培训与开发的方法有哪些?

三、测试题参考答案

(一) 单项选择题

1. D　2. B　3. B　4. B　5. A　6. C　7. D　8. B　9. D　10. A

(二) 多项选择题

1. ABCD　2. ABC　3. ABCD　4. BD　5. BCD　6. ABC　7. ABCD　8. ABCD　9. ABCD　10. ACD

(三) 名词解释

1. 培训与开发:是指企业通过各种方式使员工具备完成现在或者将来工作所需要的知识、技能并改变他们的工作态度,以改善员工在现有或将来职位上的工作业绩,最终实现企业整体绩效提升的一种计划性和连续性的活动。

2. 企业大学:就是以企业文化和企业战略为核心,运用现代信息技术,按照混合式培训模式建立的企业学习基地。企业大学以构筑企业全员培训体系为基础,通过企业文化的导入及组织学习系统和流程的培育,形成企业战略执行、知识管理、人才培养、核心竞争力的智力平台,最终成为实现企业战略规划的战略工具。

3. 学习型组织:就是指组织成员能够有意识地、系统地、持续不断地以个体、团队及组织的方式进行学习,以不断获得新的知识、技能、信念与思维方式,改善个体、团队与组织的行为,实现个体、团队与组织的共同进步,共同去实现组织目标的组织。

4. 在岗培训:就是指员工不离开自己的职位,在实际工作岗位和工作场地进行的培训。

5. 脱产培训:就是指员工离开自己的工作岗位,专门参加的培训。

6. 培训需求分析：即在实施培训与开发之前，必须对培训的需求做出分析，这是整个培训与开发工作的起始点，它决定着培训活动的方向，对培训的质量起着决定性的作用。

7. 组织分析：是在企业层面展开的培训需求分析，它包括两个方面的内容，一是对企业未来的发展战略与方向进行分析，以确定企业今后的培训重点和培训方向；二是对企业的整体绩效做出评价，找出存在的问题并分析问题产生的原因，以确定企业目前的培训重点。

8. 任务分析：主要对象是企业内的各个职位，通过任务分析要确定各个职位的工作任务，各项工作任务要达到的标准，以及成功完成这些任务所必需的知识、技能、能力及其他方面的一些因素。

9. 人员分析：是针对员工来进行的，包括三个方面的内容：一是对员工个人的绩效做出评价，找出存在的问题并分析问题产生的原因，以确定解决当前问题的培训需求；二是根据员工的职位变动计划，将员工现有的状况与未来职位的要求进行比较，以确定解决将来问题的培训需求；三是针对员工的培训准备进行分析，以确保员工有接受培训的意愿并具备基本的技能。

10. 培训者：培训的具体实施人员，也就是通常所说的培训老师。

11. 工作轮换：是指让员工在特定时期内变换职位，以获得不同职位工作经验的培训方法。

12. 案例分析法：是指给受训者提供一个来自于现实中的案例，首先让他们自己独立地分析这个案例，然后再和其他受训者一起讨论，从而提出自己对问题的解决办法。

13. 角色扮演法：是指给受训人员提供一个真实的情景，让他们在其中分别扮演不同的角色，做出他们认为适合每一种角色的行为和情感，在扮演过程中培训者随时加以指导，在结束后组织大家讨论，以各自对扮演角色的看法来发表意见，这其实就是通常所说的“换位思考”。

14. 工作模拟法：是指利用受训者在工作过程实际要使用的设备或者模拟设备根据实际要面临的环境来对他们进行培训的一种方法。

15. 网络学习法：随着计算机和网络技术的发展，利用网络进行培训的方法正在逐渐兴起，这种方法突破了传统培训的固有模式，打破了培训的时间和空间限制，培训者和受训者不必面对面地进行培训，带来了培训与开发的重大突破。

16. 拓展训练：也叫冒险性学习法，是利用户外活动来开发团队协作和领导技能的一种培训方法。

17. 行动学习法：是指给团队或工作小组一个在实际工作中会真实遇到的难题，让他们想办法解决这一难题，团队成员需要制定行动计划并实施。

（四）简答题

1. 如何理解培训与开发的含义？

答：培训与开发是指企业通过各种方式使员工具备完成现在或者将来工作

所需要的知识、技能，改变他们的工作态度，以改善员工在现有或将来职位上的工作业绩，最终实现企业整体绩效提升的一种计划性和连续性的活动。

对培训与开发含义的准确理解，需要把握以下几个要点：

（1）培训与开发的对象是企业的全体员工，而不只是部分员工；

（2）培训与开发的内容应当与员工的工作相关，应当全面；

（3）培训与开发的目的是要改善员工的工作业绩并提升企业的整体绩效；

（4）培训与开发的主体是企业，也就是说培训与开发应当由企业来组织实施。

2. 培训与开发有什么样的意义？应当遵循什么样的原则？

答：企业之所以越来越重视培训与开发工作，是因为它具有非常重要的作用和意义，这主要表现在以下五个方面：

（1）培训与开发有助于改善企业的绩效；

（2）培训与开发有助于增进企业的竞争优势；

（3）培训与开发有助于提高员工的满意度；

（4）培训与开发有助于培育企业文化；

（5）培训与开发有助于增强企业对优秀人才的吸引力。

培训与开发的原则包括以下六点：

（1）服务企业战略和规划的原则；

（2）目标原则；

（3）差异化原则；

（4）激励原则；

（5）讲究实效的原则；

（6）效益原则。

3. 培训与开发的步骤有哪些？

答：一般来说，培训与开发要按照下面的五个步骤来进行（见图 8—1）：

（1）培训需求分析；

（2）培训设计；

（3）培训的具体实施；

（4）培训转化；

（5）培训评估与反馈。

图 8—1

4. 如何进行培训需求的分析？

答：对于培训需求的分析，最有代表性的观点是麦吉（McGehee）和塞耶（Thayer）于 1961 年提出的通过组织分析、任务分析和人员分析这三种分析来确定培训的需求：

（1）组织分析是在企业层面展开的，它包括两个方面的内容，一是对企业未来的发展战略与方向进行分析，以确定企业今后的培训重点和培训方向；二是对企业的整体绩效做出评价，找出存在的问题并分析问题产生的原因，以确定企业目前的培训重点。

(2) 任务分析的主要对象是企业内的各个职位，通过任务分析要确定各个职位的工作任务，各项工作任务要达到的标准，以及成功完成这些任务所必需的知识、技能、能力及其他方面的一些因素。

(3) 人员分析是针对员工进行的，包括三个方面的内容：一是对员工个人的绩效做出评价，找出存在的问题并分析问题产生的原因，以确定解决当前问题的培训需求；二是根据员工的职位变动计划，将员工现有的状况与未来职位的要求进行比较，以确定解决将来问题的培训需求；三是针对员工的培训准备进行分析，以确保员工有接受培训的意愿并具备基本的技能。

进行培训需求分析的方法有很多，其中最为常用的方法有四种：观察法、问卷调查法、资料查阅法和访问法。

5. 培训与开发的方法有哪些?

答：培训和开发的主要方法按照培训的实施方式可分为两大类：一是在岗培训；二是脱产培训。

(1) 在岗培训就是指员工不离开自己的职位，在实际工作岗位和工作场地进行的培训。在职培训的方法主要有以下三种：学徒培训；辅导培训；工作实践体验。

(2) 脱产培训就是指员工离开自己的工作岗位，专门参加的培训。脱产培训的方法主要有以下八种：授课法；讨论法；案例分析法；角色扮演法；工作模拟法；网络学习法；拓展训练；行动学习法。

四、案例分析

案例 8—1

忠良书院　培训是一种工作方法

忠良书院的“忠良”二字与“中粮”同音，取义于中粮的企业文化“忠”与“良”，即“高境界做人，专业化做事”；“书院”二字则是中粮希望书院在传统的企业大学和企业商学院的基础上，能承载更多的文化内涵，形成中粮独有的格调。

团队学习：推进战略转型的主要方法

2005 年，中粮集团进入大规模战略转型期。中粮认为，培训是一种很好的促进组织沟通、全员参与、激发团队智慧的方式。于是，集团决定用培训的方法来启动战略转型。

2005 年 4 月，集团党组专门召开了由全体核心团队经理人参加的第一期高层战略研讨会。这次集体培训和研讨，确定了中粮集团的战略、企业使命愿景、行业战略、地域战略、组织战略、业务单元战略思考框架等。研讨会后，经过一段时间的实践，逐渐探索出了具有中粮特色的培训方法，也就是“团队学习”法。这种方法的最大特点是紧贴业务，解决工作中遇到的实际问题，并且在解决问题过程中学习知识，锻炼技能，提升能力。在中粮，“团队学习”还从培训理念上被赋予了全新的定义：从企业发展中的实际问题出发，通过培训会议的方式，引导团队成员在统一的逻辑结构和思维框架下，通过激发团队成员的智慧，达到形成共识、解决团队发展的重大问题、塑造团队文化的目标。

现在的“团队学习”，无论在理念还是方法方面，已经不是传统意义上的培训，而早已成为中粮人的一种工作方法，是团队决策的方法，是团队建设的方法，是推动人才发展和企业进步的方法。

为了更好地解决问题，团队学习采用了“解决问题六步法”作为思考和解决问题的基本方式。它把解决问题的过程分为六个层层递进的步骤，即回顾具体工作、查找界定问题、分析问题根源、制定解决方案、制定行动计划、实施行动计划（见图 8—2）。团队学习包括的热身、导入、研讨、催化、关闭、执行六个环节，就是以解决问题六步法为思维逻辑，每一步中都搭配运用了头脑风暴、团队列名法、鱼骨图、结构树、帕累托分析等团队研讨工具。

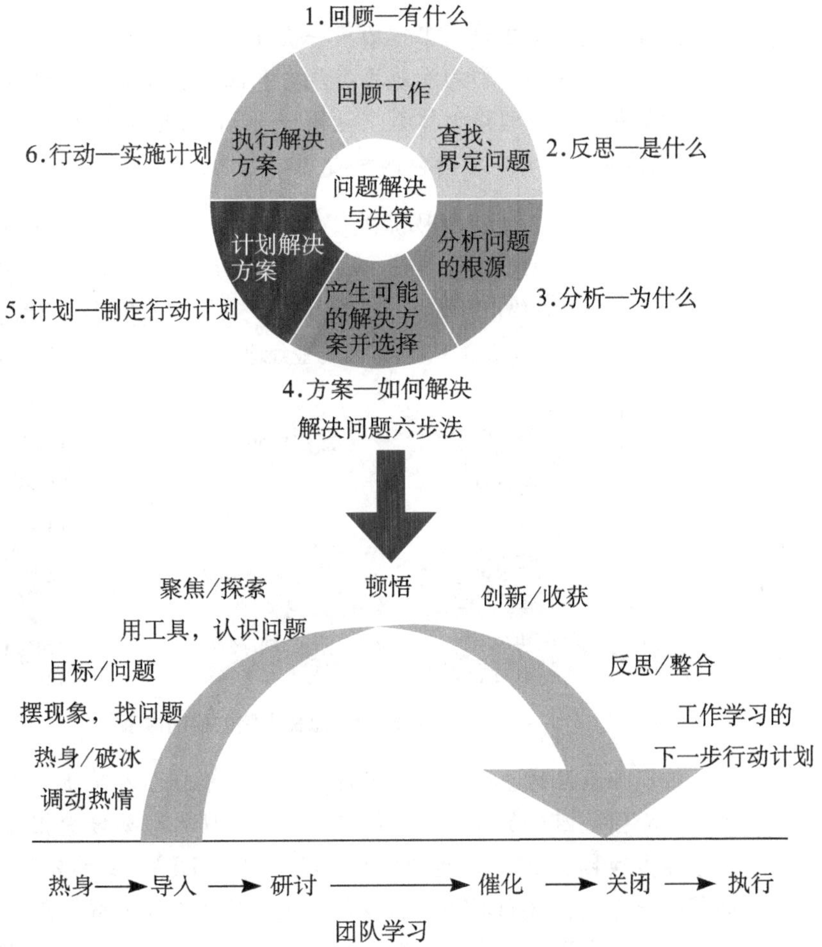

图 8—2　团队学习的核心逻辑

基于五步组合论的领导力培训

作为推进战略执行的重要管理工具，中粮集团各级经理人已普遍把培训作为一种企业管理的工作方法（见图8—3）。与此同时，培训也是经理人工作的重要组成部分，是其必须掌握的领导技能。

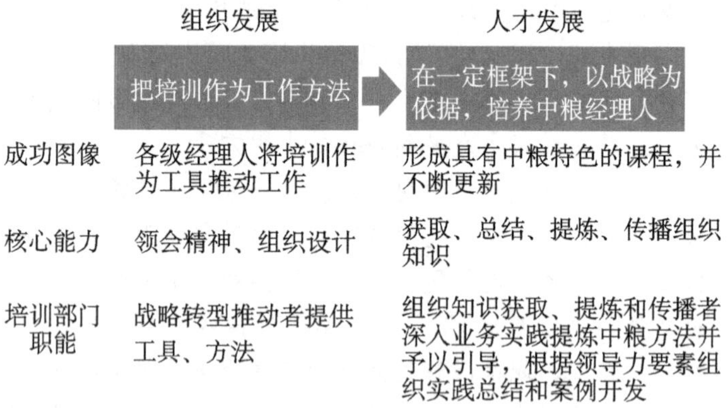

图8—3　忠良书院的培训思路

经理人是各单位培训工作的第一责任人，是第一培训师——这是集团明确要求的。为了提高他们的系统思维能力和战略管理能力，忠良书院还建立了分层分类的领导力课程培训体系（见图8—4），推出了五步组合论、战略十步法、6S管理体系等具有中粮特色的核心领导力课程。

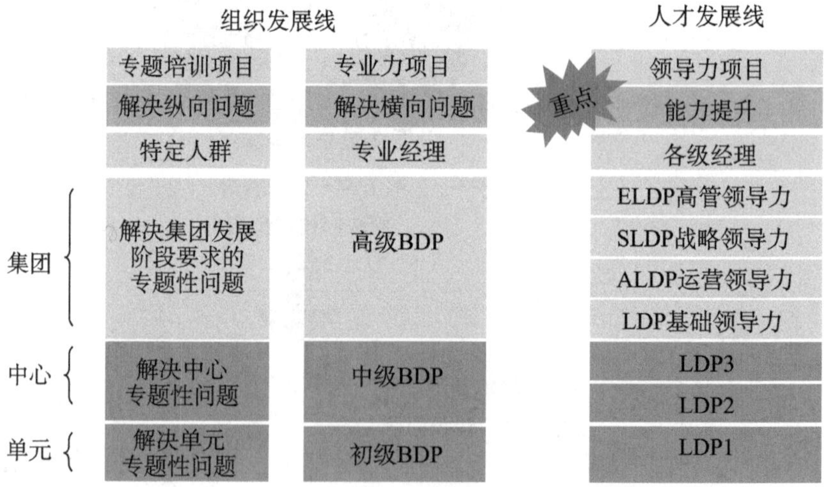

图8—4　忠良书院的培训体系

按职业生涯的不同阶段，忠良书院将中粮经理人队伍分为初级、中级、后备、核心团队四个层级。从入门到提升，经理人都要接受相应的培训，包括基础领导力项目（LDP）、运营领导力项目（ALDP）、战略领导力项目（SLDP）、高管领导力项目（ELDP）。根据经理人不同的专业领域，忠良书院又分别针对经理人在人力资源、战略、财务、审计、法律、市场营销、供应链七个领域，开设不同的培训课程项目，以提升其专业能力（见表8—1）。

表 8—1 忠良书院的领导力培训项目

项目	目标	课程	模块	备注
ELDP	成为行业领军者	福临门论坛、书院大讲坛	1. 战略模块 2. 行业模块 3. 经济模块	每年举办多次，每次1～2天
SLDP	成为卓越领导者	中粮领导力、一把手角色与视野、有效决策构建组织、激励人才、文化与变革、战略管理基础与公司战略、业务竞争战略、构建竞争优势、战略营销管理与品牌打造、消费行为与新产品开发、中粮渠道战略、中粮 B2B 大客户营销、企业价值创造与评价、危机管理等	1. 导入模块 2. 组织模块 3. 战略模块 4. 客户模块 5. 价值模块 6. 总结模块	课程集中 6 次，每次 1 周时间；行动学习项目 2 个，贯穿在整个培训过程中 学制 18 个月
ALDP	成为均好经理人	系统思考、战略管理、组织设计、领导风格、管理技能开发、客户服务、市场营销、供应链管理等	1. 系统思考与领导力模块 2. 战略管理与市场营销模块 3. 客户服务与供应链管理模块	课程集中 3 次，每次 1 周时间；行动学习项目 2 个，贯穿在整个培训过程中 学制 12 个月
LDP	成为中粮经理人	中粮管理工具与方法、中粮历史与文化、财务基础、人力资源管理等	1. 文化与管理工具模块 2. 财务与人力资源管理模块	课程集中 2 次，每次 1 周时间 学制 6 个月

据介绍，这种分层分类的领导力课程体系是基于中粮集团的核心管理理念——五步组合论。它是一种系统思考的方法，把所有管理问题用一个逻辑联系起来，然后在这个逻辑内部系统思考、全面解决，就像给经理人提供一张企业管理的地图一样。

中粮领导力培训的基础：五步组合论

第一步，选 CEO。这里的 CEO 是广义的，是指部门的负责人。王顺捷认为，这个过程是公司管理最根本的一个动作，是最关键的过程。CEO 的选择有很多决定因素，包括股东导向、股权架构、企业文化、技术等。

第二步，团队建设。这一步已开始往运营里面走，包括搭建班子、企业文化塑造、分工、激励、领导力建设等。

第三步，战略。从“人”到“事”。王顺捷认为，这个走向比较对，如果没有一个好的队伍，很难做出好的战略。这里面涉及行业发展的速度、规模，公司的竞争力、定位等问题。

第四步，管理运营。通过业务的运行，使企业有竞争力。管理运营的最终目标是使企业能够在产品和服务上体现出市场竞争力。

第五步，价值创造。这是一个评价的过程。从股东层面可以评价回报率、股东的财务要求等，从员工层面可以评价员工满意度，从政府社会层面可以评价对社会的责任、税收的责任等，从银行的角度可以评价企业的负债比率，等等。

五步组合论的关键是五步之间的关联性。这个框架里的逻辑性很强，覆盖了企业管理过程中的内在逻辑。忠良书院运用五步组合论构建的领导力培训体系，通过团队学习法的实施，有力地推动了中粮集团学习型组织建设、领导力开发与团队建设。目前，中粮的“两链一融”业务（全产业链的粮油食品企业、全服务链的城市综合体、全方位的金融服务体系）正在快速发展，人才已成为中粮集团发展的重要保障。作为国内最具影响力的企业大学之一，忠良书院将加大对中粮经理人的培养，加大对培训的投入，保证为业务提供充足胜任的人才。

资料来源：根据 http：//www.trainingmag.com.cn/Article/Articledetail/728275381545.aspx整理。

［思考题］

1. 中粮针对不同层级经理人的领导力开发有什么不同？

2. 中粮的培训有什么特色？

［分析思路］

1. 答：忠良书院在规划培训体系的时候将经理人队伍分为初级、中级、后备和核心团队四级，根据这四级经理人的特点分别设计了有针对性的培训：领导力开发项目（Leadership Development Program，LDP）；高级领导力开发项目（Advanced Leadership Development Program，ALDP）；战略领导力开发项目（Strategic Leadership Development Program，SLDP）；高管领导力开发项目（Executive Leadership Development Program，ELDP）。具体内容如下：

（1）ELDP：主要包括战略、行业与经济三个模块的内容，通过讲坛、论坛等方式来实现，目标是培养行业领军者。

（2）SLDP：主要包括导入、组织、战略、客户、价值、总结六个模块的内容，培训时间为18个月，培训的形式有集中授课与行动学习等，目标是培养卓越领导者。

（3）ALDP：主要包括系统思考与领导、战略管理与市场营销、客户服务与供应链管理三个模块的内容，培训时间为12个月，培训的形式有集中授课与行动学习等，目标是培养均好经理人。

（4）LDP：主要包括文化与管理工具模块、财务与人力资源管理模块两个模块的内容，培训时间为6个月，主要采取集中授课的方式进行，目标是培养中粮经理人。

2. 答：中粮的培训具有如下特色：

（1）重视培训。硬件方面，中粮建立了“忠良书院”，软件方面提出了“培训是企业管理的工作方法”的理念，并以“五步组合论”为基础，建立了分层分类的培训体系，这些都体现了中粮对培训的重视。

（2）以理论为指导，同时又密切联系企业实际。中粮的企业体系引入了

“五步组合论”“团队学习”“解决问题六步法”等理论，结合中粮的实际情况，开发出了有中粮特色的培训体系。

(3) 重视团队学习。通过团队学习法的实施，有力地推动了中粮集团学习型组织建设、领导力开发与团队建设。

(4) 所有经理人都承担培训的责任。经理人是各单位培训工作的第一责任人，是第一培训师。中粮集团对这一点作出了明确的规定。

案例8—2

行动学习在用友

2009年年底我开始痴迷于行动学习，买了几十本行动学习的书，对行动学习做了更深入的了解，并把行动学习的应用和推广作为2010年的重点工作之一。

松土与试点

2010年年初，我们请郝聚民博士给用友做了一次行动学习初级催化师培训。当时确定的学员是级别较高的优秀兼职讲师和重要部门的人力资源经理，其中不乏副总裁、助理总裁和分公司总经理。三天的培训，我们与郝老师就行动学习做了全面深入的探讨，初步把部分优秀的内训师转化成内部催化师。郝老师说，如果你想让一件事情失败，你就先说后做；如果你想让它成功，你就先做后说。这句话后来成为我在用友推动行动学习的策略，我称之为“农村包围城市”。真正能够给组织带来绩效的不是知道，而是行动，是有效推广和应用。

今天国内的行动学习之风正劲，有很多人知道用友在这方面小有成绩，凡是向我讨教的，我全都“知无不言，言无不尽”，原因就在于我深深理解彼得·德鲁克所说的“管理不在知，而在行”。不仅如此，我还在德鲁克先生的基础上补充一条：在外部世界飞速变化、人类智慧飞速发展的今天，我们光靠学习别人的成功经验是不够的，所有的成功经验只能说是过去的成功，不一定能解决当前和未来的问题，所以我一贯主张“边学习，边创新发展”，只有这样才能够满足现在和未来的要求。

我暗自把2010年作为用友的行动学习元年。在“农村包围城市”的推广策略下，我们在很多业务单元进行了行动学习试点。全国大约有五六百人体验过行动学习，大多是总部或分公司部门经理级别以上人员，大部分人回到各自的业务单元后都对行动学习做了积极的宣传，部分人甚至在自己的业务单元做了试点，我们的努力取得了初步成效。

借力夏令营

经过半年的试点和准备，我们已经具备较强大的内部催化师队伍和部分员工对行动学习的体验。我想全面推广的时机已到，最佳的切入点莫过于一年一度的用友经理与专家夏令营。

用友经理与专家夏令营是以文化为主题的集团级活动，在用友已有近十年的历史。每届夏令营总部及全国分支机构主要经理人和骨干专家聚集在一起，进行主题学习及户外拓展。用友大学负责夏令营的策划与实施，我想如果能够在夏令营中采用行动学习的方式进行主题研讨，对行动学习的普及无疑会有极大的促进作用，于是我决定第一天的主题研讨会采用行动学习的形式。

2010年夏令营的主题是“阳光经营，专业制胜”，在内蒙古包头举办，共有400人参加，效仿部队建制，分为10个师。我们对行动学习的过程做了严格规定，并对催化师做了专项培训，给每个师都配备了经过用友大学培训的催化师。同时，40多位体验过用友大学行动学习的营员也被我们均匀地安插在各个师作为辅导员。

在第一天上午的主题大会上，我分享了杰克·韦尔奇、郭士纳等全球杰出领导人在通用电气、IBM等全球知名公司实施行动学习的故事，并做了行动学习动员，所有营员对下午的行动学习都产生了积极的期待。

下午，各师催化师用团队列名和团队共创法带领本师营员进行研讨，我作为总催化师在各师所在十个教室轮流巡察和支持。在催化师有规则的主持下，所有参与者都有均等的机会在小组内分享与讨论自己的观点。然后是跨小组的团队共创，对不同小组的意见进行合并与补充，不同组员的观点澄清、补充和质疑，思想激烈地碰撞，促成更多反思，继而形成全师的意见和建议。

历年来，大家都知道下午的研讨比较务虚，很多人都有草草应付的想法。可在2010年，这一情况大为改观，原计划17：30完成的研讨，到了18：30还没有一个师愿意结束。行动学习以其自身魅力吸引了每一个人，激发了大家的参与热情，打开了大家建言献策的话匣子，以至于很多人没吃晚饭，匆匆啃几口干粮就赶赴晚上汇报的现场。

晚上，10个师针对同一主题分别将本师的研讨成果做了充分的展示和汇报，研讨成果不管是深度还是广度都明显比往年高。最后，王文京董事长总结说，没想到行动学习有这么大的魅力，号召集团范围内要持续不断用好行动学习这种好方法。就这样，行动学习的种子成功地种在用友集团最有影响力的400名经理与专家的心田。

全国推广普及助力组织绩效提升

2010年的夏令营结束了，但行动学习的理念和方法却像蒲公英的种子一样，借助夏令营的风吹向了全国各地。更让人意想不到的是得到了王文京董事长更大的支持，他回到北京就发邮件指示：由用友大学牵头，在用友所有产品公司及分支机构进行与夏令营相同主题的行动学习活动。

王总的这一指示改变了用友大学整个三季度的工作计划。用友大学专职讲师、内部培养的催化师以及那些在夏令营上体验过的经理与专家都成为推广普及行动学习的支持者，仅仅两个月，我们完成了全国110家机构的行动学习。2010年夏天，在所有行动学习的推动者和支持者的努力耕耘下，一种全新、更富效率的学习和会议方式被普遍接受，甚至逐渐改变了很多业务单元领导一言堂的文化。

在第四季度全年业绩冲刺的关键时刻，很多体验到行动学习价值的分公司总经理都主动邀请用友大学派催化师去分公司进行“全力冲刺，超额完成全年业绩”主题行动学习。2010年年底到2011年春节前，事业部和分公司又开始忙碌2011年的全年业务规划，很多事业部和分公司都自觉自发地采用行动学习的形式进行年度业务规划。从2010年起，我们还增加对“十佳杰出催化师”的评选，强调组织对行动学习的重视。

尽管行动学习得以暂时普及，在组织绩效方面发挥的作用越来越明显，但如果不能持续强化也很可能像一阵风一样流行一时，一项技能要固化为潜意识的习惯才算彻底掌握。我说过：当你清醒地感觉自己在做行动学习的时候，也许你只是在做样子；如果我们在课堂讨论、工作会议中，无意识就想起拿即时贴的话，行动学习就已成为工作的习惯。

持续创新与深化应用

2011年年初，一次偶然的机会使我接触到世界咖啡。除了这次短暂的体验，我对世界咖啡的所有了解都来自一本名为《世界咖啡》的书。从书中了解了世界咖啡之后，决心直接进行创新应用。我认为只要掌握了行动学习的灵魂，坚持以问题为课程大纲，以学员为讲师，以讲师为催化师的精神，任何形式都可以无限创新。管理不在于知而在于行，只要有效果就有其存在的理由。

很快，我就迎来一次试点的机会。2011年3月我们在深圳举办了一次以“企业大学的关键问题研讨—行动学习体验”为主题的企业大学沙龙活动，邀请到30多位深圳知名企业的企业大学校长和培训教育主管。

开场我就感受到大家强烈的期待，甚至还有点挑战的目光，索性直入主题，“看到大家期待的眼神，我知道你们都是带着问题来的，请先把你们的问题写在即时贴上，每人限写三个。”我使用团队列名和全班集体画“正”字投票的方法，遴选出全班最关心的前六个话题。

接着，我把这六个问题分配到六个小组，开始了世界咖啡体验。最后总结时，我说：“整个过程中我几乎没有传授任何东西，我只是个主持人，过程中全都是你们自己在研讨并且收获很大。可见，上课不一定要讲师从头讲到尾，不一定需要教材，只要有问题就可以了，而教育的乐趣恰恰在于帮助和引导学生寻找答案的过程。”全场掌声雷动。

西方有句教育格言：学生有提问题的权利，老师没有直接给答案的权利。东方亦有格言：不愤不启，不悱不发……我们已经习惯的说教式的授课方式并不是好的授课方式，教育革命首先是形式革命。

深圳的行动学习体验只有半天，却给很多朋友留下深刻的印象，给我在微博上留言，赞不绝口，我也备受鼓舞。这是我第一次采用世界咖啡的形式，毋宁说是我自创的形式，因为我至今还没体验过传说中的世界咖啡到底是什么样，我操作的只是自己根据世界咖啡的形式创新的形式而已。在用友大学的推动下，多次内外的市场活动和培训中都采用了这种形式，包括用友新道公司的成立仪式市场活动、用友大学三周年校庆暨开放日等。

除了行动学习，我还提倡“微行动学习”，即用行动学习的方式进行问题研讨，甚至谈话。问题是课程大纲，学员是讲师，讲师是催化师——我想满足以上三条的所有课堂组织都可说是微行动学习！我认为，任何好的东西，只有将其化简，才能得到大范围的推广；只有掌握了它的核心思想，我们才能够灵活改造和创新发展。

掀起新的高潮

2011 年“幸福用友”夏令营，我开始大力推行世界咖啡。7 月 16 日，我们在曲阜创造了中国行动学习史上的新纪录：500 多人同时展开同一主题的行动学习！2012 年“一切基于创造客户价值”夏令营，用友大学结合两年多行动学习的实践与总结，将多种行动学习方法进行融合与创新，设计出“观点集市、团队共创、城镇会议和成果荟萃”四步行动学习研讨流程的“主题贴吧”行动学习方法，带领 600 名经理和专家共同进行行动学习。

行动学习虽然在西方的大企业已经非常普遍，但在中国仍然不够普及。用友大学作为集团组织能力提升专职部门，普及推广行动学习毫无疑问对整个集团解决现实问题、组织人员能力提升乃至形成学习型组织都有非常积极的作用。

在用友集团成功推广行动学习是我最引以为荣的事情。用友集团 14 000 多人，2009 年年底，知道行动学习这个概念的人是极少数，到 2010 年年末，没有参与过行动学习的人是极少数。现在，用友集团已经把行动学习的方式普遍应用于多种场合，已然形成一种文化。

资料来源：根据田俊国：《行动学习在用友》，载《培训》，2012（9）整理。

[思考题]

1. 结合案例分析用友大学导入行动学习的具体操作流程。

2. 在导入行动学习的过程中应当注意哪些问题？

[分析思路]

1. 答：用友大学导入行动学习的具体操作流程如下：

第一步：2010 年年初进行一次行动学习初级催化师培训；

第二步：在很多业务单元进行了行动学习试点；

第三步：借力用友经理与专家夏令营进行全面推广；

第四步：由用友大学牵头，在用友所有产品公司及分支机构进行与夏令营相同主题的行动学习活动；

第五步：2011 年引入世界咖啡体验；

第六步：行动学习在用友开花结果。目前用友集团已经把行动学习的方式普遍应用于多种场合，已然形成了一种文化。

2. 答：企业在导入行动学习的过程中需要注意：

（1）强有力的推动者。企业高层、人力资源部或培训部门的负责人需要认同行动学习，了解行动学习，并且愿意推动企业导入行动学习。

（2）培训先行。在导入之前必须开展行动学习的培训，培养一批行动学习的支持者与催化师。

（3）赢得高层领导的支持。高层领导的支持是行动学习得以在企业推广与深化的前提条件。

（4）在全面推广之前，首先要进行试点。通过试点总结经验与教训，为后续的行动学习少走弯路提供有效支撑。

案例 8—3

海南航空　开展一段“走心”的启航之旅

秉承“天地之间皆为用心之处”的企业理念，海航的新员工培训也是无处不用心、无处不走心。新员工从入职到真正融入组织，是一个循序渐进的认知和适应过程，为此，海航设计了为期半年的递进式培养项目——“启航计划”，从体验认知、角色融入、蜕变升华三个层面安排具有针对性的培养内容（见表8—2）。通过详细科学、环环相扣的培训安排，使得新员工真正认识、了解海航，建构“职场新鲜人”的共同愿景——“海航梦”，为融入海航、发挥才智做好充分准备。

表 8—2　“启航计划”渐进式培养安排

阶段	时间	培养内容	培训形式
第一阶段 体验认知	入职第一周	1. 角色转变 2. 海航企业文化 3. 公司安全与运行 4. 人才开发与薪酬福利 5. 军训与公益	理论培训 军事训练 体验拓展 班级活动 爱心公益
第二阶段 角色融入	入职 2～4 个月	1. 部门业务介绍 2. 岗位知识技能培训 3. 实战锻炼 4. 导师辅导 5. 总经理见面会、员工关系等	理论培训 一线实习锻炼 导师辅导
	入职百天	“职场加油站”，从角色融入、工作方法、沟通与表达等多个角度对新员工进行提升训练	理论培训 情景模拟
第三阶段 蜕变升华	入职 5～6 个月	职业素养提升、职业生涯规划、人才盘点、优秀人员进入新员工人才库培养	理论培训 导师辅导

一、“浸润式”体验　海航认知初养成

体验认知阶段是职场新人首次了解和体验海航文化、对海航产生初步认知的阶段。该阶段是“启航计划”的基础和后续环节的铺垫，也是培训者最需用心的部分。怎样让新员工通过一周的集中培训，了解、认同并自然而然地融入公司文化和价值观，关系到整个“启航计划”的实施效果，也是从招聘入职到上岗留任的关键步骤。

在培训环节设置上，除了职业化素养、企业文化、品牌、安全运行知识等课堂培训外，海航还安排了晨跑、公益活动、“预见·未来：写给入职百天的

自己”、“温馨加油站：一封家书”、生日派对及毕业晚会等活动，让新员工全方位、多感观地体验公司文化和业务运营模式，帮助他们适应新角色。

1. 预见·未来：写给入职百天的自己

海航相信，“预见”方能“遇见”，新员工带着对职场的期待和憧憬来到海航，入职培训是他们感受海航的第一站。在这个阶段，他们对组织文化、工作氛围的判断会从抽象到具体，认知职业发展前景的角度也由远及近。为了引导新员工将这些感受通过理性的思考沉淀下来，以设置里程碑的方式督促自己，同时为未来3个月融入真实工作环境设置目标，海航组织了“预见·未来：写给入职百天的自己”活动。

在励志音乐的陪伴下，每位学员会收到一张清新淡雅的明信片，并在上面写下对百天后的自己的期许。百天时，人力资源部会安排职业素养提升培训，届时再请学员进行回顾与反思。小小的明信片，寄托了学员对未来的设想、嘱咐和期待，会在每个学员的心中留下力量。

2. 温馨加油站：一封家书

在信息技术日新月异的今天，“家书”已经难觅踪迹。海航选择这种方式，用印有海航飞机图案的信纸和信封，伴随着温馨的音乐，让大家静静地给自己一些关怀的时间：离开家、离开父母、离开熟悉的校园，来到一个陌生的环境，给父母报一个平安，写下感恩、回报父母的承诺……这是大家都会想到的内容。当大家写好、封好，排着队将家书塞进邮筒时，空气中充满感性的力量——“爸妈，放心，我很好，在海航，我会更好”。

3. H5分享：为新团队暖场

培训过程中，海航通过建立新员工微信群，实现实时沟通与互动，并以“培训小喇叭”的形式发布通知，鼓励新员工用简短的词句，随时分享培训期间的感受和心得。

Html5（简称为“H5”）移动场景式分享更是海航新员工培训的一大亮点，即用H5移动页面将各种创意以交互的手法呈现出来。每天，新员工班级会轮流以H5移动场景的形式（见图8—5），总结回顾当天的培训环节和收获，用有心有爱的图片、音乐，记录和分享经历、沉淀情感。连续一周，海航人的微信朋友圈都被新员工培训H5分享刷屏，为新员工走向工作岗位、融入真实的工作团队，起到了很好的暖场效果。

在培训实施过程中，海航还注重充分发挥新员工的力量，通过班委会实现自我管理，通过自创自演参与各项活动，将培训作为真实工作场景的“体验场”来展示才能、凝聚心力、合作创造，给新员工提供“浸润式”的职业化养成体验。

二、角色转换 “刚柔”并济促融入

新员工进入职场后，对相关业务知识技能的掌握是其发展的首要需求。海航会安排专人对部门做整体介绍，使新员工了解并掌握各部门的核心工作、内部业务关系、工作流程以及部门核心价值。学员在学习、掌握所在岗位相关业

图 8—5 海航新员工培训 H5 移动场景分享

务知识技能的同时，还要通过最终的考试及各种形式的验收。在此过程中，海航注重加强对学员的关怀与鼓励，刚柔并济，帮助他们顺利度过适应期，完成角色转化。

1. “刚”性实战验收

实战锻炼是检验学习成果的最佳方式，新员工入职培训结束后，各单位会安排新员工跟班体验一线生产，并相互交流心得，由人力资源部跟踪了解一线实习情况。

新员工赴岗位实战训练时，海航会给新员工配备导师，由基层或部门级领导担任。导师每月都要对员工的工作表现等进行评估，评估材料由各单位汇总收集。新员工通过理论知识与岗位实践结合，达到独立上岗的要求。在岗实习期间，海航还会根据相关岗位要求及特点，安排新员工轮岗，现场体验感受其他岗位的生产运行情况。

2. “柔”性爱心关怀

海航的“走心”体现在培训的每个环节，即使在专业、严肃的业务培训阶段，海航也会为新员工组织丰富的业余文体活动，如足球赛、篮球赛、羽毛球赛、撕名牌、户外拓展、中心团队活动等，帮助新员工尽快融入团队、适应新环境。与此同时，各单位第一负责人会通过座谈会或其他形式，与新员工进行面对面沟通交流，倾听员工心声，帮助员工成长。

3. 职场加油站

为尽快满足新员工拓展职业发展路径的渴望，新员工入职百天后，人力资源部会通过“职场加油站”的形式，牵头组织新员工职业素养提升专项培训，从工作方法、沟通与表达等多角度设计培训内容。

提升训练结束后，人资行政部会联合各部门，通过座谈等形式，与新员工畅谈工作情况，了解其融入状态。在新员工入职百天之际，再根据各部门的业务特点、新员工工作任务等，以主题工作坊的形式将新员工分期分批集中起来，进行回顾和展望。工作坊主题包括“EAP 工作坊——幸福海航人”“团队协作”“我服务、我快乐”等。各工作坊由中基层管理干部、优秀员工代表、公司 EAP 咨询师、内训讲师主导，新员工根据自身情况及工作时间安排，自选主题工作坊参与。工作坊的举办地点也选择在氛围轻松的咖啡厅、航空主题餐厅等。

通过参与工作坊，新员工从多角度参与职业素养提升训练，为下一阶段的融入和进阶补充了能量。

三、蜕变升华　规划未来之路

为拓宽新员工的职业发展通道，使优秀新员工能够脱颖而出，海航会根据其表现进行人才盘点，将表现优秀者纳入新员工人才库，并制定专门的培养及提升方案，提升其职业化素养及综合素质，并指导他们做好职业生涯规划。

1. 人才盘点，设置优秀人才库

新员工转正定岗 3 个月后，各单位会对新员工进行人才盘点。人才盘点采用员工述职、主管评分的方式进行，既考察当期的工作业绩，也测评员工的发展潜质。对于业务上手快、能主动思考、对业务提升进行建设性思考和创新的优秀人员，海航会将他们纳入新员工人才库进行专项培养。

2. 优秀人才，专项培养

各部门针对入选新员工人才库的员工，会进行专项培养：安排导师进行岗位辅导，由新员工人才组成课题小组进行课题研究，并配合指定书目阅读计划和电子课程的学习，拓展他们的职业思维和综合能力。

3. 准备度评估

进入新员工人才库的人才在每个培养阶段，都会接受准备度评估。海航会根据评估结果划分准备度层级，对于业务能力优秀、准备度高的人员，安排至产品研发、业务标准管理等关键岗位；对于管理才能突出的人员，将作为班组长培养人选，通过实习带班等角色全面接触服务一线，以实战方式锻炼他们处理问题的能力。

资料来源：根据 http：//www.trainingmag.com.cn/article/articledetails.aspx?ArtId=782814790282 整理。

[思考题]

海航的新员工培养有哪些特色？对其他企业的新员工培养有哪些启示？

第9章

绩效管理

一、知识点回顾

绩效是指员工在工作过程中所表现出来的与组织目标相关的并且能够被评价的工作结果和行为。**绩效的特点**主要有三个方面：多因性、多维性和动态性。

绩效管理指制定员工的绩效目标并收集与绩效有关的信息，定期对员工的绩效目标完成情况做出评价和反馈，以确保员工的工作活动和工作产出与组织保持一致，进而保证组织目标完成的管理手段与过程。**绩效管理的内容**包括绩效计划、绩效监控、绩效考核和绩效反馈。**绩效管理的目的**包括三个方面：战略目的、管理目的与开发目的。**绩效管理的作用**体现在以下方面：绩效管理是整个人力资源管系统的核心，绩效考核结果可以在人力资源管理的其他各项职能中得到运用；同时，绩效管理还是企业管理的一个重要工具；绩效管理是所有管理者的责任。

绩效管理的意义主要表现在四个方面：(1) 有助于提升企业的绩效；(2) 有助于保证员工行为和企业目标的一致；(3) 有助于提高员工的满意度；(4) 有助于实现人力资源管理的其他决策的科学合理。

绩效管理与人力资源管理其他职能的关系十分密切。(1) 与职位分析的关系：职位分析是绩效管理的基础；(2) 与人力资源规划的关系：绩效管理为人力资源规划中的供给质量和需求质量预测提供了有效信息；(3) 与招聘录用的关系：绩效可以实现对招聘渠道的优化，绩效评价也是检测甄选录用系统效度的一个有效手段，其次招聘的质量也与高绩效呈现正相关关系；(4) 与培训开发的关系：绩效管理与培训开发是相互影响的，通过绩效评价发现培训需求，同时，培训开发有助于实现绩效管理的目标；(5) 与薪酬管理的关系：绩效管理通过与薪酬挂钩可以使薪酬发挥出更大的激励作用，此外，支付给员工公平性的薪酬，可以更好地调动他们的积极性；(6) 与人员调配的关系：绩效管理有助于实现更高水平的人岗匹配，并减少解雇辞退时不必要的纠纷。

绩效管理包括四个步骤：绩效计划、绩效跟进、绩效考核和绩效反馈。

绩效计划是整个绩效管理过程的开始，这一阶段主要是要完成制定绩效计划的任务，也就是说通过上级和员工的共同讨论，要确定出员工的绩效考核目标和绩效考核周期。**绩效计划的作用**主要体现在制定行动计划、增强后续工作的计划性、设定考核指标和标准、增强员工的参与感和受重视感以及将组织战略目标和员工的考核指标相结合等方面。**绩效计划的主要内容**有三个方面：(1) 绩效考核目标体系的构建；(2) 绩效考核周期的确定；(3) 对绩效管理其他三个环节工作的初步规划。

绩效考核目标是对员工在绩效考核期间工作任务和工作要求所做的界定，由绩效内容和绩效标准组成。(1) **绩效内容**界定了员工的工作任务，包括绩效项目（绩效的维度）和绩效指标（绩效项目的具体内容）。绩效指标应当有效、具体、明确、具有差异性和变动性。(2) **绩效标准**是对员工绩效内容作出的明确界定。绩效标准应当明确、适度、可变。(3) **设计绩效目标应坚持 SMART 原则**，即目标具体原则、目标可衡量原则、目标可达成原则、目标相关原则和目标时间原则。

绩效考核周期，就是指多长时间对员工进行一次绩效考核。其确定要考虑到三个因素：(1) 职位的性质；(2) 指标的性质；(3) 标准的性质。

绩效计划的主要工具有目标管理、关键绩效指标和平衡计分卡三种。

(1) **关键绩效指标**是衡量企业战略实施效果的系统性关键指标，它是战略目标通过层层分解产生的可操作性的指标体系。**关键绩效指标体系与传统绩效考核的区别**主要体现在前提假设、考核目的、指标的产生、来源、构成及作用、价值分配体系与战略的关系等六个方面。**关键绩效指标体系**包括三个层面的指标：企业级关键绩效指标、部门级关键绩效指标和个人级关键绩效指标。**企业级关键绩效指标设置的步骤**包括：一是专家与高层领导一起明确企业未来的发展方向和战略目标；二是把关键结果领域层层分解为关键绩效要素；三是将要素细分为关键绩效指标；四是为关键绩效指标设置评价标准。

(2) **战略地图**是对战略的一个描述框架，它使战略清晰化，并清楚描述了战略目标和驱动因素之间的因果逻辑联系。**平衡计分卡**由罗伯特·卡普兰和大卫·诺顿研究提出，它是以企业的战略和使命为基础，依托战略地图所描述的企业战略，对每项战略进行分解，制定衡量指标和目标值，同时配之以达成目标的行动方案，形成一套对战略进行衡量的考核指标体系。二者都将企业的战略以及量化指标分为四个层面：财务层面、客户层面、内部流程层面和学习与成长层面。

绩效计划的基本过程是依照公司、部门、员工的顺序进行的，一般包括三个阶段：准备阶段、沟通阶段和绩效计划的审定与确认阶段。**绩效目标的来源**有三个：(1) 上级部门的绩效目标；(2) 职位职责；(3) 内外部客户的需求。

绩效监控，也称为绩效跟进，就是在整个绩效监控期内，管理者采用恰当的领导风格，积极指导下属工作，与下属进行持续的绩效沟通，预防或解决实现绩效时可能发生的各种问题，以期更好地完成绩效计划的过程。在绩效监控的阶段，管理人员需要选择自己的领导风格、与员工持续沟通、辅导与咨询和收集绩效信息等。

选择恰当的领导风格要求管理者能够在适当的时候采取适当的管理风格。领导情景理论将领导风格分为指示型、推销型、授权型和参与型四种。与员工持续沟通，并在必要时对绩效计划进行调整；通过员工和管理者深入交换信息，为员工绩效计划的完成奠定基础，同时方便管理者对员工绩效进行客观评估。辅导是一个改善个体知识、技能和态度的技术；咨询的主要目的是：当员工没能达到预期的绩效标准时，帮助员工克服工作过程中遇到的障碍。**收集绩效信息**是为绩效考核提供客观的事实依据和为绩效改善提供具体事例，方法有观察法、工作记录法和他人反馈法。

绩效考核指在考核周期结束时，选择相应的考核主体和考核方法，收集相关的信息，对员工完成绩效目标的情况做出考核。企业在进行绩效考核时，要经过五个步骤：确立目标、建立评价系统、整理数据、分析判断和输出结果。

绩效考核过程中的关键点包括：(1) **考核对象的确定**：应该优先考虑组织层面的考核，然后关注部门层面的考核，最后关注员工层面的考核。(2) **考核内容的确定**：涵盖工作能力、工作态度和工作业绩（数量、质量、效率）。(3) **考核主体的确定**：考核主体是指对员工绩效进行考核的人员，一般包括上级、同事、下级、员工本人和客户。(4) **考核方法的选择**：对员工个体的考核方法一般有比较法、量表法和描述法。**比较法**通过员工之间相互比较得出考核结果，包括个体排序法、配对比较法、人物比较法和强制比例法四种。**量表法**将绩效考核的指标和标准制作成量表，依此对员工的绩效进行考核，主要有评级量表法、行为锚定评价法、行为观察量表法三种。**评级量表法**指将量表中每个需要考核的绩效指标的标准区分成不同的具有对应分数的等级，考核时考核主体给每个指标选择一个等级，汇总所有等级的分数从而得到考核结果。**行为锚定评价法**指利用特定行为锚定量表上不同的点的图形测评方法，在传统的评级量表法的基础上演变而来。**行为观察量表法**指在考核各个具体的项目时给出一系列有关的有效行为，考核者通过指出员工表现各种行为的频率来评价其工作绩效。**描述法**指考核主体用叙述性的文字来描述员工在工作业绩、工作能力、工作态度方面的优缺点，需要加以指导的事项和关键事件等，由此得到对员工的综合考核。

绩效考核中的误区主要包括八种：晕轮效应、逻辑错误、近期误差、首因效应、类我效应、对比效应、溢出效应、宽大化倾向。为避免误区，应完善绩效目标体系、选择恰当的考核主体、选择合适的考核方法，并对考核主体进行必要培训。

绩效反馈就是指上级要就绩效考核的结果和员工进行面对面的沟通，指出员工在绩效考核期间存在的问题并一起制定出绩效改进的计划。具体包括两个方面：绩效反馈和绩效考核结果的运用，而考核结果的运用又包括绩效改进和相关人事决策的制定。

绩效反馈包括反馈面谈的准备工作、面谈的实施、绩效反馈应注意的问题和反馈效果的衡量几个环节。在面谈的准备阶段，管理者要注意选择适当的面谈主持者、时间和地点，熟悉被面谈者的资料，计划好面试的程序和进度；员工要收集好相关绩效的证明数据材料，正视自身优缺点并将工作疑惑反馈给面谈者。过程中要注意反馈应当及时，要指出具体的问题，指出问题出现的原因和改进建议，不能针对人，要注意说话的技巧。

绩效考核结果的运用包括两个层次的内容：一是改进作用；二是管理作用。改进作用包含绩效诊断（指明绩效问题和分析问题出现的原因）、制定绩效改进计划（包含个人绩效改进计划和组织绩效改进支持）、指导和监控三个步骤；管理作用主要体现在根据绩效考核结果做出相关人力资源管理决策，包括薪酬奖金的分配、职务的调整、员工培训、员工的职业生涯规划等方面。

二、测试题

（一）单项选择题

1. 下列有关绩效含义的表述错误的是(　　)。
   A. 绩效是基于工作而产生的，与员工的工作过程直接联系在一起，工作之外的行为和结果不属于绩效的范围
   B. 绩效与组织的目标有关，对组织的目标应当有直接的影响作用
   C. 绩效包含表现出来的和未表现出来的工作行为和工作结果
   D. 绩效既包括工作行为也包括工作结果，是两者的综合体，不能偏废其一
2. 绩效管理的目的不包括(　　)。
   A. 战略　　B. 管理　　C. 开发　　D. 规划
3. 上级和员工之间以持续沟通来预防和解决员工实现绩效时可能发生的各种问题的过程，这是绩效管理的(　　)环节。
   A. 绩效计划　　B. 绩效监控　　C. 绩效反馈　　D. 绩效考核
4. 下列有关绩效考核目标的说法错误的是(　　)。
   A. 绩效考核目标由绩效内容和绩效标准组成
   B. 对于不同员工来说，绩效指标应该相同
   C. 绩效标准应当尽可能量化
   D. 在不同的绩效周期，绩效标准有可能会发生变化
5. 一般来说，性质稳定的指标，考核周期要(　　)。
   A. 无所谓　　B. 固定周期
   C. 相对短一些　　D. 相对长一些

6. 平衡计分卡的四个层次依次是(　　)。

A. 客户层面、财务层面、内部流程层面、学习与成长层面

B. 客户层面、学习与成长层面、内部流程层面、财务层面

C. 财务层面、客户层面、内部流程层面、学习与成长层面

D. 财务层面、客户层面、学习与成长层面、内部流程层面

7. 根据领导情景理论，当下属不具备能力但却愿意从事该工作时，应采取(　　)的领导方式。

A. 授权型　　B. 参与型　　C. 推销型　　D. 指示型

8. 有关绩效考核五个阶段的正确排序是(　　)。

A. 确立目标、建立评价系统、整理数据、分析判断、输出结果

B. 确立目标、整理数据、建立评价系统、分析判断、输出结果

C. 整理数据、确立目标、建立评价系统、分析判断、输出结果

D. 整理数据、建立评价系统、确立目标、分析判断、输出结果

9. 把评级量表法和关键事件法结合起来的考核方法是(　　)。

A. 行为观察量表法　　B. 行为锚定评价法

C. 混合标准测评量表法　　D. 描述法

10. 俗话说，"一俊遮百丑"，这属于绩效考核中的(　　)。

A. 晕轮效应　　B. 首因效应　　C. 对比效应　　D. 溢出效应

(二) 多项选择题

1. 员工个人绩效包括的内容有(　　)。

A. 工作结果　　B. 工作效率　　C. 工作时间　　D. 工作行为

2. 绩效的特点包括(　　)。

A. 多因性　　B. 多维性　　C. 动态性　　D. 单一性

3. 绩效管理的主要环节有(　　)。

A. 绩效计划　　B. 绩效监控　　C. 绩效考核　　D. 绩效反馈

4. 绩效计划的工具主要有(　　)。

A. 鱼骨图　　B. 关键绩效指标

C. 平衡计分卡　　D. 目标管理

5. 下列有关关键绩效指标表述正确的是(　　)。

A. 关键绩效指标是连接个人绩效和企业战略目标的桥梁

B. 在指标的产生中，通常是按自下而上的顺序来制定指标体系

C. 企业的关键绩效指标已经确定，就不应再予以修改

D. 企业级关键绩效指标的确定需要在专家的指导下，通过关键成功分析法层层制定

6. 绩效考核的标准应当明确，下列不符合这一原则的是(　　)。

A. 产品合格率不低于95%　　B. 销售额大幅增加

C. 接到任务后3天内完成　　D. 迅速招聘到合适员工

7. 在战略地图体系中，常用的客户价值主张有(　　)。
A. 竞争战略　　B. 产品领先战略
C. 全面客户解决方案　　D. 系统锁定战略

8. 下列属于平衡计分卡中的“学习与成长层面”的是(　　)。
A. 人力资本　　B. 信息资本　　C. 组织资本　　D. 社会资本

9. 下列属于量表法的绩效考核方法的是(　　)。
A. 行为锚定评价法　　B. 业绩记录法
C. 混合标准测评法　　D. 配对比较法

10. 绩效反馈中，考核的结果主要运用于(　　)。
A. 绩效改进　　B. 促进管理　　C. 薪酬制定　　D. 岗位调换

(三) 名词解释

1. 绩效
2. 绩效管理
3. 绩效计划
4. 绩效监控
5. 绩效考核
6. 绩效反馈
7. 绩效指标
8. 绩效标准
9. 平衡计分卡
10. 关键绩效指标
11. 绩效考核周期
12. 比较法
13. 量表法
14. 描述法

(四) 简答题

1. 什么是绩效？如何理解绩效管理？
2. 绩效管理有什么样的意义？
3. 如何制定绩效考核目标和绩效考核周期？
4. 什么是关键绩效指标？什么是平衡计分卡？
5. 绩效考核的主体有哪些？
6. 绩效考核中的误区有哪些？如何避免？
7. 如何进行绩效的反馈？
8. 绩效考核的方法有哪些？每一种考核方法的主要特点是什么？

三、测试题参考答案

(一) 单项选择题

1. C　2. D　3. B　4. B　5. D　6. C　7. C　8. A　9. D　10. A

(二) 多项选择题

1. AD　2. ABC　3. ABCD　4. BCD　5. AD　6. BD　7. ABCD　8. ABC　9. AC　10. AB

（三）名词解释

1. 绩效：是指员工在工作过程中所表现出来的与组织目标相关的并且能够被评价的工作结果与行为。

2. 绩效管理：指制定员工的绩效目标并收集与绩效有关的信息，定期对员工的绩效目标完成情况做出评价和反馈，以确保员工的工作活动和工作产出与组织保持一致，进而保证组织目标完成的管理手段与过程。

3. 绩效计划：是整个绩效管理过程的开始，这一阶段主要是要完成制定绩效计划的任务，也就是说通过上级和员工的共同讨论，确定员工的绩效考核目标和绩效考核周期。

4. 绩效监控：就是在整个绩效监控期内，管理者采用恰当的领导风格，积极指导下属工作，与下属进行持续的绩效沟通，预防或解决实现绩效时可能发生的各种问题，以期更好地完成绩效计划的过程。

5. 绩效考核：指在考核周期结束时，选择相应的考核主体和考核方法，收集相关的信息，对员工完成绩效目标的情况做出考核。

6. 绩效反馈：就是指上级要就绩效考核的结果和员工进行面对面的沟通，指出员工在绩效考核期间存在的问题并一起制定绩效改进的计划。

7. 绩效指标：是指绩效项目的具体内容，它可以理解为对绩效项目的分解和细化。

8. 绩效标准：是对员工工作要求的进一步明确，即对员工绩效内容作出明确的界定，员工应当怎样来做或者达到什么样的程度。

9. 平衡计分卡：以企业的战略和使命为基础，依托于战略地图所描述的企业战略，对每项战略进行分解，制定衡量指标和目标值，同时配之以达成目标的行动方案，形成一套对战略进行衡量的考核指标体系。

10. 关键绩效指标：是衡量企业战略实施效果的系统性关键指标，它是战略目标通过层层分解产生的可操作性的指标体系。

11. 绩效考核周期：也可以叫做绩效考核期限，就是指多长时间对员工进行一次绩效考核。

12. 比较法：是一种相对考核的方法，通过员工之间的相互比较得出考核结果。

13. 量表法：就是指将绩效考核的指标和标准制作成量表，依此来对员工的绩效进行考核。

14. 描述法：指考核主体用叙述性的文字来描述员工在工作业绩、工作能力、工作态度方面的优缺点，需要加以指导的事项和关键事件等，由此得到对员工的综合考核。

（四）简答题

1. 什么是绩效？如何理解绩效管理？

答：绩效就是指员工在工作过程中所表现出来的与组织目标相关的并且能

够被评价的工作结果和行为。绩效的特点主要有三个方面：多因性、多维性和动态性。

绩效管理指制定员工的绩效目标并收集与绩效有关的信息，定期对员工的绩效目标完成情况做出评价和反馈，以确保员工的工作活动和工作产出与组织保持一致，进而保证组织目标完成的管理手段与过程。绩效管理主要有绩效计划、绩效监控、绩效考核和绩效反馈四个环节。

绩效管理的目的主要体现在三个方面：战略、管理与开发。绩效管理的作用体现在：绩效管理是整个人力资源管系统的核心，绩效考核结果可以在人力资源管理的其他各项职能中得到运用；同时，绩效管理还是企业管理的一个重要工具。

2. 绩效管理有什么样的意义？

答：绩效管理的意义主要表现在四个方面：（1）有助于提升企业的绩效；（2）有助于保证员工行为和企业目标的一致；（3）有助于提高员工的满意度；（4）有助于实现人力资源管理的其他决策的科学合理。

3. 如何制定绩效考核目标和绩效考核周期？

答：绩效考核目标是对员工在绩效考核期间工作任务和工作要求所做的界定，这是对员工进行绩效考核时的参照系，由绩效内容和绩效标准两部分组成。（1）绩效内容界定了员工工作任务，包括绩效项目（绩效的维度）和绩效指标（绩效项目的具体内容）两部分。绩效指标的制定应当坚持有效、具体、明确、具有差异性和变动性的标准。（2）绩效标准是对员工绩效内容作出的明确界定。绩效标准应当明确、适度、可变。（3）设计绩效目标应坚持 SMART 原则，即目标具体原则、目标可衡量原则、目标可达成原则、目标相关原则和目标时间原则。

绩效考核周期就是指多长时间对员工进行一次绩效考核。其确定要考虑到三个因素：（1）职位的性质；（2）指标的性质；（3）标准的性质。

4. 什么是关键绩效指标？什么是平衡计分卡？

答：关键绩效指标是衡量企业战略实施效果的系统性关键指标，它是战略目标通过层层分解产生的可操作性的指标体系。关键绩效指标体系与传统绩效考核的区别主要体现在前提假设、考核目的、指标的产生、来源、构成及作用、价值分配体系与战略的关系等六个方面。关键绩效指标体系包括三个层面的指标：企业级关键绩效指标、部门级关键绩效指标和个人级关键绩效指标。

平衡计分卡由罗伯特·卡普兰和大卫·诺顿研究提出，它以企业的战略和使命为基础，依托战略地图所描述的战略，对每项战略进行分解，制定衡量指标和目标值，同时配之以行动方案，形成一套对战略进行衡量的考核指标体系。平衡计分卡将企业的战略以及量化指标分为四个层面：财务层面、客户层面、内部流程层面和学习与成长层面。

5. 绩效考核的主体有哪些？

答：绩效考核的主体及其优缺点参见表 9—1。

表 9—1

主体	优点	缺点
上级	是最主要的考核主体。 （1）上级通常最了解员工的工作情况； （2）以上级作为考核主体还有助于实现管理的目的，保证管理的权威。	（1）上级往往没有足够的时间来全面观察员工的工作情况，考核信息来源单一； （2）容易受到领导个人的作风、态度以及对下属员工的偏好等因素的影响，产生个人偏见。
同事	（1）对员工的工作情况比较了解； （2）同事一般不止一人，可以对员工进行全方位的考核，避免个人的偏见； （3）有助于促使员工在工作中与同事配合。	（1）人际关系的因素会影响考核的公正性； （2）大家有可能协商一致，相互给高分； （3）可能造成相互的猜疑，影响同事关系。
下级	（1）可以促使上级关心下级的工作，建立融洽的员工关系； （2）最了解上级的领导管理能力，能够发现上级在这方面存在的问题。	（1）往往不敢真实地反映情况； （2）有可能削弱上级的管理权威，造成上级对下级的迁就。
员工本人	（1）能够增加员工的参与感，加强自我开发意识和自我约束意识； （2）有助于员工对考核结果的接受。	（1）对自己的评价往往容易偏高； （2）当自我考核和其他主体考核的结果差异较大时，容易引起矛盾。
客户	有助于员工更加关注自己的工作结果，提高工作的质量。	（1）更侧重于员工的工作结果，不利于对员工进行全面的评级； （2）有些职位的客户比较难以确定，不适合使用这种方法。

6. 绩效考核中的误区有哪些？如何避免？

答：绩效考核中的误区主要包括八种：晕轮效应、逻辑错误、近期误差、首因效应、类我效应、对比效应、溢出效应、宽大化倾向。为避免误区，应建立完善的绩效目标体系、选择恰当的考核主体、选择合适的考核方法，并对考核主体进行必要培训。

7. 如何进行绩效的反馈？

答：绩效反馈就是指上级要就绩效考核的结果和员工进行面对面的沟通，指出员工在绩效考核期间存在的问题并一起制定出绩效改进的计划。具体包括两个方面：绩效反馈和绩效考核结果的运用，而考核结果的运用又包括绩效改进和相关人事决策的制定。

绩效反馈包括反馈面谈的准备工作、面谈的实施、反馈应注意的问题和反馈效果的衡量几个环节。绩效考核结果的运用包括两个层次的内容：一是改进作用；二是管理作用。改进作用包含绩效诊断、制定绩效改进计划及指导和监控三个步骤；管理作用主要体现在薪酬奖金的分配、职务的调整、员工培训、员工的职业生涯规划等方面。

8. 绩效考核的方法有哪些？每一种考核方法的主要特点是什么？

答：实践中，进行绩效考核的方法有很多。这些考核方法可以大致归结为三类：一是比较法；二是量表法；三是描述法。各种方法都有自己的优缺点（见表9—2），企业在进行考核时应当根据具体的情况选择合适的考核方法。

表 9—2

方法种类		主要特点
比较法	● 个体排序法 ● 配对比较法 ● 人物比较法 ● 强制比较法	● 简单、容易操作 ● 适合作为奖惩的依据 ● 无法提供有效的反馈信息 ● 无法对不同部门的员工做出比较
量表法	● 评级量表法 ● 行为锚定评价法 ● 行为观察量表法 ● 混合标准测评法	● 具有客观的标准 ● 具有具体的考核指标 ● 开发量表的成本比较高，需要制定出合理的指标和标准
描述法	● 业绩记录法 ● 能力记录法 ● 态度记录法 ● 综合记录法	● 提供了对员工进行考核和反馈的事实依据 ● 一般只作为其他考核方法的辅助方法来使用

四、案例分析

案例 9—1

联想集团的特色绩效管理

如果你看到联想集团的绩效考核表格，一定觉得不太规范，甚至有点乱，但这正是联想集团的特色绩效管理。

个人、团队双指标体系共存

夏伟（化名）刚到联想集团一年多，是研发部门的一名普通员工，春节前后经常无所顾忌地傻笑。原因很简单，快到年终考核了，自己觉得业绩很好。

然而，等到结果出来时，夏伟的喜悦骤然少了许多：激励并没有他认为的那样高。更让夏伟不能理解的是，另一个研发团队的张帆（化名）开拓的新项目没有自己多，绩效成绩竟然比自己高。夏伟觉得奇怪：公司的报酬不是和业绩直接挂钩的吗？

满腹疑问的夏伟找到了人力资源部，得到的解释是：虽然夏伟开拓的新项目多，但团队整体的开拓成绩平平，所以综合起来这一项的成绩不高；而张帆个人的新项目开拓虽然没有夏伟强，但其团队成绩高。眼下，团队成绩的权重比较大，加权之下夏伟的业绩确实比张帆低了些，这些考核方式都在第四季度开始的时候做过宣讲。

这是联想集团绩效管理平衡的措施之一，“对于不便于把指标细化到每一个人身上的部门来讲，联想集团认为这部分业务刚好也是异常强调团队协作的业务，团队业绩的好坏直接影响着个人绩效。”联想集团招聘总监卫宏说。

因此，夏伟绩效考核后的收入计算公式就是：收入$=P\times Q\times G$。其中，P是部门业绩考核系数（也称权重）；Q是个人业绩考核系数；G是岗位工资。“收入$=P\times Q\times G$”这个公式虽然简单，不过作为一个复变多元函数，操作的难度和复杂性都是很大的。

因为在一定时期里，G值是固定的（由岗位和能力级别确定），P和Q就都成了导向性的“旗帜”，给部门和员工工作行为和努力方向做出方向性的指挥，尤其是员工个人不能控制的P系数，对员工的导向性很大，这也是联想集团平衡个人和团队协作的法宝之一。

而对于指标极其明确，甚至很容易分配到个人的产品或者销售部门，联想集团则尽量考核到人，比如说华东区的年度销售任务，通过层层分解，每个销售人员的目标会非常明确，集团无须再为某个销售团队设立考核指标，直接到人反倒更明了。

联想集团华东区域总部人力资源总监曹金昌觉得这样看似混乱的双指标体系能共存正是联想集团在指标设置环节的特色：“设置指标其实是绩效考核的关键，联想集团也遭遇过很多因为指标不清晰、不个性而带来的麻烦，慢慢地，我们摸索出了一条道路，在设置指标的时候尽量做到全面。”

曹金昌所说的全面包括四个方面的内容：(1) 根据不同的业务设置不同的考核指标；(2) 尽可能定量；(3) 指标的界定一定要十分清楚，描述也要让员工看得明白；(4) 设置指标时一定要和员工进行沟通。

每个人都要有个性化目标设置

在联想集团，每个员工都有两个目标：短期和中长期。

一般情况下，短期的目标都是由公司根据企业的目标分解到员工头上的，而中长期的目标则是每个员工对自己未来的描述。每年年初，联想集团的员工都要向部门领导交一份自己的中长期发展规划，如果这份规划和部门领导对员工的判断一致，该规划就生效，人力资源部门也会创造各种条件，提供尽可能多的资源帮助员工。

而如果员工对自己中长期的发展规划和部门领导对其的观察、定位不一致，双方就一定要坐下来沟通。联想集团认为不管是什么样的考核方式，调动员工的积极主动性和创造性才是最终目的，而不是完全按照上级的意思办事。

为了做到考核尽量个性化，联想集团先从部门的个性化开始抓起，针对个性化表现不那么明显的销售部门，联想集团为每个销售人员都建立了一套销售系统，登录该系统就可以看到自己年度内的所有计划、完成情况等信息。

对于绩效考核的难点——职能和研发部门的考核，联想集团也力争个性化。联想集团在研发上的投入很大，在考核的过程中也运用了大量的人力和物力。联想集团把研发部门分成研究院和二级研发机构（研发部门），虽然同为研发工作人员，但这两个系统的人员所从事的工作大不相同。研究院多从事基础性和前瞻性的研究，以保障联想集团未来的竞争力，而二级研发机构则多从事产品的更新换代等工作。

王明是二级研发机构的研发人员，联想集团在考核他的时候主要考虑两个方面的指标：研发周期和工程化。

“现在产品的更新换代快，我们会根据市场上同类产品的淘汰周期以及联想集团想要达到的业界标准确定研发周期。”曹金昌说研发周期反映在市场上就是一个企业的市场反应速度，直接决定着企业能否跟上消费者的步伐。

工程化指标则包括研发转化成产品的时间、件数以及一次生产成功率等，是衡量研发成果转化成市场价值的有效手段。

当然，除了这两个硬性的指标，客户的满意度也是衡量二级研发机构员工绩效的重要指标之一。

研究院的考核指标与二级研发机构大相径庭。专利数是考核研究院的主要指标，同时还有论文发表数和国家课题的参与数。

研发人员在联想集团是可以换岗的，如果二级研发机构的研发人员喜欢从事基础性的研究工作，可以申请调到研究院去，申请的当季度，绩效考核内容跟随发生变化。

不仅不同的部门有不同的绩效指标，根据业务的发展阶段，联想集团也采用不同的考核指标。联想集团一般把业务分为成熟业务、发展中业务、新兴业务。一般情况下，成熟业务更关注利润的成长，并将质量提升作为部门考核指标；而发展中业务需要继续推进销量与销售额的提高，更关注销售额；新兴业务则更关注销量。

沟通是捏在渔夫手中的收网线

如果把绩效管理比喻成一张错综复杂的渔网，沟通就是捏在渔夫手中的收网线，联想集团深信这一点。

联想集团的绩效沟通没有停留在事前让员工知道为什么考核和如何考核上，也没有停留在事后分析上，而是把重点放在事中的纠正和完善上。

去年第四季度最后一个月，李雪莲（化名）领导的一个销售团队的考核目标发生了改变，原因是联想集团市场部门发现远程教育迅速崛起，伴随而来的肯定是大规模的采购，这对联想集团来说是一笔很大的生意，但在制定第四季度考核指标的时候并没有发现这样的现象，于是和员工沟通后删改绩效考核指标成为必然。

“我们部门的绩效考核表里立即增加了远程教育项目的内容，类似的事件在联想集团的绩效考核过程中常有发生。”李雪莲说。

当然，并不是在发生变化的时候绩效沟通才开始运行，员工随时可以向人力资源部门反映问题，人力资源部门也随时期待着和员工面对面讨论绩效。

卫宏一再提醒，绩效结果出来后的沟通一定不能大而化之，因为这直接关系到员工的积极性和下一阶段工作的正确与否，结果出来没有沟通而导致员工怨恨主管甚至企业的例子数不胜数。

很多企业也都认识到绩效沟通的重要性，纷纷强令人力资源部门进行绩效面谈，并制作绩效面谈的指标上交绩效管理中心，但事实上是否进行了面谈无从得知。

联想集团也非常害怕收回的绩效面谈报告是人力资源部门闭门造车的结果，为此，每次绩效考核结束，联想集团都会对员工无记名调查，确认是否得到了绩效面谈的机会，绩效考核的知晓率是考核联想集团人力资源工作者的重要绩效指标之一。

在联想集团，你永远是“小马拉大车”

了解联想集团的人都知道，联想集团部门内给员工强制排序，把员工强制性地分成A，B，C三等。虽然不同团队之间这种分级是保密的，但拿到C甚至B的员工都会黯然。

这个时候的人力资源工作者必须努力向C级别的员工说明这样分级的目的是更有效地利用资源，团队会根据他所处的级别给予相匹配的资源合作和有针对性的帮助、指导等。

如果员工对绩效考核成绩或者排序有意见，有权向部门总经理或人力资源部提出申诉，如果申诉经调查属实，企业会对该员工进行重新评定。

一般情况下，联想集团的季度考核成绩主要影响薪资浮动，而年度考核则与调岗或辞退、培训与个人发展、薪资等级调整、红包、股权、升迁、评优等结合。

既然实行了绩效管理，联想集团就一定要让绩效成绩和员工紧密相关。联想集团的企业文化中有一条就是要求员工“踏踏实实工作，正正当当拿钱”，反映到具体的管理措施就是用人不唯学历重能力，不唯资历重业绩，一切凭业绩说话。

在人才的选拔和任用上，联想集团也有一套规范的手段和流程。不是以某个人的主观判断来决定人员的录用和选择，而是通过绩效成绩在对素质、能力综合评价的基础上，把合适的人放在合适的位置上。

不断的修正和沟通的绩效让联想集团能够在赛马中识别好马。每个员工进入联想集团的时间可能有先后，学历也会有高低，但只要有能力，创造出了显著的业绩，都可以得到重用，都能够有所发展。在联想集团，因为业绩突出，一年之内提升三次者有之，进入联想集团仅三个月，能力强得到重用者有之。在联想集团，你永远会是“小马拉大车”，因为一旦你长成大马，就会有更大的车让你拉，这也迫使员工不断给自己提出更高的要求，在提高中去应对工作的压力和挑战。

资料来源：www.chinahrd.net/performance-management/drive-implement/2012/1111/179337.html.

［思考题］

1. 联想集团的绩效目标设定有哪些特色？

2. 联想集团的绩效管理对其他企业建立绩效管理体系有什么启示？

［分析思路］

1. 答：联想集团在绩效目标设定方面的特色如下：

（1）为每个业务单位或事业部都设置了个性化的绩效目标。联想集团把研发部门分成研究院和二级研发机构（研发部门），虽然同为研发工作人员，但这两个系统的人员所从事的工作大不相同，这两个部门的绩效目标也就不同。

（2）在给业务单位或事业部设定目标时，考虑到业务发展阶段的不同，会采用不同的考核指标。联想集团一般把业务分为成熟业务、发展中业务、新兴业务。一般情况下，成熟业务更关注利润的成长，并将质量提升作为部门考核指标；而发展中业务需要继续推进销量与销售额的提高，更关注销售额；新兴业务则更关注销量。

（3）每个员工既承担个人绩效目标，同时还承担部分团队或部门目标；每个员工既有短期目标，也有中长期目标。短期目标由公司根据企业目标分解到员工头上，中长期目标则是每个员工对自己未来的描述。

（4）在绩效目标设定的时候，重视员工的参与，注重与员工的沟通。

（5）绩效目标会根据业务变化的需要做出必要的调整。

2. 答：联想集团的绩效管理对其他企业的启示如下：

（1）重视绩效考核，更重视绩效管理。绩效考核只是绩效管理的一个环节，如果企业只关注绩效考核，不重视绩效管理，很难有好的效果。

（2）在鼓励员工为实现个人目标努力的同时，鼓励员工为团队或部门目标的实现做贡献。联想为了鼓励员工为团队或部门做贡献，由个人绩效、部门绩效、岗位工资共同来确定个人收入。

（3）关注绩效目标的实现，同时也关注员工的成长。这就是为什么联想会同时为员工设置个人短期目标与中长期目标，短期目标更偏向工作任务，中长期目标更偏向员工的成长与发展。

（4）重视在整个绩效管理过程中与员工的沟通。联想集团的绩效沟通没有停留在事前让员工知道为什么考核和如何考核上，也没有停留在事后分析上，而是把重点放在事中的纠正和完善上。

（5）建立了与业绩、能力紧密结合的奖惩体系。联想在用人时不唯学历重能力，不唯资历重业绩。只要能力强、业绩佳都会得到高额的回报，并被企业重用。

案例 9—2

海林市委市政府的战略地图与平衡计分卡

海林市位于黑龙江省东南部，地处东北亚经济圈腹地，素有“林海雪原”“中国雪乡”之称。行政区总面积 8 816 平方公里，总人口 44 万人。海林因林而立，因林而兴，自然资源富集，生态环境优良，历史文明悠久，文化底蕴深厚，被誉为适宜人居和创业的北方生态明珠城。海林市是黑龙江省十强县，现已形成以工业为主体，农业、旅游、商贸、餐饮等协调发展的经济格局，林木加工、机械冶金、有机食品、清洁能源、生态旅游、生物医药等产业发展态势强劲。

海林市委市政府（以下简称海林市政府）根据其战略规划研究制作、修改和完善了组织和个人平衡计分卡，具体的战略地图与平衡计分卡如下。

1. 海林市政府战略地图

(1) 使命。海林市政府将其使命确定为：贯彻落实党的路线方针政策，全心全意造福海林人民。

(2) 核心价值观。海林市政府将其核心价值观定义为：学习创新、艰苦创业、团结务实、民主廉政。

(3) 愿景。海林市政府的愿景是：到 2011 年，实现全市经济总量倍增，省内位次前移，人民生活殷实和谐。

(4) 利益相关者层面。海林市政府在利益相关者层面设置了三个目标，分别是推动经济快速协调发展、改善发展环境和提高居民生活水平。

(5) 财务层面。海林市政府的财务目标主要是增加财政收入和争取资金投入。

(6) 内部业务流程层面。海林市政府的内部业务流程层面设置了九个目标，分别为培育工业主导产业、创建中国优秀旅游城、提高新农村建设整体水平、加速城市建设升级、提高卫生和教育水平、提高社会保障水平、扩大就业规模、推进“平安海林”建设、塑造新海林形象。

(7) 学习与成长层面。海林市政府的学习与成长层面设置了五个目标，分别是提高全员综合素质、提高信息化程度、培育创新务实的机关文化、创建“四型”领导班子和加强党的建设。海林市政府战略地图如图 9—1 所示。

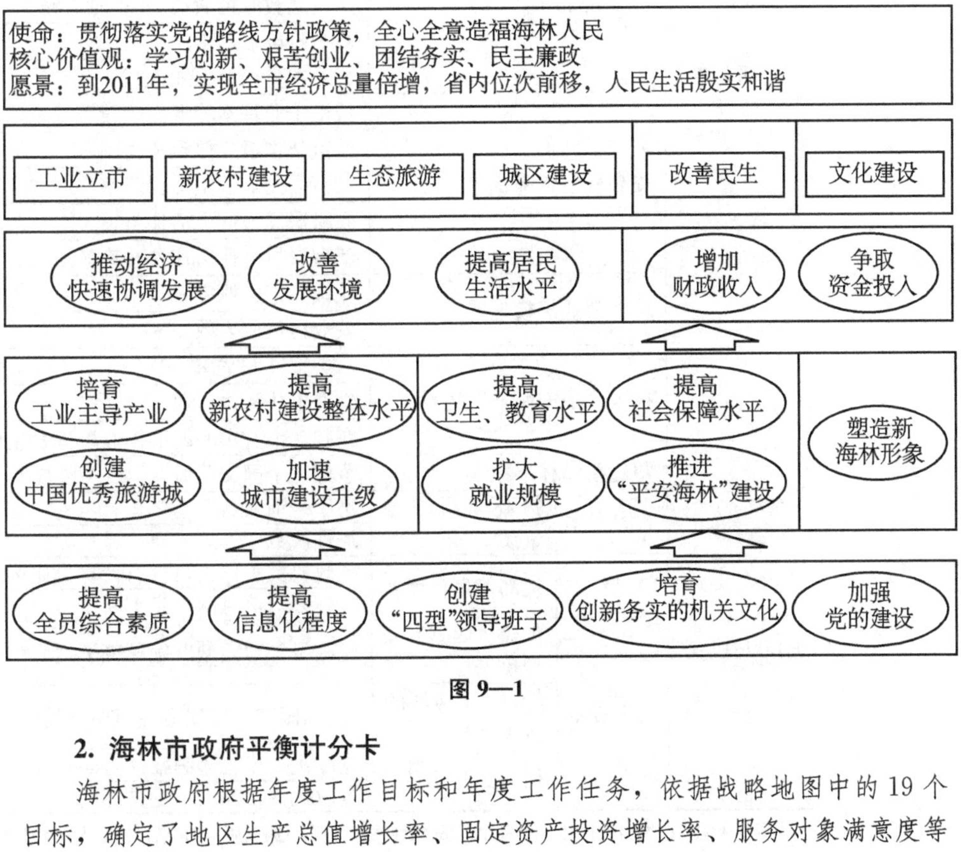

图 9—1

2. 海林市政府平衡计分卡

海林市政府根据年度工作目标和年度工作任务，依据战略地图中的 19 个目标，确定了地区生产总值增长率、固定资产投资增长率、服务对象满意度等

42个评价指标，形成了海林市政府平衡计分卡，如表9—3所示。

表9—3

利益相关者	推动经济快速协调发展		地区生产总值增长率	
			固定资产投资增长率	
			外贸进出口总额增长率	
			万元地区生产总值能耗降低率	
			新增个体工商户及私营公司户数	
	改善发展环境		服务对象满意度	
	提高居民生活水平		居民对生活质量满意度	
			城镇居民人均可支配收入增长率	
			农民人均纯收入增长率	
财务	增加财政收入		全口径财政收入增长率	
			地方财政收入增长率	
	争取资金投入		向上争取资金总额	
内部业务流程	培育工业主导产业		木材加工量	
			清洁能源装机容量	
	提高新农村建设整体水平		“牧菌菜”收入占农民人均纯收入比重	
			农村基础设施建设投资额	
	创建中国优秀旅游城		新增4A级景区景点个数	
			旅游接待人数	
	加速城市建设升级		城市建设投资规模	
	提高卫生、教育水平		卫生、教育支出增长率	
			急诊急救绿色通道24小时通畅率	
			高中阶段毛入学率	
			普通本科以上上线人数	
	提高社会保障水平		城镇企业基本养老保险覆盖率	
			城镇基本医疗保险覆盖率	
			城镇居民最低生活保障率	
			农村居民最低生活保障率	
			新型农村合作医疗参合率	
	扩大就业规模		城镇登记失业率	
			就业再就业人数	
	推进“平安海林”建设		八类案件发案率	
			生产事故死亡人数	
			在省、市有影响的群体性事件发生件数	
	塑造新海林形象		争创“全国文明城”	
学习与成长	人力资本	提高全员综合素质	集中培训人数	
			培训次数	
	信息资本	提高信息化程度	党政机关工作人员拥有计算机比例	
			海林公众信息网信息更新	
	组织资本	创建“四型”领导班子	党政机关“四型”领导班子达标率	
		培育创新务实的机关文化	“六项制度”违规案件当期查处率	
		加强党的建设	党政机关违法违纪案件当期查处率	
			党政机关二类以上党支部比率	

资料来源：改编自方振邦、罗海元：《战略性绩效管理》（第三版），北京，中国人民大学出版社，2010。

［思考题］

结合案例，比较党政机关与企业战略地图、平衡计分卡的异同。

［分析思路］

答：党政机关与企业战略地图、平衡计分卡相同的地方如下：

（1）完整的体系都由战略地图与平衡计分卡构成。

（2）战略地图都包括使命、核心价值观、愿景、战略主题、财务层面、内部业务流程层面、学习与成长层面。

（3）平衡计分卡都包括层面、目标、指标与目标值。

党政机关与企业战略地图、平衡计分卡不同的地方如下：

（1）企业战略地图的四个层面分别为财务、客户、内部业务流程、学习与成长；党政机关的四个层面分别为利益相关者层面、财务层面、内部业务流程层面、学习与成长层面。区别体现在企业关注客户，党政机关重视利益相关者。

（2）在企业战略地图中，因果关系依次为：学习与成长—内部业务流程—客户—财务；党政机关的因果关系为：学习与成长—内部业务流程—利益相关者、财务，利益相关者与财务处于并列位置。

案例9—3

平安保险的绩效管理

一、战略高度的绩效管理体系

在平安，三大机制尽人皆知——竞争、激励、淘汰，这概括了平安绩效管理的核心机制。在这一机制的约束下，平安绩效管理体系得到了严格的贯彻和落实，20年来从未松懈。

绩效管理体系的高效运行，首先得益于公司将绩效管理放在公司战略的高度。平安认为，企业经营目标的达成，绩效管理应当成为核心驱动因素。因此，在推行和实践上，最高管理者做出了很好的表率，而且亲自参与甚至主导着公司绩效管理体系的规划和发展。

其次，平安致力于通过绩效管理机制，将企业战略进行逐步演绎细化，做到目标分解到人，并建立定期问责反馈与检视的机制，同时不断强化结果应用的严格管理，从而使绩效管理有效支撑着公司运营，保证了目标有效实现。

二、绩效手段环环相扣

通过多年来对各种绩效管理方法的不断实践，平安发现横向排名、比例分布、激励淘汰是绩效考核最简洁、最有效的方法，也最容易被员工理解。这在平安被形象地称为“赛跑制”。

（1）横向排名。公司采用横向排名制，一年两次对员工的绩效考核结果排名，每个员工在每次绩效考核结束后都有名次，团队始终处于高度竞争的状态，有效驱动着全体员工不断进取，进而促进公司整体绩效能力的提升。

（2）强制比例分布。绩效考核之后，公司会根据考核结果，按7：2：1对员工的名次进行划分。

(3) 激励和淘汰。根据排名和比例分布，公司对不同业绩的员工有不同的激励和淘汰措施。排名前70%的员工有加薪，不同排名的人加薪比例不同，同时公司也会参考物价水平和行业水平的变动；连续两年排名前40%是员工得到晋升机会的首要条件，当然也将职位空缺和年资等列入考虑。排名70%～90%的员工没有薪资和职位变动，通常他们都是能力上有所欠缺，因此公司会针对他们的弱项给予培训以提高他们的绩效，或者调整岗位让他们在更适合自己的岗位工作。与众不同的是，平安有固定淘汰比例。每年淘汰3%～5%。排名末位10%或5%的员工会被降级降薪、岗位变换甚至淘汰。连续两年降薪的员工必须降级，通过检视，由子公司的人力资源管理者做出处置决定，降薪或者转岗甚至辞退。平安认为，这是对其他95%工作好的员工的保护，也避免了公司壮大过程中可能的老化现象。

平安相信，好的绩效管理的最终目的是对员工的提升，即使过程残酷艰难，最终员工的获益是自身市场价值的提高。

三、考核指标的软硬结合

平安对自身愿景有清晰精确的描述。据此，公司不断细化、演绎，分别形成长期（5～10年）、中期（3～5年）、短期（1～3）目标。随着目标期间的缩短，集团整体战略计划不断趋于具象，最终形成每个业务线的年度经营目标、关键行动计划、详细行动计划。其中短期目标每年都需要重新制定、检视，通过与主管的沟通，确保自己的目标和公司的战略一致。

不同子公司，具体指标不同，但表现出较为一致的总体特点：与本单位业务/财务预算高度匹配；强调多个比较维度下的实质性增长，包括与市场比、与计划比、与自己比；企业绩效管理指标与各子公司CEO问责目标高度吻合，强调结果导向、成败全责。根据组织结构有效分解，层层落实至下一级单位。

这些目标每月都会有系统跟进员工的完成进度，主管也会及时评价、更新和鼓励员工。平安在公司内部建立了人才素质模型，帮助员工确立自己的绩效目标。

一些后台职位的考核带有一定的主观性，考核指标依据公司当前的发展和需要而定，考核结果会结合主管的弹性评价，并和后台其他模块的员工进行比较。例如人力资源管理最近两年的首要任务是搭建完整的绩效管理平台和制度，并执行所有人的绩效管理（现在只有50%的员工进入这个绩效管理系统），因此其考核体系中会设有与之相关的指标；在整个人力资源管理模块中，绩效经理会和薪酬经理先比较，随后人力资源管理模块再和财务模块的经理比较。当然也有硬性指标，例如人力资源管理的工作任务是否完成，控制人力资源成本的目标是否实现，成本超标20%该项即不合格。

而前线职位，例如销售等，则以营业额为主要考核目标。例如，分公司经理的几乎所有考核指标都和业绩有关，要求利润、营业额两手抓——没有公司以没有增长的利润或者没有利润的增长为目标，管理人员既要实现高利润下的高增长，又要实现高增长下的高利润，两者都得兼顾、平衡，保持平稳发展。不同子公司在不同发展阶段的考核指标会有所侧重，但这必须以盈利为底线。所有业务部门的考核可以根据实际情况调整，但必须符合考核的三大手段。

平安以结果为导向，绩效结果和员工的利益挂钩，并根据绩效结果反映出的问题对员工进行培训，帮助他们更好地进入自己的角色。所有绩效管理都将进入绩效档案，在调职、管理人员选拔中，成为参考的第一标准。也正因此，绩效考核在平安得到了高度重视。

四、KPI的管理模式

KPI（关键业绩指标）成了平安公司使用频率最高的一个词。不仅公司高层讨论问题、制定决策少不了KPI，总公司、专业公司及各分支机构的月度经营检讨会更是专门围绕KPI来展开话题，KPI已经深入到平安经营管理的各个方面。

KPI的设计决定绩效考核的科学合理性。平安鲜明的赏罚制度得以长期贯彻，很大程度缘于KPI的设计是根据客观情况和经营管理的不同需要来调置，随着条件的变化不断更新。例如，由于市场竞争的不规范、企业经营状况不理想、代理人市场管理不严等因素的作用，近年来保费应收率居高不下，给公司造成较大损失，而且隐含了极大风险，因此，“保费应收率”就要列入目前产险KPI体系，而在国外，这一矛盾并不突出，“保费应收率”就不列为KPI指标了。

强调KPI设计对工作有指导性，即不但要知道KPI的状况，还要弄清形成这种状况的原因，从而对症下药去改善它。例如，某一段时间产险的整体赔付率上升了，接下来就分析是哪几家机构的赔付率高、哪几个险种的赔付率高、哪类风险使赔付率升高等，从而提出有针对性的控制办法和改善策略。

注重KPI监测管理的时效性，发生问题之后能够及时提出办法加以解决，减少损失。平安的KPI分析基本是根据财务、统计报表数据人工计算，往往在月度结束后15天左右才可拿出KPI分析报告。这种时效性和分析手段显然是不足的。平安着力建立MIS系统，逐步变滞后信息为即时信息，变完全依赖人工分析为主要指标的电脑自动计算显示，变完全由报告人讲解分析为听报告人分析与有关人员随时查询相结合；同时扩大KPI分析结果的运用范围，使KPI管理更有成效。

KPI的考核结果与奖惩紧密挂钩。通过对KPI的监测、分析，把形成KPI各种状态的责任与有关人员的考核奖惩紧密挂钩，更有效地促进各级各类人员真正关心KPI状态，并想办法加以改善。KPI管理的基础是“专业化分工”经营管理，建立以效益为主，运用业务创新、技术创新、服务制胜为主的战略机制。其最核心的是财务核算与监管制度的建立巩固，不但建立起突出保险业务总收入、人均保费、百元保费利润率、业务费用率、资金运用收益率和承保理赔管理的量化考核体系，而且健全财务综合分析制度，突出财务对业务发展的引导与约束作用。

五、绩效考核的透明性

2007年起平安策划建立一个电子化的资源共享平台——平安后援中心。后援中心的成立是为了促进流程管理、资源整合，形成平安以客户为中心的运营平台。后援中心在平安的绩效管理中也发挥了重要作用。绩效管理的方式、结果和沟通也通过这个平台进行。

平安的绩效管理有一套严密的日常管理体系，通过机制的约束保证绩效管理过程、结果的公平性，并促进目标的有序实现。

第一，清晰评价标准。对于各级管理人员，考核双方基于企业年度业务及财务预算，层层分解讨论形成具体清晰的问责目标，在有效支撑公司目标实现的同时，也成为双方共同认可的绩效评价依据；对于普通员工，公司建立了一套清晰、多维度、统一的绩效评价标准，每一维度都有详细的等级描述。

第二，加强过程管理。平安通过月度“绩效日”制度，通过IT系统明确要求下级主管开展月度阶段性总结，上级主管定期审批辅导，并开展阶段性评价，从而有效加强了对过程的记录与管理，有助于提升年度评估的精确性。

第三，严格执行“铁律”。公司以“铁律”的形式，明确了绩效管理相关规则。无论哪一层员工都必须遵循此规则，这有助于保证绩效管理体系的公平性、严肃性的有效确立。

第四，开放申诉通道。绩效管理体系中设计了申诉机制，员工如果认为绩效结果不公平，可通过集团统一申诉邮箱提起申诉，将由专人按程序受理。

第五，开展专项调研。集团人力资源中心定期发起员工绩效管理调查，收集员工对于绩效管理的建议，发现各单位存在的问题，并有针对性地开展相关优化和完善。

资料来源：http：//finance. sina. com. cn/hy/20090105/17195717375. shtml.

[思考题]

1. 你如何看待平安保险采用的强制比例分布？

2. 在绩效管理过程中，平安保险对前线职位与后台职位是如何区分对待的？

3. 平安保险是如何保证绩效考核透明性的？对你有什么启示？

第 10 章

薪酬管理

一、知识点回顾

薪酬是指企业为认可员工的工作与服务而支付给员工的各种直接的和间接的经济收入。员工的薪酬由三部分组成：基本薪酬；可变薪酬；间接薪酬。**基本薪酬**是指企业根据员工所承担的工作或者所具备的技能而支付给他们的较为稳定的经济收入。根据其确定的基础不同，可以分为职位薪酬体系与能力薪酬体系。根据薪酬等级的数量及宽窄程度，可以分为窄带薪酬体系与宽带薪酬体系。**可变薪酬**是指企业根据员工、部门或团队、企业自身的绩效而支付给他们的具有变动性质的经济收入。根据支付的依据，可变薪酬可以分为个体可变薪酬与群体可变薪酬。根据支付周期的不同，可变薪酬可以分为短期可变薪酬与长期可变薪酬。**间接薪酬**是给员工提供的各种福利。福利可以分为国家法定福利与企业自主福利。

报酬是指员工从企业那里得到的作为个人贡献回报的他认为有价值的各种东西。一般可以分为内在报酬和外在报酬两大类。**内在报酬**是指员工由工作本身所获得的心理满足和心理收益。**外在报酬**指员工所得到的各种货币收入和实物，它包括两种类型：经济性报酬和非经济性报酬。

薪酬的功能有以下四个：（1）补偿功能；（2）吸引功能；（3）激励功能；（4）保留功能。

薪酬管理是指企业在经营战略和发展规划的指导下，综合考虑内外部各种因素的影响，确定薪酬体系、薪酬水平、薪酬结构、薪酬构成，明确员工应得薪酬，并进行薪酬调整和薪酬控制的过程。**薪酬调整**是指企业根据内外部各种因素的变化，对薪酬水平、薪酬结构和薪酬形式进行相应的变动。**薪酬控制**指企业对支付的薪酬总额进行测算和监控，以维持正常的薪酬成本开支，避免给企业带来过重的财务负担。

薪酬管理的意义有以下四个方面：(1) 有效的薪酬管理有助于吸引和保留优秀的员工；(2) 有效的薪酬管理有助于实现对员工的激励；(3) 有效的薪酬管理有助于改善企业的绩效；(4) 有效的薪酬管理有助于塑造良好的企业文化。

薪酬管理的原则有以下五个：(1) 合法性原则；(2) 公平性原则，包括外部公平性、内部公平性和个体公平性；(3) 及时性原则；(4) 经济性原则；(5) 动态性原则。

影响企业薪酬管理各项决策的因素主要有三类：一是企业外部因素，包括：(1) 国家法律法规与政策；(2) 劳动力市场状况；(3) 物价水平；(4) 其他企业的薪酬状况。二是企业内部因素，包括：(1) 企业经营战略；(2) 企业发展阶段；(3) 企业财务状况。三是员工个人因素，包括：(1) 员工职位；(2) 员工能力与绩效；(3) 员工工作年限。

企业在薪酬管理的过程中，必须制定一些重要的决策，具体包括四个方面的决策：薪酬体系、薪酬水平、薪酬构成、薪酬结构。

薪酬体系是指企业以什么为基础来确定薪酬。目前常见的薪酬体系有两种：职位薪酬体系与能力薪酬体系。**职位薪酬体系**是指根据对每一职位价值的评价来确定其基本薪酬，是以“职位”为中心的薪酬体系。**能力薪酬体系**则是指根据对每一员工能力（或者技能、胜任特征）的评价来确定其基本薪酬，是以“人”为中心的薪酬体系。

薪酬水平指企业内部各职位、各部门以及企业整体平均薪酬的高低状况，它反映了企业所支付薪酬的外部竞争性与薪酬成本。在确定薪酬水平时，企业通常可以采用四种策略：(1) 领先型策略；(2) 匹配型策略；(3) 拖后型策略；(4) 混合型策略。

薪酬构成则是指在员工和企业总体的薪酬中，不同类型薪酬的组合方式。根据基本薪酬、可变薪酬和间接薪酬这三者所占比例的不同，可以划分为三种模式：高弹性薪酬模式、高稳定薪酬模式、调和型薪酬模式。

薪酬结构指企业内部的薪酬等级数量、每一等级的变动范围及不同薪酬等级之间的关系等。典型的薪酬结构有两种：窄带结构和宽带结构。**宽带薪酬**就是指对多个薪酬等级及其薪酬变动范围进行重新组合，从而变成只有相当少数的薪酬等级以及相应的较宽薪酬变动范围。

薪酬管理与人力资源管理其他职能的关系：职位分析是基本薪酬实现内部公平性的一个重要基础；薪酬政策的变动是改变内部人力资源供给的重要手段；较高的薪酬水平有利于提高招聘的效果，录用人员的数量和结构是决定企业薪酬总额增加的主要因素；绩效管理是薪酬管理的基础之一，针对员工的绩效表现及时给予不同的奖励薪酬，有助于增强激励效果，确保绩效管理的约束性；有效的薪酬管理能够减少劳动纠纷，建立和谐的劳动关系，同时，薪酬管理有助于塑造良好的企业文化与氛围。

基本薪酬的设计一般要按照下面五个步骤来实施：(1) 职位分析；(2) 职位评价；(3) 薪酬调查；(4) 建立薪酬曲线；(5) 根据薪酬曲线来确定薪酬等级。

职位评价是指借助一定的方法，确定企业内部各职位相对价值大小的过程。**职位评价的方法**一般有四种：(1) **排序法**是从总体上判断各个职位价值的相对大小，包括直接排序法、交替排序法和配对比较法；(2) **归类法**是指按照一定的标准将职位归入事先确定好的职位等级中的职位评价方法；(3) **要素比较法**把薪酬的因素也考虑进来，根据不同的报酬要素对职位进行多次排序；(4) **要素计点法**是根据各个职位在报酬要素上的得分来确定它们价值的相对大小。

薪酬调查是指收集同地区或同行业其他企业的薪酬信息，从而确定市场薪酬水平的过程。**薪酬调查的实施**主要有五个步骤：(1) 选择需要调查的职位；(2) 确定调查的范围；(3) 确定调查的项目；(4) 进行实际的调查；(5) 分析调查结果。

薪酬曲线是各个职位的市场薪酬水平和评价点数或者序列等级之间的关系曲线。

薪酬等级划分的依据是职位评价的结果；职位等级划分的数量应当能够反映出职位的价值差异；职位等级确定以后要确定薪酬幅度，在确定薪酬区间的中值之后，确定区间的最高值和最低值：最高值＝区间中值×（1＋薪酬浮动率/2)，最低值＝区间中值×（1－薪酬浮动率/2)，薪酬幅度指薪酬区间的最低值到最高值的百分比差，也就是（最高值－最低值）/最低值×100%。

基本薪酬调整主要分为两个层次：一是整体性的调整；二是个体性的调整。

个体可变薪酬是指主要以员工个人的绩效表现为基础而支付的薪酬。个体可变薪酬主要有以下三种形式：(1) **计件制**是根据员工的产出水平和对应的工资率来支付相应的薪酬；(2) **工时制**是根据员工完成工作的时间来支付相应的薪酬；(3) **绩效工资**是指根据员工的绩效考核结果来支付相应的薪酬（包括绩效调薪、绩效奖金、特殊绩效认可计划三种形式）。

群体可变薪酬指以团队或企业的绩效为依据来支付薪酬。群体可变薪酬主要有以下三种形式：(1) **利润分享计划**指对代表企业绩效的某种指标（通常是利润指标）进行衡量并以衡量的结果为依据来对员工支付薪酬；(2) **收益分享计划**是企业提供的一种与员工分享因生产率提高、成本节约和质量提高等而带来的收益的绩效奖励模式；(3) **员工持股计划**就是让员工部分地拥有公司的股票或者股权。

福利是指企业以组织成员身份为依据，而不是以员工的劳动情况为依据支付给员工的间接薪酬。福利具有四个重要的特点：(1) 实物或延期支付的形式；(2) 固定性；(3) 均等性；(4) 集体性。

福利的优缺点。优点：(1) 形式灵活多样；(2) 典型保健因素，减少员工的不满意；(3) 享受税收优惠；(4) 由企业集体购物时具有规模效应，为员工节省一定支出。缺点：(1) 在提高绩效方面效果不突出；(2) 刚性，增加企业负担。

福利的功能。对员工的作用体现在以下五个方面：(1) 增加员工的收入；(2) 保障员工家庭生活及退休后的生活质量；(3) 满足员工的平等和归属需要；(4) 集体购买让员工获得更多的优惠；(5) 满足员工多样化的需求。对企业的作用体现在以下三个方面：(1) 吸引和保留员工；(2) 营造和谐的企业文化，提高企业形象；(3) 享受国家的优惠税收政策，提高企业成本支出的有效性。

福利的项目分为两大类：一是国家法定的福利；二是企业自主的福利。法定的福利包括五个方面：(1) 法定的社会保险；(2) 住房公积金；(3) 公休假日；(4) 法定休假日；(5) 带薪休假。企业自主的福利包括：企业补充养老金，团体人寿保险计划，健康医疗保险计划，除法定假期之外各种假期、休假，为员工及其家属提供的各种服务项目，以及灵活多样的员工退休计划等。

实施福利管理有以下四个步骤：(1) 调查阶段；(2) 规划阶段；(3) 实施阶段；(4) 反馈阶段。

弹性福利，也可以叫做自助式福利，就是由员工自行选择福利项目的福利管理模式。发达国家企业实行的弹性福利主要有以下五种类型：(1) 附加型弹性福利；(2) 核心加选择型弹性福利；(3) 弹性支用账户；(4) 福利“套餐”；(5) 选择型弹性福利。

二、测试题

(一) 单项选择题

1. 薪酬等级数量较多，每一等级的薪酬幅度较小的薪酬体系是(　　)。
   A. 宽带薪酬体系　　B. 窄带薪酬体系
   C. 能力薪酬体系　　D. 职位薪酬体系
2. 五险一金（基本养老保险、基本医疗保险、失业保险、工伤保险、生育保险、住房公积金）属于(　　)。
   A. 国家法定福利　　B. 企业自主福利
   C. 可变薪酬　　D. 基本薪酬
3. 下列关于薪酬管理的描述错误的是(　　)。
   A. 薪酬管理要在企业发展战略和经营规划的指导下进行
   B. 薪酬管理的目的在于提高员工的工作绩效
   C. 薪酬管理仅仅是及时准确地给员工发放薪酬
   D. 薪酬管理涉及一系列决策，是一项非常复杂的活动
4. 在企业的不同发展阶段，其薪酬形式也是不同的，下列描述错误的是(　　)。

A. 在企业的开创阶段，可变薪酬应当较高
B. 在企业的稳定阶段，基本薪酬应当较高
C. 在企业的衰退阶段，间接薪酬应当较高
D. 在企业的创新阶段，三种薪酬所占比重应大致相当

5. 下列关于职位薪酬体系和能力薪酬体系的表述错误的是(　　)。
A. 职位薪酬体系以员工所在职位为基础，以“职位”为中心
B. 能力薪酬体系以员工掌握的能力为基础，以“人”为中心
C. 在能力薪酬体系中，员工追求能力的提升，以获得更高报酬
D. 职位薪酬体系鼓励员工持续学习

6. 薪酬构成模式包括：高弹性薪酬模式、高稳定薪酬模式和调和型薪酬模式，关于这三种模式表述错误的是(　　)。
A. 高弹性薪酬模式中，可变薪酬是主要组成部分
B. 高稳定薪酬模式中，基本薪酬占主导地位
C. 调和型薪酬模式中，间接薪酬是主要构成部分
D. 调和型薪酬模式中，基本薪酬和可变薪酬所占比例基本相当

7. 设计基本薪酬的步骤一般包括：①职位分析；②职位评价；③薪酬调查；④建立薪酬曲线；⑤确定薪酬等级。正确的顺序应当是(　　)。
A. ①②③④⑤　　B. ②①③④⑤
C. ①②③⑤④　　D. ②①③⑤④

8. 将待评的职位两两进行比较的职位评价方法是(　　)。
A. 直接排序法　　B. 交替排序法
C. 配对比较法　　D. 间接比较法

9. 薪酬调查的实施包括：①选择职位；②确定范围；③确定项目；④进行实际调查；⑤调查结果分析。以下排列正确的是(　　)。
A. ②③①④⑤　　B. ①②③④⑤
C. ①②③⑤④　　D. ②①⑤③④

10. 关于薪酬等级的表述错误的是(　　)。
A. 其划分的依据是职位评价的结果
B. 其划分的数量应当能够反映出职位的价值差异
C. 薪酬等级确定之前要确定薪酬区间
D. 等薪酬等级划分为若干级别，每个级别对应一个具体的薪酬数值

11. 下列关于可变薪酬的表述错误的是(　　)。
A. 对员工的激励性较强
B. 帮助企业节约成本
C. 有助于员工给自己设置较高的目标
D. 有可能会加剧内部竞争

12. 对代表企业绩效的某种指标进行衡量，并以衡量的结果为依据来对员工支付薪酬的群体可变薪酬的形式是(　　)。

A. 利润分享计划　　B. 收益分享计划
C. 员工持股计划　　D. 斯坎伦计划

(二) 多项选择题

1. 员工的薪酬的组成部分包括(　　)。
A. 基本薪酬　B. 可变薪酬　C. 间接薪酬　D. 直接薪酬
2. 报酬可以分为内在报酬和外在报酬，其中外在报酬包括(　　)。
A. 经济性报酬　B. 非经济性报酬
C. 国家法定福利　D. 企业自主福利
3. 薪酬代表企业和员工之间的经济交换，这一交换具有的功能有(　　)。
A. 补偿功能　B. 吸引功能　C. 激励功能　D. 保留功能
4. 薪酬管理的公平性原则中的公平包括(　　)。
A. 群体公平性　B. 个体公平性
C. 内部公平性　D. 外部公平性
5. 影响薪酬管理的主要因素包括(　　)。
A. 企业外部因素　B. 工作团队因素
C. 员工个人因素　D. 企业内部因素
6. 企业在薪酬管理的过程中，必须制定一些重要的决策，具体包括(　　)。
A. 薪酬体系　B. 薪酬水平　C. 薪酬竞争力　D. 薪酬结构
7. 关于宽带薪酬表述正确的是(　　)。
A. 支持扁平型组织结构
B. 引导员工重视个人技能的增长和能力的提高
C. 不利于职位轮换和调整
D. 不利于管理人员及人力资源专业人员的角色转变
8. 职位评价的方法有(　　)。
A. 排序法　B. 归类法　C. 要素比较法　D. 要素计点法
9. 基本薪酬的调整主要包括(　　)等层次。
A. 部门性的调整　B. 团队性的调整
C. 整体性的调整　D. 个体性的调整
10. 可变薪酬主要包括个体可变薪酬和群体可变薪酬，其中个体可变薪酬的形式主要有(　　)。
A. 计件制　B. 工时制　C. 绩效工资　D. 综合制
11. 与直接薪酬相比，福利具备的特点包括(　　)。
A. 实物或延期支付的形式　B. 固定性
C. 均等性　D. 个体性
12. 以下福利项目属于国家法定福利的是(　　)。
A. 法定的社会保险　B. 住房公积金
C. 健康医疗保险计划　D. 灵活多样的员工退休计划

13. 发达国家实行的弹性福利的类型除了福利“套餐”之外，还包括(　　)。
　A. 附加型弹性福利　　B. 核心加选择型弹性福利
　C. 弹性支用账户　　D. 选择型弹性福利

(三) 名词解释

1. 报酬　　2. 薪酬
3. 内在报酬　　4. 外在报酬
5. 间接薪酬　　6. 基本薪酬
7. 可变薪酬　　8. 薪酬管理
9. 职位评价　　10. 排序法
11. 归类法　　12. 要素比较法
13. 要素计点法　　14. 报酬要素
15. 薪酬调查　　16. 职位薪酬体系
17. 能力薪酬体系　　18. 计件制
19. 工时制　　20. 绩效工资
21. 绩效调薪　　22. 绩效奖金
23. 利润分享计划　　24. 收益分享计划
25. 员工持股计划　　26. 福利
27. 弹性福利

(四) 问答题

1. 报酬和薪酬有什么区别和联系?
2. 薪酬管理的含义是什么? 有什么样的意义? 需要遵循什么样的原则?
3. 薪酬管理的基本决策有哪些?
4. 职位评价的方法有哪些? 每一种方法的主要特点是什么?
5. 如何确定基本薪酬?
6. 可变薪酬有哪些类型?
7. 福利的项目有哪些? 如何进行福利管理?

三、测试题参考答案

(一) 单项选择题

1. B　2. A　3. C　4. D　5. D　6. C　7. A　8. C　9. B　10. C　11. C　12. A

(二) 多项选择题

1. ABC　2. AB　3. ABCD　4. BCD　5. ACD　6. ABD　7. AB　8. ABCD　9. CD　10. ABC　11. ABCD　12. AB　13. ABCD

(三) 名词解释

1. 报酬：是指员工从企业那里得到的作为个人贡献回报的他认为有价值的各种东西。

2. 薪酬：是指企业为认可员工的工作与服务而支付给员工的各种直接的和间接的经济收入。

3. 内在报酬：通常是指员工由工作本身所获得的心理满足和心理收益。

4. 外在报酬：通常指员工所得到的各种货币收入和实物，包括两种类型——经济性报酬和非经济性报酬。

5. 间接薪酬：是向员工提供的各种福利。

6. 基本薪酬：指企业根据员工所承担的工作或者所具备的技能而支付给他们的较为稳定的经济收入。

7. 可变薪酬：是指企业根据员工、部门或团队、企业自身的绩效而支付给他们的具有变动性质的经济收入。

8. 薪酬管理：是指企业在经营战略和发展规划的指导下，综合考虑内外部各种因素的影响，确定薪酬体系、薪酬水平、薪酬结构、薪酬构成，明确员工应得薪酬，并进行薪酬调整和薪酬控制的过程。

9. 职位评价：是指借助一定的方法，确定企业内部各职位相对价值大小的过程。

10. 排序法：是一种最简单的职位评价方法，从总体上判断各个职位价值的相对大小。具体操作时，一般可采用直接排序法、交替排序法和配对比较法（也叫对偶排序法）来完成。

11. 归类法：是指按照一定的标准将职位归入事先确定好的职位等级中的职位评价方法。

12. 要素比较法：是一种比较复杂的职位评价方法，它已经不再是单纯地比较职位的相对价值大小，而是把薪酬的因素也考虑进来，根据不同的报酬要素对职位进行多次排序。

13. 要素计点法：是在实践中最常用的一种量化的职位评价方法，它是根据各个职位在报酬要素上的得分来确定它们价值的相对大小。

14. 报酬要素：是各个职位都具有的对职位价值起影响作用的因素，企业正是基于这些因素才给予职位相应的报酬。报酬要素一般要从工作责任、工作技能、努力程度和工作条件四个方面进行考虑。

15. 薪酬调查：是指收集同地区或同行业其他企业的薪酬信息，从而确定市场薪酬水平的过程。

16. 职位薪酬体系：是指根据对每一职位价值的评价来确定其基本薪酬，是以“职位”为中心的薪酬体系。

17. 能力薪酬体系：是指根据对每一员工能力（或者技能、胜任特征）的评价来确定其基本薪酬，是以“人”为中心的薪酬体系。

18. 计件制：计件制是最常见的一种个体可变薪酬形式，它是根据员工的产出水平和对应的工资率来支付相应的薪酬。

19. 工时制：是根据员工完成工作的时间来支付相应的薪酬。

20. 绩效工资：是指根据员工的绩效考核结果来支付相应的薪酬。

21. 绩效调薪：是指根据员工的绩效考核结果对其基本薪酬进行调整，调薪的周期一般按年来进行，而且调薪的比例根据绩效考核结果的不同也应当有所区别，绩效考核结果越高，调薪的比例相应地就要越高。

22. 绩效奖金：也称为一次性奖金，是指根据员工的绩效考核结果给予的一次性奖励，奖励的方式与绩效调薪有些类似，只是对于绩效不良者不会进行罚款。

23. 利润分享计划：指对代表企业绩效的某种指标（通常是利润指标）进行衡量并以衡量的结果为依据来对员工支付薪酬。

24. 收益分享计划：是企业提供的一种与员工分享因生产率提高、成本节约和质量提高等而带来的收益的绩效奖励模式。

25. 员工持股计划：就是让员工部分地拥有公司的股票或者股权。

26. 福利：是指企业以组织成员身份为依据，而不是以员工的劳动情况为依据支付给员工的间接薪酬。

27. 弹性福利：也可以叫做自助式福利，就是由员工自行选择福利项目的福利管理模式。

（四）问答题

1. 报酬和薪酬有什么区别和联系？

答：图 10—1 较为直观地反映出了报酬与薪酬的区别和联系。

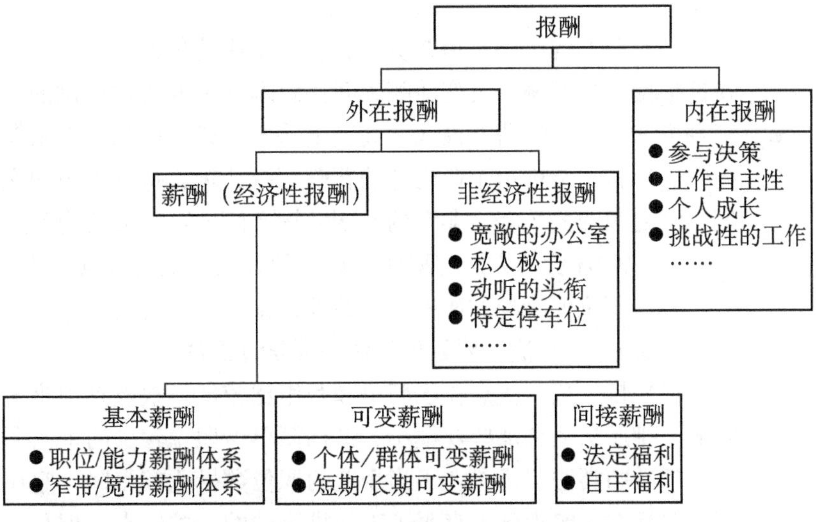

图 10—1　薪酬体系的构成

2. 薪酬管理的含义是什么？有什么样的意义？需要遵循什么样的原则？

答：薪酬管理是指企业在经营战略和发展规划的指导下，综合考虑内外部各种因素的影响，确定薪酬体系、薪酬水平、薪酬构成、薪酬结构，明确员工应得薪酬，并进行薪酬调整和薪酬控制的过程。

薪酬管理主要有以下四个方面的意义：

(1) 有效的薪酬管理有助于吸引和保留优秀的员工；

(2) 有效的薪酬管理有助于实现对员工的激励；

(3) 有效的薪酬管理有助于改善企业的绩效；

(4) 有效的薪酬管理有助于塑造良好的企业文化。

薪酬管理的原则主要有五个方面：

(1) 合法性原则；

(2) 公平性原则；

(3) 及时性原则；

(4) 经济性原则；

(5) 动态性原则。

3. 薪酬管理的基本决策有哪些?

答：为了确保薪酬体系达到目标，企业在薪酬管理的过程中，必须制定一些重要的决策，具体包括四个方面的决策：薪酬体系、薪酬水平、薪酬构成、薪酬结构。

(1) 薪酬体系是指企业以什么为基础来确定薪酬。目前常见的薪酬体系有两种：职位薪酬体系与能力薪酬体系。

(2) 薪酬水平指企业内部各职位、各部门以及企业整体平均薪酬的高低状况，它反映了企业所支付薪酬的外部竞争性与薪酬成本。在确定薪酬水平时，企业通常可以采用四种策略：领先型策略、匹配型策略、拖后型策略、混合型策略。

(3) 薪酬构成则是指在员工和企业总体的薪酬中，不同类型薪酬的组合方式。根据基本薪酬、可变薪酬和间接薪酬这三者所占比例的不同，可以划分为三种模式：高弹性薪酬模式、高稳定薪酬模式、调和型薪酬模式。

(4) 薪酬结构指企业内部的薪酬等级数量、每一等级的变动范围及不同薪酬等级之间的关系等。典型的薪酬结构有两种：窄带结构和宽带结构。

4. 职位评价的方法有哪些? 每一种方法的主要特点是什么?

答：职位评价的方法一般有四种：排序法（直接排序法、交替排序法和配对比较法）、归类法、要素比较法和要素计点法。

(1) 排序法：优点在于简单和费用比较低。缺点是很难避免受主观因素的影响。排序法适合那些规模小、结构简单、职位较少的企业采用。

(2) 归类法：优点在于当企业的职位数量比较多时，它比排序法要节省时间，并且在一定程度上克服了工作排序法的一些缺点。但是，由于实际中很难建立起通用的职位等级定义，特别是职位类型差异较大时，进行等级定义的难度会更大；此外，仍然具有主观性比较强的缺点。

(3) 要素比较法：优点是准确客观，能够将人为因素的影响降到最低，也比较容易向员工做出解释。缺点是操作起来比较复杂，整个评价过程比较费时；增加了评价的成本，但是也提高了它的适用性。

(4) 要素计点法：是一种量化的方法，可以对不同性质的职位进行横向比较，评价的结果更为准确，也更容易让员工接受；此外，它除了可以比较出各职位相对的价值大小之外，还可以衡量出价值大小的差距，更有利于进行基本薪酬的设计。这种方法的缺点是，尺度的设计比较麻烦，操作起来也比较费时，而且这种方法也不能完全消除主观因素的影响，要素指标的选择、权重和点数的分配也会受到主观判断的影响。

5. 如何确定基本薪酬?

答：基本薪酬的设计一般按照下面的步骤来实施：首先进行职位分析，界定各职位的工作职责和任职资格要求；接着进行职位评价，确定各个职位相对的价值大小；然后进行薪酬调查，将调查的结果和职位评价的结果结合起来，建立薪酬曲线；最后根据薪酬曲线来确定薪酬等级。

6. 可变薪酬有哪些类型?

答：可变薪酬有很多类型，根据支付对象的不同，一般可以分为：个体可变薪酬与群体可变薪酬。

个体可变薪酬是指主要以员工个人的绩效表现为基础而支付的薪酬。个体可变薪酬主要有以下三种形式：(1) 计件制；(2) 工时制；(3) 绩效工资（包括绩效调薪、绩效奖金、特殊绩效认可计划三种形式)。

群体可变薪酬指以团队或企业的绩效为依据来支付薪酬。群体可变薪酬主要有以下三种形式：(1) 利润分享计划；(2) 收益分享计划；(3) 员工持股计划。

7. 福利的项目有哪些? 如何进行福利管理?

答：福利的项目分为两大类：一是国家法定的福利；二是企业自主的福利。

法定的福利包括以下五个方面：(1) 法定的社会保险；(2) 住房公积金；(3) 公休假日；(4) 法定休假日；(5) 带薪休假。

企业自主的福利包括：企业补充养老金，团体人寿保险计划，健康医疗保险计划，除法定假期之外各种假期、休假，为员工及其家属提供的各种服务项目，以及灵活多样的员工退休计划。

实施福利管理有以下四个步骤：(1) 调查阶段；(2) 规划阶段；(3) 实施阶段；(4) 反馈阶段。

四、案例分析

案例 10—1

激励性薪酬体系设计

——CX 公司绩效导向薪酬体系改革实践

分析 CX 公司薪酬体系

CX 公司薪酬体系存在以下问题：一是固定工资水平偏低，员工收入稳定性差，保障性不强，不利于核心人才的稳定。二是岗位工资不能体现岗位价值，评价因素不全面，评价标准不科学，内部公平性受到质疑。三是实行一岗一薪，岗位与工资呈“点对点”的高刚性，企业内部等级森严，缺乏工资晋升机制，员工无成长空间。四是浮动工资中的年终奖金标准确定依据不明确。年终奖金考核指标不全面、不科学，人为因素为主导，员工之间差距过大，矛盾突出。五是工资结构中除了年终奖金进行浮动发放外，月度和季度均缺乏相应的激励因素，员工工作积极性不高。决定技能工资的职称或技能资格，也并不能反映员工真正的能力。

重新设计薪酬结构模式

CX公司在广泛调研和分析的基础上，对原有薪酬模式进行重新设计，建立职位、胜任能力、绩效三位一体的（3P）薪酬体系，实行“以岗位为基础，以业绩为导向”的岗位绩效工资制。员工薪酬构成包括岗位工资与津补贴、奖金、保险与福利三部分，其中岗位工资和奖金是主要部分（见表10—1）。

表10—1　CX公司员工薪酬结构模式

一级构成	工资与津补贴		奖金		保险与福利				
二级构成	岗位工资	工龄补贴其他补贴	月度绩效奖金	年终效益奖金	社会保险	住房公积金	劳动保护	企业年金	内部医疗保险

员工工资收入＝岗位工资＋季度绩效奖金＋津补贴＋年终效益奖金

岗位工资主要体现岗位本身在企业内部基本价值水平，体现岗位差别，需要通过岗位价值评价来测量。

月度绩效奖金主要体现岗位员工工作和努力差别，对企业、部门、岗位价值的实际贡献支持度，与季度绩效评价结果挂钩，按月浮动发放。

津补贴包括工龄补贴、劳保费及驻地津贴，属于保健因素，体现公司对员工的个人特殊补偿，予以全部保留，并对驻地津贴予以适当提高以体现对施工一线的激励。

年终效益奖金主要体现全体员工的工作努力对企业的实际贡献，让员工分享企业利润。通过年度绩效评价结果与薪酬体系相结合来实现。

保险与福利除了基本的社会保险、住房公积金和劳动保护外，还针对中高级人才建立了企业年金制度和内部医疗保险办法，以增强对核心人才的吸引、保留与激励。

实施岗位评价，确保薪酬的内部公平

为明确各部门职能职责，CX公司对原有组织结构及职能进行梳理和重新设计，同时根据部门职责进行规范的定岗定员工作。通过组织进行岗位分析，编制规范的岗位说明书，明确岗位职责和任职资格标准，以此确定岗位人员编制，为实施岗位评价奠定基础。

为准确测量岗位价值的差异，实现内部公平，采用国际通行的岗位评价方法：因素计分法。根据国际劳工组织（ILO）确定“岗位责任、知识技能、工作强度、工作环境”四大岗位价值评价因素，结合CX公司科技型工程企业的特性和核心价值观，将四大评价因素分解成 24 个子因素（岗位责任 9 个子因素，知识技能 8 个子因素，工作强度 4 个子因素，工作环境 3 个子因素）。通过问卷调查、小组研讨等方式，按总分 1 000 分对各评价因素的权重分值划分，对各评价子因素进行明确定义和分级，分别分为 5～7 级（见表 10—2 中的示例），并结合企业的岗位层级要求，建立起 CX 公司的岗位评价办法。

表 10—2　　评价因素定义与评分表

级别	1.8　安全责任因素	分数	
	因素定义：指岗位在经营管理中对人身、财产、设备、技术机密等安全管理方面所承担的责任，其责任大小以本岗位涉及安全问题的密切程度和安全管理的范围来衡量。		35‰
5	工作岗位较少涉及安全问题。基本不承担安全管理责任。	0～6	
4	工作岗位涉及安全问题。但仅承担个人的安全管理责任。	7～13	
3	二级科室安全直接责任人。	14～20	
2	本部门安全管理直接责任人或分管岗位涉及较多的安全问题。	21～27	
1	所属部门安全风险大或承担企业的安全管理责任。	28～35	

同时，成立了 15 人的岗位评价小组，成员要求熟悉企业经营生产，有广泛代表性，涵盖各层级人员（高层、中层、职员）。由岗位评价小组分组进行岗位价值打分评价，并在专业咨询公司指导下进行封闭式评价，一来确保评价的专业性和科学性，二来又避免了外界干扰。评价结果经过评价小组会议反复研讨并最终确定，最后根据评价结果进行岗位价值排序。通过实施岗位评价，确保薪酬的内部公平。

建立宽幅薪级制度，促进员工职业成长与发展

利用岗位评价结果，结合 CX 公司的人员规模进行岗位归级处理，建立 CX 公司的岗位等级（12 个岗位等级）。以岗位标准薪点为基础进行宽幅薪级设计，每个薪酬等级设立 15 个薪级（见表 10—3，其中 C1 列为岗位标准薪点），幅宽在 100% 或 100% 以上，分为学习区、成长区、合格区、良好区、优秀区 5 个区间。

表 10—3　　薪点表

薪等	薪级														
	学习区 A			成长区 B			合格区 C			良好区 D			优秀区 E		
	A1	A2	A3	B1	B2	B3	C1	C2	C3	D1	D2	D3	E1	E2	E3
9 等	550	590	630	670	710	750	790	830	870	910	950	990	1 030	1 070	1 110
8 等	500	540	580	620	660	700	740	780	820	860	900	940	980	1 020	1 060
7 等	450	485	520	555	590	625	660	695	730	765	800	835	870	905	940

岗位薪点数代表岗位在企业内部的相对价值并直接决定岗位等级，岗位等级体现岗位价值差异，薪级体现个人能力或技能差异。要确定岗位工资还需要

确定薪点值。通过CX公司现有固定薪酬总额测算，汇总各部门核定编制岗位的薪点数，得到公司统一的岗位薪点值（薪点值＝现有薪酬总额/ $\sum$ 核定编制的岗位薪点数）和岗位工资额（岗位工资＝岗位薪点数×薪点值）。通过测算，薪点值为5元，考虑到目前公司固定工资水平普遍偏低、员工积极性不高，为确保与市场薪酬水平接轨，最终将薪点值调整为6元。

薪点值的运用极大地增强了薪酬的弹性，企业可以结合经济效益定期对薪点值进行修正调整，合理确定企业薪酬水平的市场定位。宽幅薪级设计保证了员工在岗位不晋升的情况下，薪酬水平可随着绩效或能力的提升而提高，甚至达到更高岗位的薪酬水平，从而保证人岗匹配。

强化绩效奖金可变薪酬管理，真正实现个体公平

根据双因素理论，通过在工资构成中设置绩效奖金可变薪酬，有效实现对员工的激励。CX公司从预算年终奖金额中预提50%作为公司全年季度绩效奖金与季度考核结果挂钩，按月度浮动发放，以降低年终奖金比重，改变以往年终奖金比例过大且发放不稳定、激励不及时的弊端。同时，也解决了以往季度“只有考核结果，没有考核运用，缺乏考核动力”的矛盾。通过绩效奖金可变薪酬激励因素，一方面体现员工季度绩效贡献差异，体现个体公平；另一方面对员工进行及时激励，为季度考核结果应用提供动力。根据不同层级员工工作风险性及可控程度确定不同的绩效奖金比例（见表10—4）。

表10—4　工资比例表

岗位层次	岗位工资	绩效奖金
业务人员	50%	50%，平时按销售任务考核发放，若平时未完成任务扣发绩效奖金，但在年底全部完成任务的，予以补发
一般员工	80%	20%
主管/科长	70%	30%
中层管理人员	60%	40%
高层经理人员	40%	60%，高层经理人员月度绩效资金按月发放，纳入年终奖金范畴，与年底KPI考核挂钩结算

规范年终奖金的发放，真正发挥奖金的激励功能

在年终奖金发放方面，由公司董事会根据公司净利润实现和年度KPI指标达成情况，确定公司应发奖金总额。公司高层经理年终奖金按公司总奖金额的规定比例提取，由总经理提出方案，董事会批准。其次，改变以往片面根据生产部门的产值、毛利确定奖金的办法，以目标成本降低额为奖金基数，从产值、成本降低率、回款率、质量、安全等指标进行全面评价并挂钩。对各职能部门直接按公司奖金总额的规定比例计提，以改变以往奖金按生产部门同层级人员的80%计提，无论怎么努力，奖金额都偏低的状况。对部门实发奖金额通过部门奖金基数与部门年终考核系数挂钩，并在公司内进行初次分配确定，计算办法如下：

部门实发奖金额＝部门奖金基数×部门考核系数×公司奖金调节系数

$$\text{公司奖金调节系数}=\frac{\text{公司奖金总额}}{\sum\left(\text{部门奖金基数}1\times\text{部门考核系数}1+\text{部门奖金基数}N\times\text{部门绩效系数}N\right)}$$

式中，公司奖金总额为公司计提奖金总额扣除高层经理人员计提奖金额后的奖金额。

最后，根据岗位价值评价结果确定个人奖金分配基数，即汇总部门各岗位的薪点数得到部门统一的岗位奖金薪点值（即奖金薪点值＝部门实发奖金额/$\sum$部门各岗位薪点数）和岗位奖金额，并根据岗位层级设置奖金薪点值系数（比如，经理为 1.5，主管为 1.2，职员为 1.0）。将员工奖金额与个人绩效考核系数挂钩，通过部门绩效调节系数，实现部门奖金在岗位间的二次分配。通过利用岗位价值评价结果、公司奖金调节系数和部门奖金调节系数，减少人为因素，使奖金分配更为透明合理、更加客观公正，真正发挥奖金的激励功能，也更加激励员工关注部门及个人绩效的提高，增强团队合力，从而提高部门及个人奖金收入。

岗位工资薪级的套入及应用

首先，考虑到员工的心理承受能力，保证现有员工工资收入不受大的影响和冲击，确保新旧体系的平稳过渡，对现有人员岗位工资直接按所在薪等的合格区 C1 薪级执行。

其次，新进人员的薪级套入与岗位任职资格挂钩，在试用期间直接按所在薪等成长区 A2 薪级执行，转正时经岗位任职资格评估后，核定于成长区 A2 与合格区 C1 之间，以确保人岗匹配、能级对应。对经验丰富、能力强的新进人员可直接核定于合格区 C2 以上薪级，甚至更高薪级。

最后，每年年初根据员工上年度综合绩效评价结果进行宽幅薪级调整，对绩效优秀员工晋升 1～2 级薪级，对绩效较差员工下浮 1～2 级薪级，建立起绩效导向的薪酬定期调整机制。

资料来源：改编自张方国：《激励性薪酬体系设计——CX 公司绩效导向薪酬体系改革实践》，载《企业管理》，2011（1）。

[思考题]

1. CX 公司的激励性薪酬体系设计是怎样体现薪酬管理的公平性原则的？
2. 结合案例，分析在职位评价的过程中应该注意哪些问题。
3. CX 公司的绩效奖金改革对于其他公司有何借鉴？

[分析思路]

1. 答：公平性原则是企业实施薪酬管理时应遵循的最重要的原则。公平性一般包括三个方面：外部公平性；内部公平性；个体公平性。

（1）外部公平性：就是说与其他企业的类似职位或员工的薪酬相比，能比较公平合理，最好能有竞争性。CX 通过测算得到薪点值为 5 元，最终将薪点值调整为 6 元，就是外部公平性的具体体现。

（2）内部公平性：就是说在同一企业中，不同职位或者员工的薪酬应当与各自对企业的贡献成正比。CX公司为了保证内部公平性，采用国际通行的因素计分法，在专业咨询公司指导下，对所有岗位进行了评价。

（3）个体公平性：就是说在同一企业中，相同或类似职位上的员工薪酬应当与其能力、绩效与贡献成正比。CX公司每个薪酬等级设立15个薪级，并根据员工的经验、能力确定具体的薪级；不同层次绩效奖金占不同比例，年终效益奖金考虑公司净利润实现、年度KPI指标达成、部门绩效与个人绩效，这些都是个体公平性的体现。

2. 答：企业在职位评价（CX称之为岗位评价）中应该注意以下问题：

（1）在开展职位评价之前，应该先进行职位分析，撰写职位说明书，才能为职位评价的开展奠定坚实的基础。必要时，还需要对组织结构及其职能进行梳理与重新设计，理顺组织的职位体系。

（2）企业在进行职位评价时，应该选择合适的职位评价方法。一般比较大的企业为了保证结果的科学与权威性，可以优先考虑要素计点法。

（3）在采用要素计点法时，应该根据员工的工作特点，选择恰当的报酬要素与评价体系。这方面，企业可以参考国际上成熟的职位评价体系，包括：合益的职位评价系统、美世的职位评价系统、韬睿惠悦的职位评价系统与怡安翰威特的职位评价体系，并结合企业自身的特点进行相应的调整与完善。

（4）为保证职位评价结果的客观性，企业应该成立职位评价小组。在成立职位评价小组时，应合理选择小组成员，对小组成员进行职位评价方面的培训，并采用必要的监督机制来确保评价结果的客观性。

（5）操作过程要规范，方法要科学，这是保证结果科学性的必要前提。

3. 答：从CX公司绩效奖金的做法来看，有如下值得借鉴的地方：

（1）不同层级和不同类别员工的绩效奖金的比例及绩效评价方法各不相同，体现各职位的特殊性与差异性；

（2）同时考虑组织、部门、个人的绩效的三结合，有利于推动个人为部门绩效着想，部门为组织绩效服务；

（3）完善各部门、各层级人员的绩效考核指标，对各部门与员工的绩效进行客观的评价；

（4）及时激励，从预算年终奖金额中预提50%作为公司全年季度绩效奖金与季度考核结果挂钩，按月度浮动发放，使得激励更有时效性；

（5）采用多种手段确保公平。

案例10—2

房地产销售人员分层分类分销售阶段薪酬体系设计
——以SH房地产公司为例

SH房地产公司薪酬体系的现状

SH房地产公司位于上海，是某国有房地产企业下属的专门从事房地产销售的公司。随着上海房地产业的飞速发展，SH房地产公司的整体效益蒸蒸日上，但员工的满意度很低，员工流失率很高，暴露出其薪酬体系存在较大的问题。

SH房地产公司的薪酬体系分为三个部分：第一部分是基本工资，这部分所有的销售人员都是相同的，不管工作年限的多少，也不会随着行业景气指数和公司项目的变化而变动；第二部分是津贴和福利，而SH房地产公司提供的也仅仅是午餐补贴而已；第三部分是提成工资，完全按照销售实际到账金额的一定比例提成。

然而，SH公司的薪酬体系存在着很大的问题。从总体来说，该行业的平均基本工资是每月1 200元，而SH房地产公司的基本工资是每月1 000元，比1 200元低了200元，占到了1 000元的1/5，可以说，SH房地产公司的基本工资是远远低于市场平均水平的，很显然违背了薪酬设计中最重要的对外具有竞争力的原则。同时，SH房地产公司除法定福利外就仅仅是每天5元的午餐补贴，员工对此怨声载道，这也是导致员工流失率居高不下的一个重要原因。

SH房地产公司的提成比例是万分之八，其中的万分之二是要等客户验收完毕收房后才发给员工的，而由于房地产建设长期性的特点，从最开始的签订预售合同到最后的客户验房过户，短则1年左右，长则3年也是可能的。SH房地产公司的很多员工在客户没有收房的时候就离职了，是无法领取到这万分之二的工资的。而且SH房地产公司万分之八的提成比例，在上海的房地产行业中来说也是较低的。同时，当房地产行业整体比较低迷或者该公司处于不同的销售阶段的时候，其提成的比例都是固定的，这很难对员工产生激励作用。

在职位设置方面，SH房地产公司只有一名销售经理和一名销售经理助理，其他的全部是销售人员，不管你在该企业的工作年限是多长，不管你的个人综合素质怎么样，也不管你工作绩效的好坏，销售人员的基本工资都是每月1 000元，也就是说你不晋升到经理助理或经理，你每月的基本工资就无法提高。晋升渠道的缺乏严重制约着员工的长远发展，很多优秀的老员工因此选择跳槽。

分层分类分销售阶段的薪酬体系的设计思想

1. 薪酬体系分层分类分销售阶段的含义

具体来说，分层分类分销售阶段的薪酬体系中的分类，是指把房地产销售人员分为一线销售人员与销售管理人员，销售管理人员包括销售经理和销售经理助理，其中销售经理的薪酬是与一线销售人员和销售经理助理的绩效和业绩挂钩的。对初级销售人员、中级销售人员、高级销售人员等，公司制定出详细具体的层次标准以及指标，和员工的个人素质、能力水平、教育背景、工作绩效等联系起来，一方面可以根据以上因素合理公平地制定出不同层次销售人员的基本工资，另一方面可以激励销售人员不断提高自己的个人素质、能力水平、业绩等。

通过这样分层次的销售体系，可以使房地产销售人员很明确地看到自己的职业发展道路，从而促使其不断提高自己的工作业绩，这不仅有利于员工个人的成长，更有利于企业的长远发展。

房地产销售与其他产品的销售是不一样的，其销售的进程是分阶段的，从前期的预开盘阶段，到中期的集中销售阶段，以及最后的尾盘阶段，销售的难易程度大相径庭，因此采取的佣金比例也应该根据项目的销售阶段而有所不同，这正是很多房地产企业所忽视的。为了便于接下来SH房地产公司销售人员薪酬体系设计的实际操作，这里将房地产销售简化为预开盘、集中销售、尾盘销售等三个阶段。

2. 分层分类分销售阶段薪酬体系基本工资、佣金、奖金的设计

根据基本工资（固定工资）、佣金（浮动工资）的高低组合关系，可以建立如下的矩阵模型，具体见图10—2。

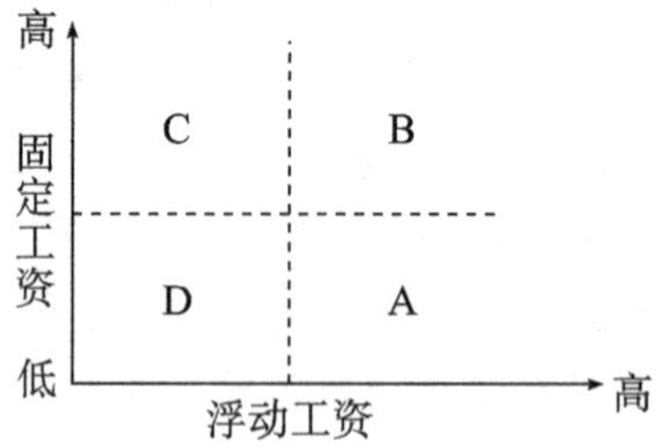

图10—2 薪酬矩阵模型

从项目的全过程来看，就是基本工资+佣金+项目奖金的模式/分层分类分销售阶段的薪酬体系。该模型具体如图10—3所示。

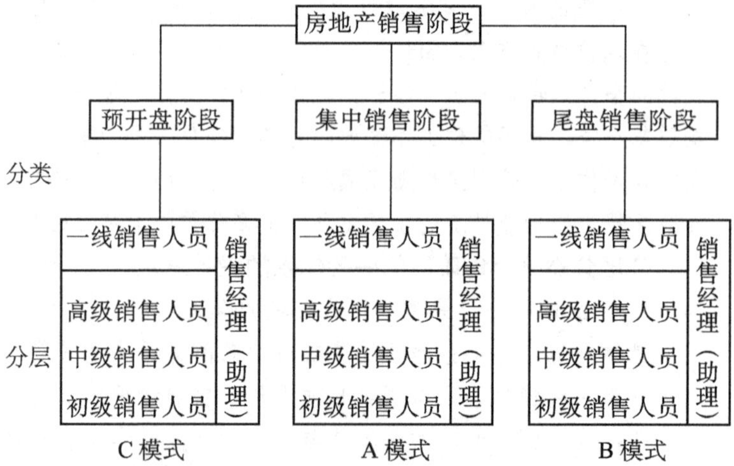

图10—3 房地产销售人员薪酬体系模型

3. 非物质性薪酬的设计

广义的薪酬包括物质性薪酬和非物质性薪酬，在上述薪酬体系中比较关注的是物质性的薪酬激励，

对于房地产公司的销售人员来说，非物质性的薪酬从企业内部可以提高员工的工作自主权、丰富员工的工作内容、让其参与某些销售方案的决策、提供其个人成长的机会、与其共同制定职业生涯规划。从企业外部可以提供舒适的办公条件、有吸引力的头衔、满意的午休时间等。不仅要从短期激励房地产销

售人员，更要从长期激励，使其不仅能创造出骄人的业绩，而且不断提升自身的人力资本，同时能留在企业，和企业一起成长进步。

SH 房地产公司销售人员薪酬体系再设计

在对 SH 房地产公司薪酬体系的现状及存在的问题进行分析后，结合分层分类分销售阶段薪酬体系的设计思想，对 SH 房地产公司销售人员的薪酬体系进行再设计。

1. 基本工资设计

在预开盘阶段每月基本工资初级销售人员为 1 000 元，中级销售人员为 1 200 元，高级销售人员为 1 300 元，销售经理助理为 1 400 元，销售经理为 1 500 元。在集中销售阶段，每月基本工资初级销售人员为 1 000 元，中级销售人员为 1 100 元，高级销售人员为 1 200 元，销售经理助理为 1 300 元，销售经理为 1 400 元。在尾盘销售阶段，每月基本工资初级销售人员为 1 200 元，中级销售人员为 1 300 元，高级销售人员为 1 400 元，销售经理助理为 1 500 元，销售经理为 1 600 元。

2. 佣金提成比例设计

一线销售人员和销售经理助理的佣金提成的基数是按照个人销售房款的实际到账数额进行计算的，而销售经理的佣金提成的基数是所有销售人员销售房款的实际到账数额。因为在基本工资和接下来的项目奖金的设计中，都体现出了一线销售人员和销售管理人员的差别，为了避免两部分员工的收入差距过大，也为了宏观控制公司的总体薪酬，佣金的提成比例再设计为：在预开盘阶段，销售经理助理和一线销售人员都为万分之八，销售经理为万分之二；在集中销售阶段，销售经理助理和一线销售人员都为万分之九，销售经理为万分之二点五；在尾盘销售阶段，销售经理助理和一线销售人员都为万分之十，销售经理为万分之三。

3. 项目奖金系数设计

在一个项目结束后，提取一定比例的利润用于项目奖金发放给销售人员，可以更好地促进销售人员提高销售业绩和团队合作能力，以及更好地留住核心员工。当然，为了降低员工拿到项目奖金就离职的风险，可以适当延缓项目奖金的发放时间。项目奖金的发放系数：初级销售人员为 1，中级销售人员为 1.1，高级销售人员为 1.2，销售经理助理为 1.3，销售经理为 1.4。

4. 福利设计

福利设计的原则是为了提高员工对公司的忠诚度，体现的是全员福利的概念，并不需要过多地体现出差别性。因此，再设计时结合 SH 房地产公司的具体情况，一线销售人员的福利除法定福利外，还包括饭贴、交通补贴、定额的通信补贴及培训机会；销售经理助理的福利除此之外，还包括通信费全额报销；销售经理则还享受每年两次的旅游补贴。

资料来源：根据陈倩、葛玉辉：《房地产销售人员分层分类分销售阶段薪酬体系设计——以 SH 房地产公司为例》，载《企业经济》，2011（5）整理。

[思考题]

1. 试分析在改革之前，SH 公司的薪酬体系存在哪些问题。

2. SH 公司薪酬体系的再设计有哪些值得借鉴的地方?

[分析思路]

1. 答：从案例中我们可以发现，SH 公司的薪酬体系在改革之前存在一些明显的问题，具体如下：

(1) 基本工资太低，对外缺乏竞争力。主要从与同行业的薪酬水平进行比较方面进行分析。

(2) 福利体系单一，对员工缺乏吸引力。SH 房地产公司除法定福利外就仅仅是每天 5 元的午餐补贴，这也是导致员工流失率居高不下的一个重要原因。

(3) 提成比例较低且固定，对内缺乏激励性。体现在 SH 房地产公司的提成比例上。

(4) 缺乏晋升渠道，制约员工长远发展。表现在 SH 房地产公司职位设置方面。

2. 答：SH 公司薪酬体系的再设计有如下值得借鉴的地方：

(1) 考虑了物质性薪酬与非物质性薪酬的平衡。世界上没有完美的物质性薪酬体系，因此美国薪酬协会提出了全面回报的概念。SH 公司的薪酬再设计虽然还没有达到全面回报的地步，但至少考虑了非物质性薪酬。

(2) 考虑项目周期对员工薪酬的影响。在项目的不同阶段，基本工资与佣金提成比例各不相同。

(3) 考虑了员工的工作特点，建立了分层分类的薪酬体系，区分了销售经理、销售经理助理以及高、中、初三级销售人员，能激励销售人员提升能力与绩效。

(4) 增加了部分福利，为员工的工作与生活提供更多便利和实惠，体现了企业对员工的人文关怀。

第 11 章

员工关系管理

一、知识点回顾

员工关系是企业中各主体，包括企业所有者、企业管理者、员工和员工代言人等之间围绕雇佣和利益关系而形成的权利和义务关系。

员工关系的内容是指员工关系的双方依法享受的权利和应当承担的义务，一般包括劳动者与用人单位之间在劳动合同、劳动纪律与奖惩、工作时间、休息时间、劳动安全卫生、劳动环境等方面形成的关系。

改善员工关系的意义主要有以下三个方面：(1) 对企业盈利和长久发展具有重要意义；(2) 有利于促进员工身心健康发展；(3) 有助于增进员工对企业的理解与信任。

员工关系管理就是企业采用各种管理手段和管理行为，来调节企业与员工、员工与员工之间的相互联系，使之良性循环和发展，以实现组织目标的过程。员工关系管理主要有两个方面的内容：劳动关系管理和劳动保护。

劳动关系是指国家机关、企事业单位、社会团体、个人经济组织和民办非企业单位（可以统称为用人单位）与劳动者之间依照法律签订劳动合同，劳动者接受用人单位的管理，从事用人单位合理安排的工作，成为用人单位的一名成员，从用人单位领取劳动报酬和受劳动保护所产生的一种法律关系。

管理劳动关系的原则主要包括以下四个：(1) 合法性原则；(2) 公正性原则；(3) 符合企业文化的原则；(4) 高绩效原则。

劳动合同是劳动者与用人单位确立劳动关系、明确双方权利和义务的协议。劳动合同管理包括以下三个方面的内容：(1) 建立面向不同类型劳动合同的分类管理体系；(2) 严格遵守签订劳动合同的规范；(3) 劳动合同管理的程序：劳动合同的订立，劳动合同的履行，劳动合同的变更，劳动合同的解除，劳动合同的终止，劳动合同的续订。

劳动争议包括劳动者个人和用人单位之间因具体权利义务关系发生的争议。

劳动争议的处理原则有以下五个：(1) 依法处理；(2) 查清事实；(3) 着重调解；(4) 及时处理；(5) 适用法律一律平等。

劳动争议的处理程序主要有四个步骤：(1) 劳动争议协商；(2) 劳动争议调解；(3) 劳动争议仲裁；(4) 劳动争议诉讼。

离职是指企业员工流出企业的过程。**离职率**是指在一定时期内，离职员工的数量占员工总数的比例。员工离职包括三种情况：自愿离职、非自愿离职与自然离职。

自愿离职的管理步骤主要有以下四个：(1) 分析原因；(2) 查找组织层面因素；(3) 改进政策；(4) 效果评估。

裁员是非自愿离职的典型形态，在企业经营出现困境或遭遇经济危机时期，裁员是企业降低人工成本、提高劳动生产率和竞争力的重要手段。企业的裁员分为如下四个步骤：

(1) 裁员计划，需要经过五个步骤：1) 明确企业战略及目标；2) 计划制定过程；3) 制定沟通策略；4) 成立裁员小组；5) 制定裁员时间表。

(2) 裁员筛选，主要有以下三个步骤：1) 制定筛选标准；2) 确定最优秀和最应保留员工名单，并对名单进行评估；3) 确定裁员对象；4) 确定最终的裁员名单。

(3) 裁员实施，主要包括以下三个步骤：1) 面谈并提供咨询帮助；2) 确定遣散费用方案；3) 与保留员工进行深度沟通。

(4) 裁员评估，评估内容包括：1) 裁员计划和裁员方案的完整性和周全性；2) 裁员工作是否按计划进行；3) 员工的不满情绪是否得到很好的平复，裁员过程中是否出现了与员工矛盾的激化和诉讼问题；4) 裁员名单的确定是否科学合理。

离职管理的注意事项主要有以下四个方面：(1) 人力资源管理人员和部门管理者在平时应加强对下属员工的观察和关心；(2) 保持友好的方式，按照公司的规章制度对各项事宜进行处理；(3) 寻找合适的员工接替离职员工的工作；(4) 员工正式离职前，人力资源管理人员应该再次与该员工进行深度沟通，询问其对公司的看法和意见。

劳动保护是提升劳动安全的重要手段，是指企业针对员工在劳动过程中存在的不安全、不卫生的因素采取的各种技术措施和组织措施的总称。**劳动保护的内容**包括如下四个部分：(1) 劳动时间规定；(2) 安全生产技术；(3) 职业卫生；(4) 对特殊劳动群体的保护。**劳动保护的步骤**有以下四个：(1) 排查隐患；(2) 评估风险；(3) 采取措施；(4) 监管控制。

工作时间，又称法定工作时间，是指劳动者为履行工作义务，在法定限度内，在用人单位从事工作或者生产的时间。**工作时间的基本种类**包括以下六种：(1) 标准工作日；(2) 缩短工作日；(3) 不定时工作日；(4) 综合计算工作日；(5) 计件工作日；(6) 弹性工作日。

加班加点，即延长劳动时间，是指劳动者在法定工作时间之外继续工作。**休息休假**，又称休息时间，是指劳动者在国家规定的法定工作时间外自行支配的时间，包括劳动者每天休息的时数、每周休息的天数、节假日、年休假、探亲假等。

职场中的压力可以划分为长期积累的压力和短期紧急压力。常用的时间管理策略包括：(1) 列出每天要完成的事情；(2) 根据重要程度和紧急程度对这些事情进行排序；(3) 根据优先顺序安排日程。管理者也可以通过多种举措管理员工的压力：(1) 建立一套完整的压力管理体系；(2) 加强过程管理；(3) 采取具体措施改善内外环境；(4) 关心员工的工作和生活。

员工援助计划 (EAP) 是由企业出资帮助员工及家属解决心理和行为问题的一个服务项目，目的在于提高员工在组织中的身心健康和工作绩效，并改善企业的组织气氛与管理效能。内容主要包括：(1) 压力管理与心理干预；(2) 组织变革中的员工心理辅导；(3) 劳工关系与人际关系的改善。

EAP 的作用主要有：(1) 从个体角度，EAP 致力于帮助员工及其家人解决各种心理和行为上的问题，可以不断促进个人的发展和成熟。(2) 从组织角度，EAP 可以促进组织绩效的提高。

EAP 的实施：一个完整的 EAP 计划包含四个部分：(1) 组织调研；(2) 建立项目及初步工作；(3) 制定方案并对人员进行培训；(4) 项目实施。

二、测试题

(一) 单项选择题

1. 下列关于员工关系的表述错误的是(　　)。

   A. 员工关系是在雇佣过程中产生的

   B. 员工关系的主体有两个：企业管理方与员工或者员工代言人

   C. 员工关系的本质是利益体之间的利益和力量的博弈

   D. 员工关系的表现形式是合作和协调

2. 员工正式成为企业的一员的标志是(　　)。

   A. 面试通知　　B. 劳动合同　　C. 录用通知　　D. 提交三方

3. 下列不属于用人单位的义务的是(　　)。

   A. 依法录用、分配、安排职工工作

   B. 按照职工的劳动数量、质量支付劳动报酬

   C. 任免企业的行政干部

   D. 改善劳动条件，搞好劳动关系和环境保护

4. 下列描述不属于用人单位单方面提出解除劳动合同的情形的是(　　)。

A. 在试用期被证明不符合录用条件的
B. 严重违反用人单位规章制度的
C. 给用人单位造成重大损失的
D. 未及时支付劳动报酬的

5. 下列关于劳动争议的表述正确的是(　　)。
A. 劳动争议发生在用人单位和工会之间
B. 劳动争议的实质是劳动双方针对劳动关系的权利和义务所发生的分歧
C. 有关劳动争议处理的法律依据主要是《合同法》
D. 可以对利税大户适当放松管理

6. 劳动争议处理的最后一道程序是(　　)。
A. 劳动争议诉讼　　B. 劳动争议协商
C. 劳动争议调解　　D. 劳动争议仲裁

7. 下列关于企业的离职率的表述错误的是(　　)。
A. 离职率可以反映出企业对员工的吸引力和员工的满意度
B. 对于企业而言，离职率为 0 时最好
C. 企业应尽量降低有价值的、优秀的、核心的员工的离职率
D. 将离职率保持在正常的、可接受的范围内，对企业利大于弊

8. 自愿离职的管理步骤有：①分析原因；②查找组织层面因素；③改进政策；④效果评估。正确的顺序是(　　)。
A. ①②③④　　B. ①④②③　　C. ②①④③　　D. ③①④②

9. 在裁员的过程中，企业与员工进行面谈并提供咨询帮助是在(　　)步骤中。
A. 裁员计划　　B. 裁员筛选　　C. 裁员实施　　D. 裁员评估

10. 下列关于工作时间的描述错误的是(　　)。
A. 工作时间的基本形式是工作日
B. 工作时间就是指实际工作的时间
C. 工作时间是用人单位计发劳动者报酬的依据之一
D. 不遵守工作时间的规定就要承担相应的法律责任

11. 劳动者以完成一定劳动定额为计酬标准的工作时间制度是(　　)。
A. 标准工作日　　B. 综合计算工作日
C. 计件工作日　　D. 弹性工作日

12. 对于实行(　　)工作时间制度的劳动者来说，不存在加班加点。
A. 标准工作日　　B. 缩短工作日
C. 弹性工作日　　D. 不定时工作日

(二) 多项选择题

1. 员工关系的内容包括(　　)。
A. 劳动者的权利　　B. 劳动者的义务
C. 用人单位的权利　　D. 用人单位的义务

2. 从人力资源管理职能的角度看，下列属于员工关系管理的内容的是(　　)。
   A. 劳动关系管理　　B. 劳动保护
   C. 企业文化和企业精神管理　　D. 人际关系管理
3. 按照《劳动合同法》的规定，劳动合同应当具备以下条款中的(　　)。
   A. 劳动合同期限
   B. 工作内容和工作地点
   C. 劳动报酬
   D. 劳动保护、劳动条件和职业危害保护
4. 劳动争议的处理程序包括(　　)。
   A. 劳动争议协商　　B. 劳动争议调解
   C. 劳动争议仲裁　　D. 劳动争议诉讼
5. 劳动保护的内容包括(　　)。
   A. 安全生产技术　　B. 劳动地点规定
   C. 职业卫生　　D. 对特殊劳动群体的保护
6. 下列属于劳动者的休息休假的是(　　)。
   A. 工作间隙休息　　B. 缩短工作日
   C. 日休息　　D. 法定节假日
7. 员工援助计划的内容包括(　　)。
   A. 压力管理与心理预期　　B. 组织变革中的员工心理辅导
   C. 劳工关系与人际关系的改善　　D. 社会支持
8. 员工援助计划的实施过程包括(　　)。
   A. 组织调研　　B. 建立项目及初步工作
   C. 制定方案并对人员进行培训　　D. 项目实施
9. 劳动争议的范围包括(　　)。
   A. 因确认劳动关系发生的争议
   B. 因订立、履行、变更、解除和终止劳动合同发生的争议
   C. 因除名、辞退和辞职、离职发生的争议
   D. 因工作时间、休息休假、社会保险、福利、培训以及劳动保护发生的争议
10. 劳动保护的步骤包括(　　)。
   A. 排查隐患　　B. 评估风险
   C. 采取措施　　D. 监管控制

(三) 名词解释

1. 员工关系管理　　2. 劳动关系
3. 劳动争议　　4. 离职
5. 裁员　　6. 劳动保护
7. 工作时间　　8. 员工援助计划

(四) 简答题

1. 什么是员工关系管理？员工关系管理有什么意义？
2. 员工关系管理包括哪几方面的内容？
3. 我国对劳动合同的规定有哪些？
4. 什么是劳动争议？如何处理劳动争议？
5. 如何进行员工离职管理？
6. 什么是员工援助计划？员工援助计划有什么意义？包括哪些方面的内容？

三、测试题参考答案

(一) 单项选择题

1. D　2. C　3. C　4. D　5. B　6. A　7. B　8. A　9. C　10. B　11. C　12. D

(二) 多项选择题

1. ABCD　2. AB　3. ABCD　4. ABCD　5. ACD　6. ACD　7. ABC　8. ABCD　9. ABCD　10. ABCD

(三) 名词解释

1. 员工关系管理：就是企业采用各种管理手段和管理行为，来调节企业与员工、员工与员工之间的相互联系，使之良性循环和发展，以实现组织目标的过程。

2. 劳动关系：是指国家机关、企事业单位、社会团体、个人经济组织和民办非企业单位（可以统称为用人单位）与劳动者之间依照法律签订劳动合同，劳动者接受用人单位的管理，从事用人单位合理安排的工作，成为用人单位的一名成员，从用人单位领取劳动报酬和受劳动保护所产生的一种法律关系。

3. 劳动争议：包括劳动者个人和用人单位之间因具体权利义务关系发生的争议。

4. 离职：是指企业员工流出企业的过程。

5. 裁员：是非自愿离职的典型形态，在企业经营出现困境或遭遇经济危机时期，裁员是企业降低人工成本、提高劳动生产率和竞争力的重要手段。

6. 劳动保护：是提升劳动安全的重要手段。它是指企业针对员工在劳动过程中存在的不安全、不卫生的因素采取的各种技术措施和组织措施的总称。

7. 工作时间：又称法定工作时间，是指劳动者为履行工作义务，在法定限度内，在用人单位从事工作或者生产的时间。

8. 员工援助计划：简称 EAP，是近年来由外国引入的一项员工福利计划。它是由企业出资帮助员工及家属解决心理和行为问题的一个服务项目，目的在于提高员工在组织中的身心健康和工作绩效，并改善企业的组织气氛与管理效能。

(四) 简答题

1. 什么是员工关系管理？员工关系管理有什么意义？

答：员工关系管理，就是企业采用各种管理手段和管理行为，来调节企业与员工、员工与员工之间的相互联系，使之良性循环和发展，以实现组织目标的过程。

改善员工关系的意义主要有以下三个方面：

(1) 对企业盈利和长久发展具有重要意义；

(2) 有利于促进员工身心健康发展；

(3) 有助于增进员工对企业的理解与信任。

2. 员工关系管理包括哪几方面的内容？

答：员工关系管理主要有如下两方面的内容：

(1) 劳动关系管理：劳动关系管理又包括劳动合同的管理、劳动纪律及奖惩、劳动争议处理等几个方面的内容。

(2) 劳动保护：劳动保护主要涉及劳动时间、职业安全与员工健康、压力管理、员工援助计划等方面的内容。

3. 我国对劳动合同的规定有哪些？

答：1994年7月5日公布的《中华人民共和国劳动法》(简称《劳动法》)对劳动合同的概念作了如下界定：劳动合同是劳动者与用人单位确立劳动关系、明确双方权利和义务的协议。由此可见，劳动合同发生在员工入职之前，并作为员工正式成为企业的一员的标志而存在。

《劳动合同法》第十七条明确规定：劳动合同应当具备以下条款：用人单位的名称、住所和法定代表人或者主要负责人；劳动者的姓名、住址和居民身份证或其他有效身份证件号码；劳动合同期限；工作内容和工作地点；工作时间和休息休假；劳动报酬；社会保险；劳动保护、劳动条件和职业危害防护；法律法规规定应该纳入劳动合同的其他事项。另外，除以上必备条款外，用人单位与劳动者可以约定试用期、培训、保守秘密、补充保险和福利待遇等其他事项。

4. 什么是劳动争议？如何处理劳动争议？

答：劳动争议包括劳动者个人和用人单位之间因具体权利义务关系发生的争议。劳动争议具有以下特征：首先，劳动争议发生在劳动者和用人单位之间；其次，劳动争议的实质是劳动双方针对劳动关系的权利义务所发生的分歧和意见不一致。

劳动争议的处理原则有五个：(1) 依法处理；(2) 查清事实；(3) 着重调解；(4) 及时处理；(5) 适用法律一律平等。

劳动争议的处理程序有四个步骤：(1) 劳动争议协商；(2) 劳动争议调

解；(3) 劳动争议仲裁；(4) 劳动争议诉讼。

5. 如何进行员工离职管理？

答：离职是指企业员工流出企业的过程。所谓离职率，是指在一定时期内，离职员工的数量占员工总数的比例。员工离职包括三种情况：自愿离职、非自愿离职与自然离职。

自愿离职的管理步骤主要有以下四个：(1) 分析原因；(2) 查找组织层面因素；(3) 改进政策；(4) 效果评估。

裁员是非自愿离职的典型形态，在企业经营出现困境或遭遇经济危机时期，裁员是企业降低人工成本、提高劳动生产率和竞争力的重要手段。企业的裁员分为如下四个步骤：

(1) 裁员计划，需要经过五个步骤：1) 明确企业战略及目标；2) 计划制定过程；3) 制定沟通策略；4) 建立裁员小组；(5) 制定裁员时间表。

(2) 裁员筛选，主要有以下三个步骤：1) 制定筛选标准；2) 确定最优秀和最应保留员工名单，并对名单进行评估；3) 确定裁员对象；4) 确定最终的裁员名单。

(3) 裁员实施，主要包括以下三个步骤：1) 面谈并提供咨询帮助；2) 确定遣散费用方案；3) 与保留员工进行深度沟通。

(4) 裁员评估，评估内容包括：1) 裁员计划和裁员方案的完整性和周全性；2) 裁员工作是否按计划进行；3) 员工的不满情绪是否得到很好的平复，裁员过程中是否出现了与员工矛盾的激化和诉讼问题；4) 裁员名单的确定是否科学合理。

离职管理的注意事项主要有以下四个方面：(1) 人力资源管理人员和部门管理者在平时应加强对下属员工的观察和关心；(2) 保持友好的方式，按照公司的规章制度对各项事宜进行处理；(3) 寻找合适的员工接替离职员工的工作；(4) 员工正式离职前，人力资源管理人员应该再次与该员工进行深度沟通，询问其对公司的看法和意见。

6. 什么是员工援助计划？员工援助计划有什么意义？包括哪些方面的内容？

答：员工援助计划（EAP）是近年来由外国引入的一项员工福利计划。它是由企业出资帮助员工及家属解决心理和行为问题的一个服务项目，目的在于提高员工在组织中的身心健康和工作绩效，并改善企业的组织气氛与管理效能。内容主要包括以下三个方面：

(1) 压力管理与心理干预；

(2) 组织变革中的员工心理辅导；

(3) 劳工关系与人际关系的改善。

EAP 的作用要从两个方面分析：

(1) 从个体角度，EAP 致力于帮助员工及其家人解决各种心理和行为上的问题，可以不断促进个人的发展和成熟；

(2) 从组织角度，EAP 可以促进组织绩效的提高。

一个完整的 EAP 计划包含四个部分：(1) 组织调研；(2) 建立项目及初步工作；(3) 制定方案并对人员进行培训；(4) 项目实施。

四、案例分析

案例 11—1

让员工的心理资本增值
——中国移动广东公司的 PCA 实践

PCA——资本新时代的心理核弹

中国移动的核心价值观是正德厚生、臻于至善，承诺要成为“员工实现人生价值的最佳舞台”。2007 年年底，EAP 作为“以人为本，关爱员工”的践行举措之一，被正式列入《中国移动通信集团公司 2007 年企业责任报告》。

2005 年，中国移动广东公司（以下简称“广东移动”）在广州、东莞开展 EAP 试点项目；2008 年，在深圳试点启动 PCA 项目；2010 年，广东移动全面开展和推进员工心理资本增值（psychological capital appreciation，PCA）项目。

为什么要强调心理资本的提升

传统意义上的人力，主要是指劳动者、劳动实践和人工成本等，它是不包含心理因素的，而实际上在人的生产劳动过程中，心理因素起着至关重要的作用。心理资本是积极心理学的最新成果，是组织行为学的最新趋势，是人进行潜力和优势开发的最新方案。随着资本新时代的到来，由于心理资本将产生巨大的精神能量，所以对心理资本的开发将成为企业发展无比强大的心理核弹。

PCA 是中国 EAP 模式的新探索

EAP 和 PCA 相比，有五个方面的差异，总的来说，EAP 更关注现实困扰和问题解决层面，而 PCA 更关注正向引导。中国人与西方人的差别不仅在于肤色、眼睛、鼻子，更深层次的差异在于文化。在中国发展 PCA，以积极导向为主，增值员工心理资本，正好符合中国文化和实际。

PCA 有四个核心资本：自信、乐观、希望、韧性。广东移动进一步又归纳出了 PCA 的十个元素：期望、比较、兴趣、交际、接纳、慷慨、宽容、锻炼、睡眠、感恩。

员工在企业中创造的绩效，主要由四个要素构成：第一是 IQ，就是智商。第二是 EQ，情商。除了这两点以外，还有态度和意识两个方面的要素，即德商和意商，心理资本正是聚焦于一个人的德商和意商，也就是态度和意识问题。任何人的终极目标都是追求幸福，而幸福是需要方法和能力的，PCA 就是要员工掌握快乐的方法、幸福的能力，并致力于使每个员工心理资本更加强大，不仅争当“工作尖兵”，而且成为“心灵英雄”。广东移动公司员工素质普遍较高，在人性需求方面处在“被尊重”和“自我价值实现”的位置上，因此

PCA 更加符合员工的实际需要。

广东移动的 PCA 主要期望实现两个目的：第一，打造绩效之本。口号是“绩效心资本”。第二，提升幸福能力。口号是“幸福加油站”。

广东移动 PCA 的创新亮点

广东移动 PCA 项目采取了丰富多彩的形式，以员工喜闻乐见的活动带给员工新的成长。有以下值得借鉴的工作亮点。

1. 启动会。公司领导与员工代表共同启动员工心理资本增值（PCA）项目，邀请国际著名管理学家、美国管理学会前主席卢桑斯教授（Fred Luthans）现场与员工深度沟通，进行智慧碰撞。启动会之后，卢桑斯为高层培训，探讨了心理资本对个人幸福及团队管理的重要意义，帮助管理人员更加注重员工心灵管理。

2. 心理剧大舞台。公司员工自编、自导、自演了大型心理剧《放飞心灵……》，通过歌舞、音乐、说唱、话剧等形式，再现生活与工作心理困惑，感知自我心智成长的历程，邀请心理专家现场指点迷津，从专业角度帮助员工解疑释惑，传授方法。

3. 幸福沙龙。开展以“迸发幸福能量碰撞快乐火花”为主题的 PCA 幸福沙龙，邀请研究幸福领域的专家与员工共同探讨幸福的话题。

4. 彩虹论坛。嘉宾与近百名员工在论坛上密切互动，从心态上提高年轻人的积极性，发挥年轻人动力源泉作用。

5. 彩虹之约。400 多名单身男女以趣味游戏交流完成爱之旅的做法，增加了感情交流，成功速配 15 对以上。

6. 幸福课。20 多名管理者参加沙哈尔“幸福课”，获取了幸福的真谛，形成适合自己的幸福秘诀，带动他人创造幸福方法。

7. 搭建面向全省的 PCA 交流网站。设置 PCA 资讯、PCA 心语、心理 e 刊、心理知识、员工“减压阀”、好书共享、心灵感悟、PCA 测评等栏目。

8. 定期发送心灵 e 邮、“和谐心动力”电子期刊、“幸福心语”彩信。

9. 开通全天预约电话咨询、QQ 咨询、飞信咨询、机构面询、邮件咨询和危机干预，近 200 位员工从中获益，疏导了情绪，降低了职业枯竭感；培养积极心态，提升心理资本。

10. 调查。发放纸质调查问卷近 4 000 份，回收率为 85.7%。2010 年调查显示，与 2009 年相比，员工心理幸福感、满意度各上升 4%，3%；高辞职意向比例、高压力感受比例、压力水平比例各下降 2%，7%，11.9%。

广东移动 PCA 自开展以来，员工广泛积极参与，参与大师沙龙、训练营等活动的员工超过 2 000 人次，而通过启动会、大师工作坊、心理剧大舞台等活动，以及彩信、期刊、网站、楼道电视等宣传，PCA 整体覆盖率已达 100%。

此外，人文环境显著改善，省公司领导发挥表率作用，各级管理者积极推进，以高管主持的“139 说客”为标志的情感管理氛围逐渐浓厚，进而使各项员工关怀达到无微不至，员工心理压力不断减轻，员工对 PCA 津津乐道，

PCA 感言在员工中广为流传。

资料来源：根据 http：//www. cnii. com. cn/wlkb/rmydb/content/2010-07/15/content_779434. htm 整理。

［思考题］

1. 结合案例简述广东移动实施 PCA 有哪些值得借鉴的地方。

2. 结合案例试分析 PCA 与传统的 EAP 有何不同。

［分析思路］

1. 答：广东移动能够吸纳积极心理学的研究结果，引入心理资本增值计划，这是国内其他企业没有认识到，也没有予以重视的一个方面，这件事情本身就是其他企业最应该借鉴的地方。从案例中我们不难看出，广东移动实施 PCA 有很多值得借鉴的做法：

(1) 提高员工认知度：由企业主导自上而下地推动，唤醒员工对心理资本的认知和重视，例如启动会。

(2) 形成群体互动：随着项目的逐步推进，逐渐演变为群体行为，管理者与员工之间、员工与员工之间互动，掌握提升心理资本的方法，引导形成群体互动，员工自发组织 PCA 活动，体现在彩虹论坛等。

(3) 成为自主行动：员工自觉参与到心理资本提升活动中，实现"人人都是 PCA 大师"，这也是 PCA 的最高境界和终极目标。

(4) 推动系列活动：通过歌舞、音乐、说唱、话剧等形式，再现生活与工作心理困惑，展现心智成长历程。

(5) 全员学习，形成传导效应：PCA 整体覆盖率已经达到 100%。

(6) 营造企业和谐氛围：可以从 PCA 的实施成果进行分析。

2. 答：EAP 是由企业出资帮助员工及家属解决心理和行为问题的一个服务项目，目的在于提高员工在组织中的身心健康和工作绩效，并改善企业的组织气氛与管理效能。内容主要包括：压力管理与心理干预、组织变革中的员工心理辅导和劳工关系与人际关系的改善。

PCA 与 EAP 的区别主要体现在：

(1) 导向不同：EAP 是传统心理学导向；PCA 是积极心理学导向。

(2) 关注的问题不同：EAP 关注组织中已经出现的问题，带有治疗性；PCA 关注组织中将要出现的问题，带有预防性。

(3) 对象不同：EAP 针对组织中出现心理及行为问题的员工及其家属；PCA 针对组织中所有人员。

(4) 手段不同：EAP 主要运用心理咨询的方式；PCA 则组织形式多样的活动，灵活运用各种方式。

案例 11—2

(一) 职工拒签劳动合同该如何处理

某公司于 2009 年 6 月注册成立，成立之初组织结构尚未完全稳定，从事行政工作的也是刚毕业的大学生，经验尚浅。之后公司来了新主管，发现在行政人事工作流程方面存在很多漏洞，特别是劳动合同的签订不规范，存在员工未签订或签订日期与入职日期不符等情形。新任行政主管经重新整理后，2010年6月，安排全部员工重新或按入职日期补签订规范的劳动合同。在此过程中，只有某部门员工A（2009年8月入职，一直未签订劳动合同）不予配合，经多次催促仍然以各种理由拒绝和公司签订合同。2010年6月底，公司领导决定，由于员工A拒绝与公司签订劳动合同，从下月起不再需要到公司上班，以自动离职处理，给他支付了上月的工资，未办理任何离职手续。

随后，员工A申请了劳动仲裁，要求公司支付其自入职日一个月起的两倍工资赔偿，解除劳动关系赔偿金，补交在职期间社会保险等。

（二）双方签订的协商解除协议是否有效

2011年1月17日，A公司向李某发放了录用通知，聘用其任公司行政经理一职，要求于1月20日至公司报到并办理入职手续，劳动合同期限为3年，最初3个月为试用期。2011年2月初，公司要求与李某签订劳动合同，李某表示需要将合同文本带回去仔细阅读后再签字，公司对此予以同意。

2011年4月15日，公司经考核认为李某在试用期内的表现不佳，其工作能力未达到公司对该岗位的要求，向李某提出协商解除劳动合同，李某表示同意。于是双方签订了一份协商解除劳动关系协议，约定双方之间期限为2011年1月17日至2014年1月17日的劳动合同解除，李某工作至4月15日，公司向其支付工资至4月30日并额外给予其3个月税前工资作为补偿，协议生效后双方不存在任何劳动争议。

次日，公司将上述款项以现金方式一次性支付给了李某，李某办理了离职手续。2011年6月初，李某申请仲裁，称公司未与其签订过书面劳动合同，要求公司支付自2011年1月17日至2011年4月15日期间的双倍工资。接到仲裁委的通知，公司方才发现李某一直未归还劳动合同文本。

（三）辞退无理员工企业是否需支付违约金

某公司于2011年6月5日聘请张某担任公司销售经理职务，并签订劳动合同，劳动合同期限是2011年6月5日至2012年6月5日，约定工资是“正常工作时间工资为5 000元/月，年终利润分红根据当年的财务实际盈利另计”，合同还表示如一方违约，需支付另一方违约金20 000元，确定执行标准工时制度，试用期无。

由于张某在2011年6月5日至2011年7月初期间工作业绩非常差，给公司业务造成不少损失，于是公司于2011年7月中旬将张某调任销售经理助理一职，2011年8月19日张某因工作上的一点小事殴打同事（事情属张某不对，且该同事一直未还手，多处受伤）。经过此事件，公司以张某不能胜任工作为由，于2011年8月30日正式与张某解除劳动合约，并按《劳动合同法》给予了两个月的经济补偿。

张某不服，对公司提起仲裁，要求公司按劳动合同支付违约金20 000元，以及在其任职期间的延时加班折算加班费予以发放。

资料来源：根据 www.chinahrd.net 相关资料整理。

[思考题]

根据以上案例，分析企业在劳动合同管理过程中应该注意哪些问题。

[分析思路]

答：劳动合同是劳动者与用人单位确立劳动关系、明确双方权利和义务的协议。劳动合同管理包括以下三个方面的内容：（1）建立面向不同类型劳动合同的分类管理体系；（2）严格遵守签订劳动合同的规范；（3）劳动合同管理的程序：劳动合同的订立，劳动合同的履行，劳动合同的变更，劳动合同的解除，劳动合同的终止，劳动合同的续订。根据案例我们可以看出，在实际管理过程中如果稍不注意，就有可能引发不必要的争议与仲裁。为避免问题的出现，企业应当注意的问题有：

（1）劳动合同管理人员应该具有很强的法律意识，自觉学习劳动合同相关的法律法规，并依法办事。

（2）企业在签订劳动合同前，应该就合同的内容、签订的方式等咨询法律专家的意见。

（3）对劳动合同进行规范的管理，确保员工在第一时间签订合同，及时做好劳动合同的归档等工作。

（4）在实际执行过程中，遇到特殊问题，应该提前咨询相关部门或专家。

图书在版编目（CIP）数据

人力资源管理：学习指导与案例/董克用，李超平主编．—北京：中国人民大学出版社，2016.10
面向21世纪人力资源管理系列教材
ISBN 978-7-300-23507-3

Ⅰ.①人… Ⅱ.①董…②李… Ⅲ.①人力资源管理 Ⅳ.①F241

中国版本图书馆CIP数据核字（2016）第246375号

普通高等教育“十一五”国家级规划教材　配套参考书
面向21世纪人力资源管理系列教材
人力资源管理
——学习指导与案例
主编　董克用　李超平
Renli Ziyuan Guanli：Xuexi Zhidao yu Anli

出版发行	中国人民大学出版社		
社　　址	北京中关村大街31号	**邮政编码**	100080
电　　话	010－62511242（总编室）		010－62511770（质管部）
	010－82501766（邮购部）		010－62514148（门市部）
	010－62515195（发行公司）		010－62515275（盗版举报）
网　　址	http://www.crup.com.cn		
经　　销	新华书店		
印　　刷	固安县铭成印刷有限公司		
开　　本	787 mm×1092 mm　1/16	**版　　次**	2016年10月第1版
印　　张	12.75 插页1	**印　　次**	2025年7月第9次印刷
字　　数	256 000	**定　　价**	32.00元